Deslocamentos do feminino

Maria Rita Kehl

Deslocamentos do feminino

a mulher freudiana na passagem para a modernidade

BOITEMPO

Direção-geral Ivana Jinkings
Edição Thaisa Burani
Edição de texto Milton Ohata
Coordenação de produção Livia Campos
Assistência editorial Carolina Yassui
Preparação Maria Fernanda Álvares
Revisão Thais Rimkus
Capa e diagramação Antonio Kehl
sobre serigrafia de autoria própria *Trancoso*, 1980

Equipe de apoio: Allan Jones, Ana Yumi Kajiki, Artur Renzo, Bibiana Leme, Eduardo Marques, Elaine Ramos, Giselle Porto, Isabella Marcatti, Ivam Oliveira, Kim Doria, Leonardo Fabri, Marlene Baptista, Maurício Barbosa, Renato Soares, Thaís Barros, Tulio Candiotto

CIP-BRASIL. CATALOGAÇÃO NA PUBLICAÇÃO
SINDICATO NACIONAL DOS EDITORES DE LIVROS, RJ

K35d
2. ed.

Kehl, Maria Rita
Deslocamentos do feminino : a mulher freudiana na passagem para a modernidade / Maria Rita Kehl. - 2. ed. - São Paulo : Boitempo, 2016.

Inclui bibliografia
ISBN 978-85-7559-505-3

1. Psicanálise 2. Psicologia. I. Título.

16-35176 CDD: 150.195
CDU: 159.964.2

2ª edição: agosto de 2016;
1ª reimpressão: fevereiro de 2017; 2ª reimpressão: maio de 2018;
3ª reimpressão: fevereiro de 2019; 4ª reimpressão: novembro de 2019;
5ª reimpressão: abril de 2021; 6ª reimpressão: abril de 2022;
7ª reimpressão: julho de 2024

BOITEMPO
Jinkings Editores Associados Ltda.
Rua Pereira Leite, 373
05442-000 São Paulo SP
Tel.: (11) 3875-7250 / 3875-7285
editor@boitempoeditorial.com.br
boitempoeditorial.com.br | blogdaboitempo.com.br
facebook.com/boitempo | twitter.com/editoraboitempo
youtube.com/tvboitempo | instagram.com/boitempo

Sumário

Dedico este trabalho a meus filhos, Luan e Ana, e,
em memória, a meus pais, Maria Cecília e Sérgio Kehl,
e a minha avó Eunice, que sonhou tornar-se uma outra
e me ensinou que isso era possível.

Nota à segunda edição

Grande parte dos textos que consultei ao longo de minha pesquisa são traduções brasileiras. Quando os textos foram consultados na língua de origem dos autores, optei por uma tradução de minha responsabilidade.

Um esclarecimento sobre as epígrafes: no último capítulo, as citações sem referência de obra e autor são extratos de falas de analisandos(as), mantidas no anonimato embora perfeitamente autorais.

Agradeço a todos os que confiaram suas análises a mim, homens e mulheres. Essa investigação nasceu a partir da minha experiência clínica e das reflexões que ela me provocou.

Apresentação

O objetivo deste *Deslocamentos do feminino* é questionar, na clínica psicanalítica, as relações que se estabelecem entre a mulher, a posição feminina e a feminilidade. Para isso foi preciso, em primeiro lugar, diferenciar esses três conceitos e investigar as formas como eles se articulam, formando um desenho diferente para cada sujeito. Embora Freud tenha escrito que ninguém nasce homem ou mulher – tornamo-nos homens ou mulheres ao atravessar o percurso edípico –, o conjunto de suas investigações sobre a sexualidade não escapa das tentativas cientificistas de estabelecer a natureza das sexualidades masculina e feminina e, a partir dela, encontrar a verdadeira essência da masculinidade e da feminilidade.

As formações de linguagem precedem os indivíduos e os inscrevem em determinadas posições na ordem simbólica; "homem" e "mulher" são os primeiros significantes que nos designam assim que chegamos ao mundo, antes de qualquer possibilidade de escolha, antes que o *infans* se constitua em sujeito do desejo. Somos desde o início e para sempre "homens" ou "mulheres" porque a cultura assim nos designou, e nossos pais assim nos acolheram a partir da mínima diferença inscrita em nosso corpo, com a qual teremos de nos haver para constituir, isto sim, o desejo, a posição a partir da qual desejamos, o objeto que haveremos de privilegiar e o discurso com o qual enunciaremos nossa presença no mundo.

É a partir da travessia edípica que nos tornamos sexuados, marcados pela identificação de padrões e ideais considerados próprios ao gênero, os quais nos garantirão a pertinência imaginária a um grande subgrupo humano – o dos homens ou o das mulheres; obra que não se dá sem o sacrifício de algumas possibilidades de satisfação da pulsão – entre outras, as possibilidades bissexuais, primárias no ser humano. Mas, ao mesmo tempo que nossa condição de seres de linguagem nos inscreve obrigatoriamente em um ou outro grupo marcado por algumas (mínimas) características comuns, a psicanálise não pensa essa pertinência como garantia de uma identidade. A mesma travessia que produz nossa identificação com o gênero produz também a diferença irredutível de cada sujeito; ela se expressa na singularidade de nosso desejo, marcado entre outras coisas pela posição de cada um na ordem familiar, pelo que representamos no inconsciente de nossos pais, pelo que herdamos de gerações passadas, por todas as injunções discursivas que nos atravessam desde o nascimento. E sobretudo pelas respostas, também singulares, que produzimos na tentativa de barrar o gozo do Outro, deslocando-nos minimamente, ao longo da vida, de uma posição originária de objetos (no desejo do Outro) para a de sujeitos desejantes.

Recapitulando: a constituição dos sujeitos é precedida subjetivamente de algumas definições no campo do Outro. Entre elas, a que nos identifica como homens ou mulheres a partir de nosso corpo, que, no limite, pertence à ordem do Real. Aqui, e somente até aqui, é possível aceitar a assertiva freudiana, segundo a qual "anatomia é destino". As características sexuais anatômicas nos permitem diferenciar os sujeitos quanto ao gênero (homem ou mulher), conceito que inclui o sexo biológico, investido dos valores e dos atributos que a cultura lhe confere. Diferente do gênero, mas articulada a ele, temos a posição do sujeito no discurso, de ordem simbólica – como sujeito ou objeto do discurso, o que corresponde à diferenciação freudiana fundamental de "ativo" e "passivo" para as posições ditas masculina e feminina; masculino e feminino indicam também a posição de sujeito ou de objeto em relação ao desejo de um semelhante, um outro, para além da condição fundamental do desejo, que, segundo Lacan, é sempre a de "desejo do desejo do Outro".

Se as posições masculina e feminina pertencem estrutural e invariavelmente a homens e mulheres, esse é um ponto que pretendo colocar em discussão neste trabalho.

Por fim, no plano imaginário (lembrando sempre que, na teoria lacaniana, imaginário, simbólico e real só podem ser pensados, cada um, em estreita relação com os outros dois), temos a masculinidade e a feminilidade, compostas tanto das identificações que estruturam o *eu* (segundo os modos como cada cultura organiza os ideais para os gêneros) quanto das estratégias particulares com que cada um se organiza em relação ao trinômio falo/falta/desejo. Acreditar-se portador de um falo, por exemplo, e desejar com isso satisfazer e completar aquela cujo corpo parece garantir que a castração está só do lado das mulheres, é uma composição típica da "masculinidade". Já a feminilidade costuma organizar-se em torno do imaginário da falta; na feminilidade, a mulher não tem o falo; ela se oferece para ser tomada como falo a partir de um lugar de falta absoluta, do qual só o desejo de um homem pode resgatá-la. É um artifício, evidentemente, que só produz a histeria se a mulher acredita e se identifica com ele. A histérica, nesse sentido, não é a que engana o homem; é antes a que *se deixa enganar pelo engodo endereçado a ele.*

Esses três pontos, a partir dos quais se constituem as mulheres enquanto sujeitos, só podem ser pensados em referência ao que seriam o homem, a posição masculina e a masculinidade. Não são pares opostos complementares – esse é o sentido da proposição lacaniana de que "não existe a relação sexual". Não é possível que de dois se faça um; no entanto, a relação homem-mulher, masculino-feminino, masculinidade-feminilidade é dialeticamente necessária e, sem a referência do pareamento, cada um deles deixa de fazer sentido.

Acrescento ainda que a relação de cada sujeito com os elementos desse trinômio é móvel e singular. Desse modo, podemos falar em homens-homossexuais-femininos, em mulheres masculinas porém heterossexuais, ou em outras diversas combinações.

Quando penso em discutir as relações entre mulher, feminilidade e posição feminina, meu objetivo é ampliar as possibilidades de cura que se estabelecem, particularmente para as mulheres, na clínica psicanalítica, que me parece preocupada, desde Freud, em fixar esses três elementos propondo para as mulheres uma faixa muito estreita a partir da qual lhes seja possível constituir uma narrativa pessoal, um estilo, um destino. Este não é um livro sobre a história das mulheres, embora eu tenha precisado passar por um pouco de história, concentrando-me no século XIX, para entender como se constituíram e se fixaram os discursos sobre as mulheres e a feminilidade na era moderna[1], na época do advento da psicanálise.

Esta tampouco é uma pesquisa sobre as representações da mulher no Ocidente, embora eu discuta essas representações a partir do romance *Madame Bovary*,

[1] Utilizo o termo "discurso" no sentido atribuído por Michel Foucault – de produção de saberes que compõem a episteme de uma época – preferencialmente no sentido lacaniano, que indica os modos de organização da relação dos sujeitos com o campo simbólico. Entretanto, penso que os dois sentidos do termo "discurso" são indissociáveis. O lugar do Mestre, no discurso lacaniano, é constituído pelas formulações de saberes, no sentido foucaultiano. O paradigma da psicanálise lacaniana, por sua vez, oferece uma valiosa contribuição para entendermos como a produção discursiva dispõe os lugares dos sujeitos no campo do Outro.

de Gustave Flaubert. Tomo a literatura como documento sobre o imaginário de uma época, capaz de revelar os ideais de gênero nos quais Freud se baseou, até a década de 1930, para conceber sua teoria sobre a feminilidade e que até hoje influencia os ideais de cura na clínica psicanalítica.

Minha intenção é examinar o campo a partir do qual as mulheres se constituem como sujeitos, de modo a contribuir para ampliá-lo. Isso é o que as mulheres vêm tentando fazer, mesmo antes que as primeiras histéricas tivessem procurado, no consultório de Freud, um lugar onde pudessem se fazer ouvir.

O primeiro capítulo deste livro busca, nos primórdios do modo de vida burguês (segunda metade do século XIX), as produções discursivas e o campo imaginário de que as mulheres dispunham para se constituir como sujeitos. A escolha do período não é arbitrária: recorro à origem das ideias que, ainda hoje, pretendem descrever uma "natureza feminina" eterna e universal. A mulher oitocentista, assim como o homem, faz parte das formações sociais que produziram o sujeito moderno, o sujeito neurótico da psicanálise.

O que é específico no caso das mulheres, tanto em sua posição subjetiva quanto em sua condição social, é a dificuldade que enfrentaram e enfrentam para deixar de ser objetos de uma produção de saberes de grande consistência imaginária, a partir da qual se estabeleceu a verdade sobre sua "natureza". Não foi possível às mulheres do século XIX tomar consciência de que aquela era a verdade do desejo de alguns homens, sujeitos dos discursos médico e filosófico que participaram das formações ideológicas modernas. A essa produção de pensamentos se contrapôs uma grande produção literária voltada ao público feminino, expressão imaginária dos anseios reprimidos de grande parte das mulheres que sonhavam viver, a seu modo, a grande "aventura burguesa", para além do papel honroso que lhes era concedido, de mães virtuosas e rainhas do lar.

O segundo capítulo analisa o romance *Madame Bovary*, de Gustave Flaubert, publicado na França em 1865, ano do nascimento de Freud. Os sonhos, as transgressões e, por fim, o destino trágico de Emma, que passou para a história da literatura como um dos paradigmas da feminilidade, ajudam-nos a compreender os impasses que levaram algumas mulheres europeias a procurar a clínica do dr. Freud no final do século XIX. Não pretendo, ao me valer de um romance, patologizar a literatura. É possível pensar em Emma Bovary como grande histérica em busca de homens a quem ela pudesse atribuir um saber que lhe oferecesse resposta à questão "quem sou eu?" (para o Outro). Essa forma de abordar a literatura por meio da psicanálise pode ser interessante, mas diverge de minha orientação.

Se desejo investigar quem foi a histérica freudiana, não posso começar descrevendo as mulheres do século XIX a partir do paradigma psicanalítico.

A leitura de *Madame Bovary* e de uma pequena parte da fortuna crítica a respeito do romance me ajudou a entender o que o romancista percebeu, nos deslocamentos tentados pelas mulheres de sua época, que as teria levado a tal desajuste em relação à condição feminina, a tal quantidade de anseios "fora do lugar", a ponto de o resultado ter sido a produção de uma exuberante sintomatologia. A histeria, forma do mal-estar feminino por excelência no século XIX, teria sido uma solução de compromisso, por parte das mulheres, entre antigas posições, acompanhadas de modalidades já bem delimitadas de gozo e novos anseios que acarretavam angústias características do retorno do recalcado.

Flaubert, que declaradamente (e confusamente, como veremos) abominava o projeto burguês em plena consolidação nos anos 1850, atribui a sua personagem os ideais confusos do burguês oitocentista – a ponto de um leitor arguto como Charles Baudelaire ter qualificado Bovary, paradigma da sensualidade feminina, como "homem de ação". O projeto moderno de mudar a vida, em uma mulher infantilizada por sua posição na família e na sociedade, só poderia realizar-se por duas vias: a do amor (casamento, adultério, aventura, fuga apaixonada para um lugar distante) ou a do devaneio literário. Se é que o próprio amor, sobrecarregado pelos ideais românticos de fazer de cada sujeito um herói de sua existência, não é por si só um delírio, muito caro às mulheres, aliás.

Por fim, o terceiro capítulo é dedicado às teorias freudianas sobre as mulheres, a sexualidade feminina e a feminilidade, e suas repercussões na psicanálise contemporânea. Neste capítulo, discutirei as duas grandes indagações que Freud nos legou a respeito das mulheres: "As mulheres têm cura?"– o que a psicanálise tem a oferecer para diminuir a infelicidade cotidiana das mulheres e resgatá-las da inveja que as constitui? – e "o que quer uma mulher?".

Em relação à primeira pergunta, Freud parece ter caminhado, dos "Estudos sobre a histeria" até "Análise terminável e interminável" (passando pelos dois textos sobre a feminilidade e a sexualidade feminina), na direção de uma progressiva decepção a respeito das possibilidades de produzir uma relação menos infeliz entre as mulheres e seu "destino", a feminilidade. Quanto à segunda questão, o percurso freudiano foi desde um suposto saber (a respeito do desejo incestuoso das primeiras histéricas) até uma confissão de ignorância que, a meu ver, é antes produto de uma denegação por parte do próprio Freud do que de algum mistério não revelado pelas mulheres, suas analisandas e suas colegas psicanalistas.

A construção de meu argumento no terceiro capítulo passa pelo exame de alguns pontos da biografia de Freud: sua relação amorosa com Martha Bernays, sua posição a respeito da cultura judaica, seus valores e seus ideais. Com isso, pretendo lançar uma indagação sobre o lugar das mulheres no desejo de Freud, sem a pretensão de psicanalisar o criador da psicanálise. Minha intenção é apontar o que Freud, que soube ouvir e dar voz ao recalcado e aos discursos emergentes em sua época, *não conseguiu escutar* nas queixas das mulheres a quem ele mesmo deu voz. O que produziu o efeito de mistério e, ao mesmo tempo, de beco sem saída, na relação das mulheres freudianas com a feminilidade e a sexualidade feminina?

Sabemos, pelo próprio Freud, que o mistério que paira sobre o objeto do desejo não reside no objeto; ele é efeito da operação psíquica que produz o fetiche, a partir da denegação que se opera do lado do desejante[2]. Assim, cada vez que um psicanalista, depois de Freud, sustentar que existe um ponto impossível de desvendar sobre o querer das mulheres, devemos lhe responder, como Sócrates: "Indaga-te a ti mesmo". Só o que um homem recusa saber sobre seu desejo é capaz de produzir o mistério sobre o objeto a que ele se dirige, o desejo de uma mulher.

[2] É significativa a dedicatória irônica com que Serge André abre seu livro *O que quer uma mulher?* (trad. Dulce Duque Estrada, Rio de Janeiro, Jorge Zahar, 1987): "Àquela que me sabe mentir...". Se o psicanalista quer que a mulher amada lhe minta, como pretende saber o que quer uma mulher?

1.
A constituição da feminilidade no século XIX

Fala e linguagem: narrativa e estrutura

> É inútil dizer que os seres humanos devem satisfazer-se com a tranquilidade; eles precisam de ação; e a criarão se não puderem encontrá-la. [...] Supõe-se que as mulheres em geral são muito calmas, mas elas sentem da mesma forma que os homens; precisam tanto do exercício para suas faculdades, e de um campo para seus esforços, quanto seus irmãos; sofrem com uma contenção demasiado rígida, uma estagnação demasiado absoluta, exatamente como os homens sofreriam; e é tacanhez das criaturas irmãs mais privilegiadas dizer que elas devem limitar-se a fazer pudins e tricotar meias, a tocar piano e bordar mochilas.
>
> CHARLOTTE BRONTË, *Jane Eyre*

A sexualidade é um conceito central para a psicanálise, desde sua origem. Passado mais de um século desde a descoberta freudiana, trabalha-se ainda para dar expressão ao recalcado. Uma das consequências dessa prática é que a questão dos destinos das pulsões sexuais se impõe ao trabalho do analista, colocando um problema ético no que se refere à direção da cura. Problema que se torna mais visível hoje, quando existe uma "cultura psicanalítica" assimilada no mundo ocidental, que atravessa as falas dos analisandos e confere sentido às suas vagas insatisfações – um sentido que já não lhe parece tão estranho, quando expresso num jargão que ele imagina familiar ao analista. É frequente ouvirmos aqueles que nos procuram para iniciar uma análise nomearem suas "fixações", seus "complexos", seus "delírios". A aparente facilidade com que esses pacientes "pré-analisados" se oferecem à análise não nos deve iludir: esse discurso pronto, tão alienado a um suposto saber do Outro quanto toda fala neurótica, deve ser desmontado para dar lugar a alguma fala própria do sujeito. Em momento nenhum podemos fazer pacto com seus pressupostos e permitir que o Outro do discurso psicanalítico fale por nossos analisandos.

Esse discurso pronto gera uma série de pressupostos sobre o sintoma que não deixa emergir o sentido daquele sofrimento *para o sujeito* – e via consigo também uma série de fantasias de cura. É nesse ponto que se situa a questão ética a respeito do destino das pulsões. Se a prática psicanalítica se apoia em uma ética, esta aponta para a solidão do sujeito, habitante do mundo da linguagem, mas nunca perfeitamente contido nele. A passagem por uma análise deve permitir que cada analisando seja capaz de inserir no muro de certeza e saberes do Outro sua pergunta, sua perplexidade, sua ignorância fundamental – quem sou? Que desejo me concebeu? O que posso saber sobre o desejo que me habita? –, de modo que lhe seja possível inscrever, entre as malhas das práticas linguareiras, algum significante que oriente suas escolhas de vida.

A fim de esclarecer a posição do sujeito em relação à linguagem, tomarei alguns conceitos da teoria linguística de Ferdinand de Saussure, em particular o da distinção entre linguagem, língua e fala, elaborada no capítulo 3 do *Curso de linguística geral*. Para Saussure, linguagem é a estrutura genérica, abstrata, que comporta todas as línguas; e a língua propriamente dita é o terreno em que a linguagem se corporifica. "É necessário colocar-se primeiramente no terreno da língua e tomá-la como norma de todas as outras manifestações da linguagem", já que "somente a língua parece suscetível duma definição autônoma e fornece um ponto de apoio satisfatório para o espírito". A língua é, ao mesmo tempo, "um produto social da faculdade de linguagem e um conjunto de convenções necessárias, adotadas pelo corpo social para permitir o exercício dessa faculdade nos indivíduos"[1].

Saussure apoia-se na definição de "linguagem articulada" (*gegliedete Sprache*) para afirmar que "não é a linguagem que é natural ao homem, mas a faculdade de constituir uma língua, vale dizer: um sistema de signos distintos correspondentes a ideias distintas"[2]. Priorizar o conceito de língua sobre o de linguagem me

---

1 Ferdinand de Saussure, *Curso de linguística geral* (trad. José Paulo Paes et al., 4. ed., São Paulo, Cultrix, 1972), cap. 3, p. 16-7.

2 Ibidem, p. 18.

parece interessante, pois a língua, "linguagem articulada" encarnada não num sujeito isolado, mas na massa dos falantes em cada época e em cada cultura, é relativamente permeável às intervenções dos sujeitos, assim como modificável ao longo do tempo em função de novas configurações sociais que demandam expressão. Se a estrutura da linguagem e os fatos da língua preexistem aos indivíduos e independem de suas decisões, a fala (*parole*) "é sempre individual e dela o indivíduo é sempre senhor"[3]. O que Saussure quer dizer com essa afirmação? Não que os sujeitos falantes tenham autonomia em relação à língua; ela é "a parte social da linguagem, exterior ao indivíduo, que, por si só, não pode criá-la nem a modificar; ela não existe senão em virtude duma espécie de contrato estabelecido entre os membros da comunidade"[4]. Um contrato cuja lógica também escapa à vivência atual dessa comunidade, pois é sempre "do passado" que nos vem o sentido das convenções da língua, do eixo diacrônico, no qual se dão também todas as suas modificações. A língua, com sua estrutura, suas práticas e suas convenções, é a expressão mais importante da herança simbólica que o sujeito recebe ao nascer, independente de qualquer possibilidade de escolha. A língua, e não a linguagem[5], é a mais rigorosa manifestação da Lei.

Entretanto, as práticas falantes introduzem modificações na língua. Para Saussure, "é a fala que faz evoluir a língua". A fala é viva, móvel e relacional. "São as impressões recebidas ao ouvir os outros que modificam nossos hábitos linguísticos."[6] As manifestações da fala são individuais e momentâneas, a depender da vontade dos falantes – ou, talvez devamos dizer, de suas necessidades expressivas. Entendo que, ao distinguir a língua das práticas falantes e propor que as segundas modificam a primeira, Saussure abre a possibilidade de o leitor situar sua teoria *entre as grades da estrutura e os fluxos da história*, pois, se por um lado as práticas falantes são sempre estruturadas pela linguagem, por outro, na qualidade de *ações*, como todas as outras ações humanas, são marcadas pela história. Como seres de linguagem, os falantes são necessariamente seres de história, a um só tempo

---

3 Ibidem, p. 21.

4 Ibidem, p. 22.

5 A língua submete os sujeitos a suas convenções; já a linguagem, que pode-se resumir na mera possibilidade de se valer de uma estrutura expressiva, é relativamente independente da operação simbólica da Lei – prova disso é que os psicóticos são capazes de fazer usos bastante particulares da linguagem, sem necessariamente se submeter às regras e às convenções da língua.

6 Ferdinand de Saussure, *Curso de linguística geral*, cit., cap. 4, p. 27.

atravessados pela língua e capazes de fazer dela matéria plástica, transformável de acordo com suas necessidades expressivas.

A razão por que me detenho nesse retorno à "fonte" da teoria linguística de onde partiu Lacan é que a diferenciação saussuriana entre linguagem e língua nos permite alguma mobilidade no que se refere às mudanças nos destinos dos sujeitos – coincidente com o que, na clínica psicanalítica, chamamos de cura. Se a língua está sujeita às modificações e às evoluções impostas pelas práticas falantes, fica aberta, na teoria lacaniana, a possibilidade de uma permanente tensão dialética entre narrativa(s) e estrutura. Como se poderá observar nos capítulos que seguem, procuro evitar uma leitura rigorosamente estruturalista de meu objeto (as mulheres, entendidas *uma a uma* em sua relação com a posição feminina e a feminilidade), pois esta, a meu ver, cria um viés essencialista que a psicanálise contemporânea tem a obrigação de superar. Não iremos muito longe substituindo simplesmente a frase "anatomia é destino", de Freud, por um novo dogma como "linguagem é destino", advindo de uma leitura rigorosamente estruturalista de Lacan.

Dito de outra forma, a inscrição dos sujeitos, homens ou mulheres, no discurso do Outro, não é rigidamente fixada. Ao longo da história, ela passa por modificações que, se não alteram a estrutura da linguagem, certamente alteram o uso da língua e, com isso, os lugares que a cultura confere aos sujeitos. Que as mulheres, por exemplo, ocupem o lugar da inocência ou do pecado, da castração ou da onipotência, da sexualidade desenfreada e ameaçadora que deve ser submetida aos freios do pudor e da castidade (como vemos na proposta de Rousseau para a educação das moças), depende, em última instância, das práticas falantes. Estas se modificam sutil e lentamente em função dos deslocamentos sofridos pelos agentes sociais ao longo da história – deslocamentos de classe, gênero, inserção junto ao poder etc., os quais, estes sim, escapam ao controle das vontades individuais.

A importância da concepção de Saussure sobre o lugar ativo dos sujeitos (do inconsciente) na estrutura *viva* da língua, para a leitura que proponho sobre a destinação ética da psicanálise, é que ela nos oferece um modelo do universo linguístico como um universo móvel (no eixo diacrônico) e aberto (no eixo sincrônico), no qual cada um tem condições de inscrever, com sua fala, uma pequena modificação; o sujeito faz *um furo no muro da linguagem*. Esse sujeito, cuja fala corresponde à necessidade de expressar algo que ainda não está inscrito no universo constituído da língua, é o sujeito da teoria lacaniana – o sujeito do desejo, em busca de um significante que o realize. Pois a realização de desejos, conforme *A interpretação dos sonhos*[7] de Freud, não é outra coisa senão a invenção de formas de expressão ao recalcado.

Posto isso, passo de Saussure a Lacan para situar em que ponto me interessa tomar a teoria lacaniana. Esse significante que designa o desejo para o sujeito, na teoria lacaniana, corresponde no inconsciente ao significante fálico, significante do desejo materno, recalcado, em torno do qual se organizam as representações inconscientes. O caso é que esse significante não é nenhum significante em particular, guardado em um escaninho secreto, fadado a se revelar ao sujeito via análise, por exemplo. O significante que representa o (sujeito do) desejo para outro sujeito vai se constituir por meio dos processos de deslocamentos e condensações que produzem as metáforas e as metonímias entre as quais o desejo traça seu percurso singular. Por isso, "sujeito" e "sujeito do desejo", na teoria lacaniana, se equivalem: este "eu" (*je*) que deve vir à luz – pela via da palavra! – para ocupar o lugar onde "isto" estava.

Ao analisar o clássico preceito freudiano da cura psicanalítica – *Wo es war, soll ich werden* –, Lacan escreve:

> *Wo,* onde *Es*, sujeito desprovido de qualquer *das* ou de outro artigo objetivante (é de um lugar de ser que se trata) era, *war*, é nesse lugar que *soll*, devo – e é um dever moral que se anuncia aí [...] – *Ich*, [eu], ali devo [eu] (como se anunciava *ce suis-je*, antes de se dizer *c'est moi*) *werden*, tornar-me, isto é, não sobreviver, tampouco advir, mas vir à luz, desse lugar mesmo como lugar de ser.[8]

A partir desse "lugar de ser", como Lacan anunciara logo antes, no mesmo texto, "isso fala, e sem dúvida o faz onde menos seria de se esperar, ali onde isso sofre". A concepção é rigorosamente freudiana: a verdade (do sujeito) se manifesta onde "isso" sofre. "A verdade disse: 'Eu falo'. Para reconhecermos esse [eu] no que ele fala, talvez não seja ao [eu] que devamos lançar-nos, mas antes deter-nos nas arestas do falar."[9] Percebe-se, então, que o sujeito vem à luz quando fala, mas não *qualquer* palavra nem de *qualquer* lugar. A verdade (do sujeito) diz "eu falo" onde (e porque) "isso" sofre. Eu acrescentaria que o sujeito "advém" quando se atreve a fazer uso do falo (no sentido do que vem suprir uma falta): o *falo da fala.*

---

7 Ver Sigmund Freud, *A interpretação dos sonhos* (1901) (trad. Renato Zwick, Porto Alegre, L&PM, 2013), cap. 7, item "Sobre a realização de desejo", p. 578-600.

8 Jacques Lacan, "A coisa freudiana ou Sentido do retorno a Freud em psicanálise" (1956), em *Escritos* (trad. Vera Ribeiro, Rio de Janeiro, Jorge Zahar, 1998), p. 418.

9 Ibidem, p. 414.

Uma leitura lacaniana da teoria psicanalítica não pressupõe que exista algo a ser descoberto "por trás" do muro da linguagem; o inconsciente está justamente onde ele se manifesta. "O inconsciente, a partir de Freud, é uma cadeia de significantes que em algum lugar (em outra cena, escreve ele) se repete e insiste, para interferir nos cortes que lhe oferece o discurso efetivo e na cogitação a que ele dá forma", escreve Lacan em outro texto[10].

> O inconsciente está justamente onde *isso* fala e interfere no discurso, mas o analisando a princípio não quer saber nada a esse respeito. Nesse mesmo texto, adiante, encontramos: "Qual seja, a maneira certa de responder à pergunta 'Quem está falando?', quando se trata do sujeito do inconsciente. Pois essa resposta não poderia provir dele, se ele não sabe o que diz nem sequer que está falando, como nos ensina a experiência inteira da análise.[11]

A consequência ética dessa leitura é que o sujeito não vai encontrar em outro lugar, já pronta, uma resposta para os destinos possíveis da pulsão, como não vai encontrar resposta para o sentido de sua existência. A esse respeito, o psicanalista Joel Birman nos diz que o que se produz em análise é a possibilidade de o sujeito *criar* "uma estilística da existência"[12] que dê conta, em alguma medida, da pressão contínua da força pulsional sobre o eu. Lacan escreve que o saber da pulsão está longe de ser um conhecimento: "Em Freud, [...] é efetivamente um saber, mas um saber que não comporta o menor conhecimento". Lacan se vale da imagem do escravo mensageiro, ignorante de que a mensagem que porta o condena à morte: "Não sabe nem o sentido nem o texto, nem em que língua ele está escrito, tampouco que foi tatuado em sua cabeça raspada enquanto ele dormia"[13]. Esse é o sentido, em Lacan, do inconsciente como "discurso do Outro". O enigma cuja resposta o sujeito procura sem ter como transformá-la em um conhecimento se resume às perguntas: "o que o Outro quer de mim? O que sou, para o Outro?" Na falta de um Outro que tome a forma imaginária de um ser de amor para responder ao "*che vuoi?*" [o que queres?], o sujeito está condenado a inventar os sentidos de sua existência.

---

[10] Jacques Lacan, "Subversão do sujeito e dialética do desejo no inconsciente freudiano" (1960), em *Escritos*, cit., p. 813.

[11] Ibidem, p. 815.

[12] Joel Birman, *Por uma estilística da existência* (Rio de Janeiro, Editora 34, 1996).

[13] Jacques Lacan, "Subversão do sujeito e dialética do desejo no inconsciente freudiano", cit., p. 818.

Invenção que não pode ignorar, entretanto, os modos de inscrição de cada sujeito no discurso do Outro (agora tomado na dimensão simbólica), que é o discurso da cultura a que pertence. A primeira dessas inscrições, que nos é dada assim que nascemos, é a marca da diferenciação sexual. A primeira definição de uma criança, dada mesmo antes que o feto complete sua evolução, graças aos métodos atuais de investigação ultrassonográfica, é que seja "menino" ou "menina". Significantes que indicam não apenas uma diferença anatômica, mas o pertencimento a um de dois grupos identitários carregados de significações imaginárias. É assim que, entre outras coisas, foi tatuado em cada um de nós que somos "homem" ou "mulher" sem que nossa passagem pelo mundo seja acompanhada de nenhum manual de instruções que dê conta do ajuste entre este "ser homem" ou "ser mulher" e a ínfima singularidade de nosso desejo. Manuais de instruções existem, sim, na trama simbólica que constitui a cultura, que nos designa lugares, posições, deveres, traços identificatórios. "Identidade feminina" e "identidade masculina" são composições significantes que procuram se manter distintas, nas quais se supõe que se alistem os sujeitos, de forma mais ou menos rígida, dependendo da maior ou da menor rigidez da trama simbólica característica de cada sociedade.

Mas tal trama é sempre furada. Por um lado, a partir da própria condição de "universo-menos-um" que constitui o simbólico. Por outro, por conta do furo que a inserção de cada sujeito faz nela. O manual de instruções não dá conta, repito, do destino das pulsões – ao menos em se tratando do sujeito moderno, que é o próprio sujeito da psicanálise. Não dá conta da tarefa de tornar-se homem ou tornar-se mulher, tornar-se sujeito do próprio desejo em oposição à alienação inicial a um discurso de autoridade que deve, ao longo de uma análise, ser destituído de sua posição de verdade. Assim, "qualquer enunciado de autoridade não tem nele outra garantia senão sua própria enunciação, pois lhe é inútil procurar por esta em outro significante". Esse é o sentido do enunciado básico do desamparo humano – "não há Outro do Outro"[14].

O vetor da pulsão, o objeto do desejo, os ideais, as identificações que vão fazer de cada um de nós não "homem" ou "mulher", mas *este* homem ou *esta* mulher, podem estar disponíveis no campo simbólico, mas não estão organizados para cada um de nós. Essa concepção de sujeito, embora fundada em Saussure e Lacan, questiona o modelo rigorosamente estruturalista do psiquismo: a possibilidade de

[14] Ibidem, p. 827.

cada analisando constituir, em final de análise, uma "estilística da existência" implica necessariamente a criação de novas perspectivas narrativas. Em Freud, todo neurótico é um narrador de sua "novela familiar" eternamente repetida, cheia de certezas imaginárias que justificam e dão sentido ao sintoma. Mas, nas narrativas neuróticas, o sujeito antes *é falado* – pelo Outro, pelos pais, pela estrutura em que se encontra – do que fala. Tais narrativas devem dar lugar, ao longo de uma análise, a outro enredo: este, o analisando vai escrever sozinho, tendo como primeiro interlocutor (leitor?) seu analista. A direção de uma cura, na expressão de Lacan, passa não por uma modificação da estrutura da linguagem que o sujeito habita, mas certamente passa por uma modificação de suas práticas falantes. Dominar (relativamente) nossas práticas linguageiras, em vez de sermos inteiramente alienados a elas, eis uma possibilidade de cura vislumbrada pela psicanálise.

No capítulo 2, veremos como essas duas posições diante do uso da língua marcam diferenças radicais de destino entre os dois personagens de *Madame Bovary* de Flaubert, a patética Emma e o embusteiro sr. Homais.

A ética da psicanálise exige que o analista saiba que "homem", "mulher" e "sujeito" são construções datadas, contingentes; portanto, mutantes. É preciso que ele saiba que não está lidando com conceitos transcendentais, mas com contingências. Esse enunciado pode parecer óbvio e desnecessário, mas foi fundamental, ao longo de meu percurso pessoal de analista, na determinação de minha conduta e, no caso deste livro, de meu objeto de pesquisa. Não existe A Mulher, universal transcendente ao conjunto de todas as mulheres. Assim como tampouco existe O Homem – mas essa segunda miragem, sustentada pelo significante fálico, parece encontrar uma ressonância imaginária que o conjunto das mulheres nunca será capaz de produzir. Talvez por isso, mais de cem anos atrás, algumas mulheres tenham fundado com Freud a psicanálise ao se indagarem sobre seu desejo diante daquele médico raro, tentando colocar em palavras a confusão sobre o que é ser mulher. A indagação também poderia ser entendida (como Freud fez, mais tarde) assim: "Como *tornar-se* uma mulher?". No entanto, a resposta a essa pergunta estaria condicionada ainda ao pressuposto, bastante generalizado no pensamento oitocentista, de que A Mulher precede a existência particular de cada uma das mulheres. Sabemos que as indagações das primeiras pacientes de Freud eram contemporâneas a uma grande produção científica e filosófica que tinha como tarefa, na Europa do século XIX, explicar A Mulher.

Embora homens e mulheres sejam vários, diversificados quanto aos modos de inclusão nos universos ditos "masculino" e "feminino", o conjunto dos homens raramente esteve em questão quanto ao que os identifica[15]. Por sua vez, o conjunto das mulheres, ao deslocar-se de uma posição construída de modo a complementar e sustentar a posição masculina, motivou uma produção de discursos e saberes extremamente prolixa, na proporção direta da perplexidade que esse deslocamento produziu.

Da parte das mulheres, esses deslocamentos pedem respostas continuamente: a modernidade proporcionou um campo muito mais vasto e variado para a constituição dos sujeitos do que os períodos imediatamente precedentes; a tarefa de inscrever-se nesse campo mobilizou as mulheres, desde antes do surgimento da psicanálise. Para as historiadoras Geneviève Fraisse e Michelle Perrot[16], o século XIX é

> o momento histórico em que a vida das mulheres se altera ou, mais exatamente, o momento em que a perspectiva de vida das mulheres se altera: tempo da modernidade, em que se torna possível uma posição de sujeito, indivíduo de corpo inteiro e atriz política, futura cidadã. Apesar da extrema codificação da vida cotidiana feminina, o campo das possibilidades alarga-se e a aventura não está longe.[17]

Hoje, uma leitura pós-freudiana poderia interpretar as indagações feitas pelas primeiras analisandas da história da psicanálise como uma tentativa de saber não apenas "o que é ser mulher", mas também, e principalmente, *o que um sujeito pode-se tornar, sendo (também) mulher*?

Sujeito moderno, sujeito neurótico

> Uma criatura muito estranha, complexa, emerge então.
> Na imaginação, ela é da mais alta importância; em termos práticos, é completamente insignificante. Atravessa a poesia de uma ponta à outra; por pouco está ausente da história. Domina a vida de reis e conquistadores na ficção; na vida real, era escrava de qualquer rapazola cujos pais lhe enfiassem uma aliança no dedo.
>
> VIRGINIA WOOLF, *Um teto todo seu*

---

[15] A pergunta "o que é ser um homem?", frequente na clínica dos neuróticos obsessivos, passou a ser objeto de investigação da psicanálise somente a partir do fim do século XX.

[16] Geneviève Fraisse e Michelle Perrot, "Introdução: ordens e liberdades", em Georges Duby e Michelle Perrot (orgs.), *História das mulheres no Ocidente*, v. 4: *O* século *XIX* (trad. Claudia e Egito Gonçalves, Porto, Afrontamento, 1995), p. 9.

[17] Idem.

Se a neurose é um produto das situações transferenciais cujo paradigma é a relação analítica, a ponto de alguns analistas afirmarem que só se pode falar em neurose no âmbito de uma análise, não é absurdo considerarmos que essa é a manifestação de sofrimento psíquico característica do sujeito moderno (ao contrário das psicoses, por exemplo, que falam diferentes linguagens nas mais variadas culturas e cujas manifestações nem sempre foram consideradas "doenças mentais"). Assim sendo, também faz sentido afirmar que o século XIX, quando a modernidade consolidou uma multiplicidade de padrões e discursos que iriam organizar o campo simbólico até recentemente, foi o século em que viemos a ter notícia desta forma peculiar de sofrimento humano – as neuroses –, tendo sido igualmente o século de nascimento da psicanálise. Modernidade, urbanização, industrialização, organização da vida pelos parâmetros da eficácia industrial e da moralidade burguesa, nascimento da família nuclear, separação nítida entre os espaços público e privado – a esse conjunto de mudanças que em menos de cem anos modificou a sociedade europeia corresponde um novo tipo de sujeito.

O *indivíduo*, sujeito moderno por excelência, que tem na Declaração dos Direitos do Homem sua "certidão de nascimento"[18], não nasce evidentemente pronto, definido em seus contornos, tal como o conhecemos hoje. "No século XIX, [o indivíduo] permanece como uma categoria abstrata, ainda mal definida", escreve Alain Corbin na introdução de seu belo texto sobre a produção do reinado do indivíduo oitocentista[19]. Além das conquistas jurídicas que vão marcar as condições democráticas da cidadania ao longo daquele século, os candidatos a indivíduos modernos vão ter de enfrentar conflitos familiares – os que mais nos interessam aqui – muitas vezes insolúveis, para os quais a neurose representa frequentemente a única resposta possível.

Michel Foucault, para quem a história da sexualidade pode ser entendida como uma história dos discursos sobre a sexualidade[20], afirma que a função das configurações familiares que se produziram na Europa a partir do século XVIII foi fixar

---

[18] A expressão é de Louis Dumont, em *O individualismo: uma perspectiva antropológica da ideologia moderna* (trad. Álvaro Cabral, Rio de Janeiro, Rocco, 1993), citado em Alain Corbin, "Bastidores", em Michele Perrot (org.), *História da vida privada,* v. 4: *Da Revolução Francesa à Primeira Guerra* (trad. Denise Bottmann e Bernardo Joffily, São Paulo, Companhia das Letras, 1995), p. 413-8.

[19] Ibidem, p. 415.

[20] Michel Foucault, *História da sexualidade,* v. 1: *A vontade de saber* (trad. Maria Thereza da Costa Albuquerque e J. A. Guilhon de Albuquerque, Rio de Janeiro, Graal, 1988).

dois dispositivos de controle: os de aliança (resumidamente: jurídico-institucionais), vigentes até então, aos novos dispositivos de sexualidade (psicossexuais). Os dispositivos psicossexuais atuam sobre cada sujeito e são passíveis de interpretações individuais. Em função dessa plasticidade, funcionam melhor em uma sociedade que passou rapidamente do monopólio de um discurso único (enunciado pelos representantes da Igreja católica até pelo menos o fim do século XVI) para a convivência com uma multiplicidade de enunciados organizadores da subjetividade. Em substituição ao "discurso unitário" (moral) da Idade Média, Foucault aponta que nos séculos seguintes "esta relativa unidade foi decomposta, dispersada, reduzida a uma explosão de discursividades distintas, que tomaram forma na demografia, na biologia, na medicina, na psiquiatria, na psicologia, na moral, na crítica política"[21]. A família funcionava como ponto de convergência entre discursos e dispositivos de origens diversas e, ao mesmo tempo, como espaço "privado", isto é: *imaginariamente*, um espaço sobre o qual o poder não teria acesso.

> Essa fixação do dispositivo de aliança e do dispositivo de sexualidade na forma da família permite compreender certo número de fatos: que a família tenha se tornado, a partir do século XVIII, lugar obrigatório de afetos, de sentimentos, de amor; que a sexualidade tenha, como ponto privilegiado de eclosão, a família; que, por esta razão, ela nasça "incestuosa".[22]

A história da sexualidade de Foucault focaliza um objeto mais específico do que o abordado aqui. Se interessa a meu argumento, é porque a obra de Foucault introduz uma perspectiva original a respeito da historicidade do sujeito, visto como um ponto de convergência entre poderes, formações discursivas, dispositivos de produção, controle e agenciamento libidinal. Com isso, Foucault marcou uma ruptura decisiva com os pontos de vista universalizantes sobre a subjetividade. Na trilha que seguiram, depois dele, os diversos pesquisadores da história das mentalidades, já não é possível pensar o neurótico, sujeito da psicanálise, como fruto de determinações intrapsíquicas universais, mas como alguém que se produz no vínculo com o outro (e com o Outro) ou, como afirma Lacan, sujeito não de uma psicologia individual, mas sempre de uma psicologia social[23].

---

21 Ibidem, p. 35.

22 Ibidem, p. 103.

23 A referência à historicidade do inconsciente em Lacan está bem clara em Marie-Hélène Brousse, *O inconsciente é a política* (São Paulo, Escola Brasileira de Psicanálise, 2003).

Voltemos, então, a descrever o campo dessa psicologia social que produziu o sujeito da psicanálise, atravessado pelo impossível mandato moderno de pensar-se como um *indivíduo*. Alain Corbin argumenta que o indivíduo não nasceu com contornos institucionais claros.

> Juridicamente débil, o indivíduo se aprofunda e se estrutura. Ao homem em geral – uma categoria gramatical –, ao sereno homem das Luzes, o romantismo contrapõe a singularidade das fisionomias, a espessura da noite e dos sonhos, a fluidez das comunicações íntimas, e reabilita a intuição enquanto maneira de conhecer.[24]

Ao mesmo tempo, escreve Corbin logo adiante, que

> as regras de transmissão familiar dos nomes perdem sua autoridade. [...] O enfraquecimento das regras de transmissão familiar traduz o definhar das virtudes hereditárias e ao mesmo tempo vaticinadoras do prenome. A perda da fé na existência de um patrimônio de caráter transmitido pela denominação evidentemente trabalha a favor do individualismo.[25]

Essa perda da fé nas *condições imaginárias* do patrimônio (simbólico) herdado produziu na modernidade, a meu ver, um forte sentimento de desamparo e responsabilidade diante do destino pessoal; sentimento que facilmente se transforma em culpa neurótica pela impossibilidade de cumprir com os ideais contraditórios que orientam esse destino.

> Os progressos da individualização engendram novos sofrimentos íntimos. Impõem a elaboração de imagens de si mesmos, fontes de insatisfação. Na medida em que o nascimento deixa, aos poucos, de constituir um critério social claro e decisivo, cada um deve definir e expressar sua posição. Ora, a crescente mobilidade social, ainda que certamente não convenha superestimar seu ritmo, o caráter inacabado, a indecisão, a precariedade das hierarquias, assim como a complexidade dos sinais que as indicam, só fazem confundir as ambições; provocam irresoluções, desordem, inquietação.[26]

Em sua extensa pesquisa sobre a experiência do amor vivida pelos burgueses europeus do século XIX, Peter Gay[27] cita um texto de Walter Bagehot, economista,

---

[24] Alain Corbin, "Bastidores", cit., p. 417. (A referência é a Georges Gusdorf, *L'Homme romantique*.)

[25] Ibidem, p. 419.

[26] Ibidem, p. 563.

[27] Peter Gay, "Experiências burguesas, contraponto", em *A experiência burguesa: da rainha Vitória a Freud*, v. 2: *A paixão terna* (trad. Sérgio Flaksman, São Paulo, Companhia das Letras, 1990), p. 9-44.

político e orador, além de autor de um enorme acervo de cartas de amor – que se refere à segunda metade do século XIX como um período de "confusão inextricável [...] em que uma mudança intelectual pôs pais e filhos em campos opostos, em que a própria família de um homem se transforma em inimiga jurada de seu credo favorito"[28]. Reconhecemos, no desabafo de Bagehot, o quadro do que o século XX chamou de "conflito de gerações": quando as tradições deixam de dar conta de situar os indivíduos em um mundo que, a cada nova geração, encontra-se modificado em relação ao que a geração anterior conseguiu elaborar. A liberdade, ideal moderno inaugurado com a Revolução Francesa e transformado em direito *individual* com o estabelecimento da burguesia como classe hegemônica na Europa, cobra o preço do desamparo e do desenraizamento. As tradições que, nas antigas monarquias, determinavam os destinos dos súditos de acordo com a origem familiar, foram gradativamente desautorizadas pelos novos valores advindos da recém-inaugurada mobilidade social.

Desse modo, cada sujeito passa a carregar nos ombros a tarefa de tentar compreender o mundo por si mesmo, de estabelecer-se nele com grande esforço para, em seguida, ser destituído ou no mínimo contestado pela geração seguinte. Michelle Perrot, ao tratar das relações entre pais e filhos no século XIX, chama atenção para os vetores contraditórios que organizam tanto as expectativas paternas quanto os ideais que os filhos sentem-se impelidos a alcançar. "De um lado, um investimento crescente no filho, futuro da família, muitas vezes até extremamente coercitivo", projeta neste as esperanças de realizar todos os projetos que os pais não conseguiram ou não terminaram de realizar[29]. O filho é, assim, responsável pela continuação das conquistas paternas, numa sociedade em que a família vai aos poucos funcionando como um empreendimento coletivo.

> E que drama quando o filho não consegue ou não aceita sê-lo! As ambições da família desmoronam. O filho se sente culpado. O adulto nunca acaba de pagar sua dívida e de remoer sua traição [...]. Fonte de angústia existencial, o totalitarismo familiar oitocentista é, sob muitos aspectos, profundamente neurótico. Decididamente, ser herdeiro não é tão simples.[30]

---

[28] Ibidem, p. 40.

[29] Michele Perrot, "Figuras e papéis", em Michele Perrot (org.), *História da vida privada*, v. 4, cit., p. 160.

[30] Ibidem, p. 161.

A dificuldade é que o filho não herda apenas um mandato familiar; sendo também, como escreve Perrot, um objeto privilegiado do investimento amoroso dos pais[31], ele é herdeiro de toda uma série nova de exigências para com sua própria felicidade e sua realização individuais.

> Na educação, Legouvé proclama a "superioridade do princípio de afeição" e prega o respeito pela autonomia: deve-se educar os filhos para eles mesmos, não para nós, admitir que seus "interesses" podem não coincidir com os do grupo, que terão de assumir sozinhos seus destinos, por conseguinte, desenvolver sua capacidade de iniciativa e até cultivar uma certa indeterminação que preserva sua capacidade de liberdade, via preconizada pelas pedagogias libertárias.[32]

Assim, quando a infância passa a ser vista como "idade fundadora da vida"[33] e a criança começa a virar indivíduo, ela se vê desde cedo envolvida no conflito entre os mandatos familiares de responsabilidade para com a continuação do que os pais construíram com esforço e a conquista da felicidade através do exercício contínuo da independência e da liberdade, que, naquele período, já não eram vistas como patrimônios públicos, mas, sim, privados[34].

A consequência desse *duplo vínculo* que liga o sujeito à teia familiar é que a revolta contra a família aumenta no decorrer do século XIX. "A família burguesa em particular é alvo das críticas de artistas e intelectuais [...], dos ataques dos adolescentes rompendo o casulo, da impaciência das mulheres ansiosas por ter uma vida própria."[35] A esperança de fazer da vida uma "aventura pessoal", versão romantizada dos delírios de ascensão social e autonomia que sustentam a ordem burguesa, entra em conflito com as exigências de filiação e disciplina familiar, sem as quais essa ordem também se vê ameaçada.

---

31 Uma realidade também recente no Ocidente; por exemplo, só a partir de 1850, na Europa, a morte de uma criança passa a ser objeto de luto familiar na mesma medida em que a morte de um adulto. Ver idem, p. 161.

32 Ibidem, p. 162.

33 Ibidem, p. 163.

34 Sobre os conceitos público e privado de felicidade e liberdade, ver Hannah Arendt, "Que é liberdade?", em *Entre o passado e o futuro* (trad. Mario W. Barbosa de Almeida, São Paulo, Perspectiva, 2011), p. 188-220, e Richard Sennett, "A personalidade em público", em *O declínio do homem público* (trad. Lygia Araújo Watanabe, São Paulo, Companhia das Letras, 1998).

35 Michele Perrot, "Dramas e conflitos familiares", em Michele Perrot (org.), *História da vida privada*, v. 4, cit., p. 263 e 286.

Nesse sentido, podemos arriscar a hipótese de que o sujeito moderno coincide com o neurótico ou, melhor, de que a neurose é a resposta possível para os impasses e as demandas conflitantes que incidem sobre o sujeito moderno. "Nossa herança nos foi deixada sem testamento algum", escreveu René Char, poeta surrealista, ao lamentar as condições de desenraizamento em que sua geração se viu depois da Segunda Guerra Mundial[36]. Char refere-se a uma geração que, ao atravessar uma guerra que mudou a face do mundo moderno, tornou-se irrecuperável em relação às tradições, comprometida com ideais de liberdade e transformação que produzem uma dívida tão mais impossível de pagar quanto mais os vínculos com a origem foram cortados – ou, se preferirmos, recalcados.

A "herança nos deixada sem testamento algum" representa bem os impasses subjetivos do homem moderno; por um lado, acredita-se autor de seu destino e tenta responder a esse ideal de liberdade, transformado em exigência do *supereu*. Por outro, o recalque necessário para fundamentar a crença na autonomia (crença que fundamenta uma espécie de delírio do sujeito sem origens, segundo o pensamento de Lacan) o aprisiona na dimensão oposta, da culpa neurótica, dos automatismos de repetição. Sem fazer referência à psicanálise ou ao aspecto intrapsíquico de tais impasses, Hannah Arendt descreve com precisão os efeitos do esquecimento das origens de que sofre o homem moderno:

> O fim de uma tradição não significa necessariamente que os conceitos tradicionais tenham perdido seu poder sobre a mente dos homens. Pelo contrário, às vezes parece que esse poder das noções e das categorias cediças e puídas torna-se mais tirânico à medida que a tradição perde sua força viva e se distancia a memória de seu início; ela pode mesmo revelar toda sua força coercitiva somente depois de vindo seu fim, quando os homens nem mesmo se rebelam mais contra ela.[37]

Para um psicanalista, é evidente que o recalcamento da memória não produz liberdade, e sim repetição.

A experiência do conflito subjetivo entre o imperativo de autonomia exercido pelo *supereu* e a dívida com uma tradição, representada por uma instância paterna cada vez mais enfraquecida (este o sentido da expressão de Walter Bagehot, que via a família como "inimiga jurada" do credo favorito escolhido pelos pais), cuja

---

[36] Citado em Hannah Arendt, "Que é liberdade?", cit., p. 32. O aforismo de René Char encontra-se em *Feuillets d'Hypnos* (Paris, Gallimard, 1946).

[37] Hannah Arendt, "A tradição e a época moderna", em *Entre o passado e o futuro*, cit., p. 53.

origem foi apagada por ação do recalque, talvez não caiba a todos os sujeitos que viveram no século XIX. Mas certamente corresponde, com bastante nitidez, ao grupo que nos interessa estudar: a burguesia urbana emergente no cenário europeu. O conceito de burguesia já foi muito utilizado por diversos ramos da sociologia, a ponto de ter perdido muito de sua precisão como instrumento de análise. Assim, valho-me do trabalho de Richard Sennett, que retomou o sentido da palavra "burguesia" a fim de evitar o que considera uma análise mecânica das classes sociais[38]. Para Sennett, nenhum estudo das cidades dos séculos XVIII (e XIX, em meu caso) pode poupar o pesquisador de analisar a burguesia urbana, classe a que pertenciam governantes, administradores, financistas e grande parte da população.

> Além disso, o termo "burguesia" é bem mais abrangente do que "classe média"; este indica a posição de uma pessoa no meio de uma escala social, *mas não diz como ele chegou até lá*. "Burguesia" indica que alguém ocupava esta posição porque trabalhava na administração ou no comércio não feudal; os administradores de uma propriedade podem ocupar uma posição média na sociedade, mas não são parte da burguesia.[39]

O ponto que interessa a meu argumento é a ênfase de Sennett sobre a posição *conquistada* do burguês contra a posição *herdada* de outros sujeitos de classes médias herdeiros de cargos ou postos da antiga ordem feudal. Adiante, Sennett tira consequências desta definição – ao analisar "A vida burguesa e a sorte", afirma: "Numa sociedade que está quebrando as amarras feudais, a burguesia se constitui como a classe crítica"[40].

A que crise Richard Sennett se refere? À impressão de caos vivida pelos membros de uma classe cujos destinos já eram regidos por leis econômicas da nova ordem capitalista, muito antes que eles dominassem a lógica dessas mesmas leis. "Os homens de negócios e os burocratas do século passado tinham pouca noção de participarem de um sistema ordenado. [...] Os novos princípios para fazer dinheiro e para dirigir grandes organizações eram um mistério até mesmo para aqueles que eram muito bem-sucedidos"[41], o que fazia com que todos se sentissem, no sucesso ou no fracasso, ao sabor da "sorte". Além disso, Sennett traça o mapa subjetivo da

---

[38] Richard Sennett, "O mundo público do Antigo Regime", em *O declínio do homem público*, cit., p. 60.

[39] Ibidem, p. 68; grifos meus.

[40] Ibidem, p. 175.

[41] Ibidem, p. 176.

burguesia do século XIX como uma espécie de "terra de ninguém" entre as diversas tradições revolucionárias do XVIII, algumas recalcadas, outras já deformadas pelos anseios restauradores de seus contemporâneos.

Sennett é muito cuidadoso quanto à análise das transformações sociais, sempre alertando o leitor para a inércia e a permanência dos padrões passados a cada reviravolta do presente e mostrando como a experiência subjetiva de cada período histórico é sempre composta dos traços de uma cultura herdada, mais nítidos para os sujeitos – mesmo quando em decadência –, e dos traços emergentes de uma cultura "em formação", na qual as pessoas vivem sem ter muita consciência do que a constitui. Pensar a consolidação do poder burguês, portanto, não é simplesmente pensar no período revolucionário nem mesmo na consolidação definitiva de 1848, mas no longo processo em que aquela classe, *já instalada numa posição de poderio econômico*, lutava para criar uma cultura que correspondesse à nova ordem – e lutava principalmente, às cegas, por tentativa e erro, contra a compulsão à repetição determinada pela inércia das formações culturais anteriores.

No capítulo 2, trato da literatura como "solução de compromisso" entre as expressões tradicionais, já em crise, da cultura burguesa oitocentista e as tentativas de dar voz ao emergente, aos novos fenômenos sociais que ainda não tinham lugar simbólico estabelecido.

Ainda assim, o retrato da burguesia como uma classe "dissipadora de heranças", por sua própria condição de conquistadora de posições numa ordem não regida pela tradição feudal, nos dá uma ideia da especificidade dos conflitos vividos pelos burgueses do século passado, quando os valores públicos do Antigo Regime acabaram substituídos pelo que Sennett chama de "valorização da personalidade", ou seja, os valores e os mandatos próprios de uma cultura que centra no indivíduo as determinações de seu próprio destino.

O psicanalista Contardo Calligaris discutiu a presença de um culturalismo em Lacan, a partir do qual, propôs a ideia de examinar a incidência do social na clínica. Para Calligaris, a psicanálise só faz sentido em sociedades individualistas.

> O inconsciente freudiano corresponde exatamente ao que é necessário ao indivíduo recalcar para pertencer a tais culturas. O inconsciente freudiano seria formado pela *tradição*, o que dela nos determina, recalcado numa sociedade em que nós só conseguimos nos ver como sujeitos na medida em que nos destacamos dela.[42]

---

[42] Contardo Calligaris, *As incidências do social na clínica*, seminário apresentado em abril e maio de 1993 na livraria Pulsional, em São Paulo. Manoel T. Berlinck, nos cursos "Pensamento

O ideal de autonomia, um dos valores constitutivos da cultura ocidental, incorporado ao *supereu*, seria o móvel dessa operação de recalque. O sujeito da psicanálise, na teoria lacaniana e segundo a leitura de Calligaris, funda-se numa autonomia subjetiva (imaginária) que só é possível à custa do esquecimento da totalidade da tradição que está na origem. Isso não significa que a tradição deixe de determinar o sujeito; pelo contrário, e muito de acordo com o pensamento de Arendt, ela se torna ainda mais poderosa na medida em que o sujeito vive sem saber o que o domina. Esse é, em contraposição ao *cogito* de Descartes, o sentido da formulação lacaniana "eu penso onde não sou/eu sou onde não penso".

Examinamos até aqui alguns aspectos do que Calligaris chama de "tradição recalcada", o "sou onde não penso", para os burgueses do século XIX. Mas não estou certa de que a ideia de recalque dê conta de todo o emudecimento que se opera sobre os aspectos, ora tradicionais, *ora emergentes*, do campo de representações de que os sujeitos se valem para traçar a cartografia de seu tempo. Uma parte das tradições que estão na origem da cultura oitocentista certamente foi recalcada, conforme o modelo pensado por Contardo Calligaris, em função de ideais de autonomia impostos aos indivíduos "recém-nascidos" daquele período. Mas outra parte do que ficou inconsciente, no sentido vulgar da palavra, é composta justamente dos fenômenos emergentes, ainda não formulados entre os discursos correntes na sociedade que está se organizando em novas bases; fenômenos dos quais os sujeitos não podiam ter consciência, não em função do recalque, *mas da ausência de uma uniformidade nos padrões discursivos em formação.*

Impulsos de mudanças e necessidade de controle são os termos utilizados por Peter Gay para compor o painel "pulsional" do fim do século XIX. Mudança que cobra o preço da angústia diante do desconhecido; controle como mecanismo de tentar deter essa mesma angústia. Gay cita uma passagem de Thackeray que dá conta da "pressão exercida pelas transições, em todas as frentes do sentimento e da atividade" daquele período: "Ter vivido antes do advento das ferrovias", escreveu Thackeray, "era ter vivido antes do Dilúvio".

> Ter vivido antes da contracepção moderna, pode-se acrescentar, ou antes da higiene moderna, era ter sido igualmente antediluviano. Assim, a celebrada solidez da vida burguesa era tanto uma defesa erguida às pressas quanto um objetivo que, no melhor

---

freudiano" I e II ministrados entre 1993 e 1994 no programa de pós-graduação em psicologia clínica e psicanálise da PUC-SP, também abordou a coincidência entre o sujeito da psicanálise e o sujeito moderno. As citações são baseadas em minhas anotações pessoais, sujeitas a imprecisões.

dos casos, se atingia. O que o psicanalista Heinz Hartmann chamava de ambiente médico previsível era construído, no século XIX, sobre as areias movediças da inovação.[43]

Nessa passagem, Peter Gay refere-se particularmente a inovações técnicas, cujas repercussões sobre o comportamento costumam permanecer obscuras durante muito tempo. No plano das ideias, Richard Sennett nos mostra como, frequentemente, as representações emergentes permanecem inconscientes, agindo sobre os sujeitos sem que eles se deem conta disso[44]. Sennett afirma que a fortaleza da vida privada que se construiu no século XIX não era apenas uma proteção contra a instabilidade econômica e a insegurança dos novos papéis que os sujeitos tinham de representar em público, mas principalmente um refúgio no qual as pessoas podiam temporariamente descansar da pressão contínua causada pelo que Alain Corbin chamou de "necessidade de elaboração da imagem de si mesmo": "Na medida em que o nascimento deixa, aos poucos, de constituir um critério social claro e decisivo, cada um deve definir e expressar sua posição"[45]. As razões do surgimento do que Richard Sennett chama de predomínio da *personalidade* no espaço público são, para ele, mais complexas e abrangentes do que a perda da confiança nos padrões herdados de nomeação a que se refere Corbin. "A personalidade surge em público porque uma nova visão de mundo secular apareceu na sociedade como um todo. Essa visão de mundo trocava uma ordem da natureza por uma ordem dos fenômenos naturais."[46]

O que vemos é uma dupla passagem acontecendo desde o século das Luzes: primeiro, a substituição de padrões religiosos de interpretação da ordem do mundo por padrões seculares, em que a ideia de Natureza substitui a ideia de Deus. Mas, para Sennett, a Natureza dos iluministas ainda era transcendental: uma versão terrena do divino, cujas leis sábias davam sentido a todos os fenômenos e possibilitavam aos homens certa segurança até então oferecida pela religião. "Natureza e deus da Natureza eram ainda [no século XVIII] uma divindade sem face; poder-se-ia honrá-la, mas não orar a ela." Nessa primeira passagem, muito do pensamento religioso havia sido superado, mas não tudo. "Embora a natureza fosse transcendente, a crença nela não levava à vida piedosa após a morte." Logo, uma segunda passagem foi feita, à medida que a ordem capitalista se afastava da

---

[43] Peter Gay, "Experiências burguesas, contraponto", cit., p. 360.

[44] Richard Sennett, *O declínio do homem público*, cit., cap. 8.

[45] Allain Corbin, "Bastidores", cit., p. 423.

[46] Richard Sennett, *O declínio do homem público*, cit.

ordem feudal; uma "transformação da secularidade entre o século XVIII e o XIX". "Mais do que simples positivismo científico, ela englobava a teoria darwiniana da evolução, atitudes com relação à arte e convicções cotidianas, assim como profundas transformações no campo da própria psicologia."[47]

Sennett não se detém nas razões que originaram essas transformações nem tenta nos convencer de que elas baniram a religiosidade das sociedades europeias; o que ocorreu não foi o fim dos credos religiosos, mas o fim de uma era em que a perfeição divina explicava a ordem do mundo. A segunda passagem, de uma Natureza transcendental para uma natureza simplesmente material, completa o movimento que teve início no século das Luzes, de uma razão transcendental para a construção de uma razão imanente. "A primeira era uma doutrina da transcendência secular; a segunda, uma doutrina da imanência secular."[48]

E quais são as consequências dessa transformação na vida cotidiana? Em primeiro lugar, uma crença na soberania da *personalidade*. O início da modernidade foi o período do estabelecimento imaginário do sujeito "solar", na expressão de Luiz Costa Lima[49], este que se pretende senhor de suas representações, plenamente capaz de controlar seus impulsos e a imagem que oferece aos outros, no espaço público.

"A personalidade era uma forma dessa crença no significado imanente do mundo", escreve Sennett. "*Como os deuses estão desmistificados, o homem mistifica sua própria condição.*"[50] A vida de cada um passa a ser um campo de significações, o que é, a meu ver, mais um passo na direção da responsabilização neurótica dos sujeitos modernos. A personalidade "adentra o esquema da crença imanente", diferente da crença iluminista do "caráter natural" em três aspectos. Em primeiro lugar, a personalidade é própria a cada um – uma espécie de propriedade privada fundamental –, enquanto o caráter natural era "o laço comum que perpassava toda a espécie humana". A personalidade, como todos os fenômenos da ciência positiva do século XIX, funda-se no próprio mundo das aparências. Assim, o sujeito torna-se responsável por tudo o que ele aparenta, pois sua imagem pública seria reveladora da verdade sobre si mesmo – "como a crença iluminista numa

---

[47] Ibidem, p. 191.

[48] Idem.

[49] Ver Luiz Costa Lima, *Mímesis: desafio ao pensamento* (Rio de Janeiro, Civilização Brasileira, 2000).

[50] Richard Sennett, *O declínio do homem público*, cit., p. 190-2; grifo meu.

humanidade comum havia desaparecido, a variação nas aparências pessoais passara a ser imputada à instabilidade da própria personalidade"[51].

O segundo aspecto pelo qual a personalidade pertence ao sistema de crença imanente é que, ao contrário ainda do caráter, ela é controlada pela "autoconsciência". Novamente ao contrário do caráter, a personalidade não pode ser controlada apenas no campo da ação.

> As circunstâncias podem forçar as aparências e então desestabilizar o eu. A única forma de controle está na atenção constante dada à formulação daquilo que a pessoa sente. Este senso de controle do eu é, na maior parte, retrospectivo: uma pessoa entende o que fez depois que a experiência acabou.

Expressões emocionais espontâneas passam a ser muito ameaçadoras para o sujeito, porque desorganizam a imagem que ele pretende manter em público, imagem que não é mais interpretada como uma "máscara no teatro do mundo"[52], à maneira do século XVIII, mas como sinal da verdade interior daquela pessoa[53].

Por fim e em consequência disso, o século XIX – também ao contrário do período anterior – criou um antagonismo entre liberdade e convenções sociais – a primeira passa ao domínio privado, as segundas, ao espaço público. A autoconsciência de ser um indivíduo, diferenciado de todos os outros, não favoreceu a espontaneidade de expressão do eu; pelo contrário, a inibiu. O sentimento espontâneo era facilmente classificado como fora do normal. O domínio público, espaço das transações comerciais, sociais e políticas das grandes cidades do século XIX, era o espaço de convivência entre uma *multidão de desconhecidos*, formada por uma diversidade de tipos sociais sem precedentes na história do Ocidente. Era preciso aprender a decifrar, com a maior precisão possível, os sinais emitidos voluntária ou involuntariamente pelo outro, para saber com que tipo de pessoa se lidava.

Em oposição ao espaço social dos estranhos, no qual o sujeito precisa estar constantemente atento aos outros e *a si mesmo*, construiu-se a família nuclear

---

[51] Ibidem, p. 192.

[52] Ibidem, p. 192-3.

[53] O processo de autocontrole individual que culmina com a formação da consciência moral interiorizada, o *supereu* freudiano, teve início no fim da Idade Média, com a formação das sociedades de corte. Ver Norbert Elias, *O processo civilizador: uma história dos costumes* (1939) (trad. Ruy Jungmann, Rio de Janeiro, Jorge Zahar, 1990). Acrescento a referência do comentário de Freud sobre o progresso da interiorização da consciência moral em "O futuro de uma ilusão" (1927), em *Obras completas*, v. 17 (trad. Paulo César de Souza, São Paulo, Companhia das Letras, 2014).

moderna como lugar de intimidade, privacidade, relaxamento. Para os homens, sobretudo, condenados a viver o dia a dia na selva das cidades, a família tornava-se um lugar sagrado, cuja harmonia e cuja tranquilidade estariam a cargo daquela que cada um escolheu para esposa.

A seguir, devo me deter sobre a constituição deste lugar – a família nuclear e o lar burguês –, tributária da criação de um padrão de feminilidade que sobrevive ainda hoje, cuja principal função, como veremos, é promover o casamento, *não entre a mulher e o homem, mas entre a mulher e o lar*. A segunda função da feminilidade, nos moldes modernos, foi a adequação entre a mulher e o homem a partir da produção de uma posição feminina que sustentasse a virilidade do homem burguês.

A adequação das mulheres a essas funções foi fruto de uma enorme produção discursiva, como veremos adiante. Se hoje deparamos com uma ideia de feminilidade que nos parece *tradicional*, é importante perceber que essa tradição tem uma história recente, que faz parte da história da constituição dos sujeitos modernos, a partir do final do século XVIII e ao longo de todo o XIX. Também é importante ressaltar que os discursos que constituíram a feminilidade tradicional fazem parte do imaginário social moderno, transmitido pela educação formal, pelas expectativas parentais, pelo senso comum, pela religião e pela grande produção científica e filosófica da época, que determinava o que cada mulher deveria ser *para ser verdadeiramente uma mulher*. Mas, como o imaginário social nunca é unívoco – característica que se acentua intensamente na modernidade –, outros discursos e outras expectativas entraram em choque com os ideais predominantes de feminilidade. Assim, aos ideais de submissão feminina contrapunham-se os ideais de autonomia de todo sujeito moderno; aos ideais de domesticidade contrapunham-se os de liberdade; à ideia de uma vida predestinada ao casamento e à maternidade contrapunha-se a ideia, também moderna, de que cada sujeito deve escrever seu próprio destino, de acordo com sua própria vontade.

Com base nos conceitos propostos por Richard Sennett, eu diria que à feminilidade como construção social, correspondente a um conjunto de funções socialmente essenciais, opunha-se a nova personalidade individual, diferenciada de acordo com a composição "autoral" de cada sujeito.

Para cada mulher nascida no século XIX, e ainda hoje, apresenta-se a questão de ser um *sujeito* (segundo o conceito de sujeito moderno que apresentei no início deste capítulo) ou colocar-se como objeto do discurso do Outro, segundo os ideais de feminilidade constituídos no mesmo período.

Gostaria de acrescentar aqui, para esclarecer meu interesse sobre a produção histórica das tradições a que pertencemos até hoje, que o esquecimento da dimensão simbólica que nos determina tende a criar um sentido de permanente "naturalização" (imaginária) quanto às instituições, aos conceitos e aos discursos que presidem nossa vida. É o "poder tirânico" das categorias cediças e puídas a que se refere Hannah Arendt, que cita a propósito um comentário de Tocqueville ao final de *A democracia na América*: "Desde que o passado deixou de lançar sua luz sobre o futuro, a mente do homem vagueia nas trevas"[54]. A perspectiva que orienta meu trabalho, nesse sentido, não é absolutamente tradicionalista. Se me proponho a recuperar a tradição que constituiu, há dois séculos, o que hoje a psicanálise entende como "posição feminina", assim como o modo pelo qual essa posição foi associada às mulheres, não é para propor que essa tradição nos revele o "verdadeiro" ser da mulher. Contrariamente, ao desnaturalizar o que foi construído pela cultura, espero que tenhamos maior mobilidade na clínica das neuroses de nossas analisandas mulheres a fim de possibilitar que, a partir de uma análise, possam constituir como lhes convier a relação com a feminilidade.

Recuperar a tradição não tem absolutamente o sentido de propor que nos reinstalemos nela – o que seria no mínimo farsesco, dados os tremendos deslocamentos que a cultura ocidental sofreu no século XX. Tem, sim, o sentido de dar voz ao que foi recalcado e, com, isso evitar justamente a *repetição* característica dos efeitos do inconsciente. Conhecer as origens do discurso que confere às mulheres um lugar – fixado pela tradição – no campo do Outro é a primeira condição para que se possa pensar sobre ele, perceber o quanto pode ser modificado ou, mais ainda, o quanto já se modificou na prática, sem que a teoria conseguisse dar conta disso.

Os homens constroem a feminilidade

> De fato, numa mulher jovem cujo coração ainda é puro e em que o amor permaneceu virgem, o próprio sentimento da maternidade é submetido à voz do pudor. E o pudor não era a mulher inteira?
>
> HONORÉ DE BALZAC, *A mulher de trinta anos*

---

[54] Hannah Arendt, "Prefácio – A quebra entre o passado e o futuro", em *Entre o passado e o futuro*, cit., p. 32.

Não tenho a ambição aqui de dar conta da formação dos sujeitos modernos, mas apenas de uma parcela deles, cerca da metade, para ser mais exata: as mulheres. *Deslocamentos do feminino*, título deste livro, aponta justamente para a intenção de investigar as relações entre a mulher e a feminilidade, seus ajustes e seus desajustes, seus encontros e seus desencontros, a partir do campo cultural que produziu a psicanálise e o discurso freudiano sobre a feminilidade: a constituição da cultura burguesa europeia na segunda metade do século XIX.

Para isso, começo tentando responder quem foi a mulher freudiana. De que tradição se desviavam as mulheres que a psiquiatria da época chamava de histéricas? Que apelos a sociedade burguesa nascente fazia a elas e que impossibilidades estavam colocadas para sua realização? Para responder a essas questões, devo buscar fora do discurso psicanalítico informações sobre a origem social do sofrimento sintomático das histéricas que chegavam ao consultório do dr. Sigmund Freud, ainda que, adiante, seja necessário retornar a algumas de suas observações publicadas nos célebres "Estudos sobre a histeria" e "Caso Dora".

A cultura europeia dos séculos XVIII e XIX produziu uma quantidade inédita de discursos cujo sentido geral foi promover uma perfeita adequação entre as mulheres e o conjunto de atributos, funções, predicados e restrições denominado *feminilidade*. A ideia de que as mulheres formariam um conjunto de sujeitos definidos a partir de sua natureza, ou seja, da anatomia e suas vicissitudes, aparece nesses discursos em aparente contradição com outra ideia, bastante corrente, de que a "natureza feminina" precisaria ser domada pela sociedade e pela educação para que as mulheres pudessem cumprir o destino ao qual estariam naturalmente designadas. A feminilidade aparece aqui como o conjunto de atributos próprios a todas as mulheres, em função das particularidades de seus corpos e de sua capacidade procriadora; a partir daí, atribui-se às mulheres um pendor definido para ocupar um único lugar social – a família e o espaço doméstico –, a partir do qual se traça um único destino para todas: a maternidade. A fim de melhor corresponder ao que se espera delas (que é, ao mesmo tempo, sua única vocação natural), pede-se que ostentem as virtudes próprias da feminilidade: o recato, a docilidade, uma receptividade passiva em relação aos desejos e às necessidades dos homens e, a seguir, dos filhos. A dialética entre o que é natural e o que deve ser cultivado, nas mulheres, para que elas correspondam aos ideais da feminilidade, fica bastante evidente no discurso de Rousseau, como veremos adiante.

Mais uma vez recorro à contribuição de Michel Foucault em sua *História da sexualidade*, na qual ele analisa como os poderes disciplinares modernos (em contraste com o que denomina o poder "soberano", eficaz em sociedades tradicionais) funcionam no microcosmo da vida privada. Foucault detecta, a partir do século XVIII, o surgimento de quatro grandes dispositivos de saber e poder sobre o sexo. O primeiro deles foi a "histerização do corpo da mulher", conjunto de estratégias produtoras da sexualidade feminina – uma sexualidade adequada ao lugar que deve ser ocupado pela mulher na família burguesa.

Segundo Foucault:

> *Histerização do corpo da mulher*: tríplice processo pelo qual o corpo da mulher foi analisado [...] como corpo integralmente saturado de sexualidade; pelo qual este corpo foi integrado, sob o efeito de uma patologia que lhe seria intrínseca, no campo das práticas médicas; pelo qual, enfim, foi posto em comunicação orgânica com o corpo social (cuja fecundidade regulada deve assegurar), com o espaço familiar (do qual deve ser elemento substancial e funcional) e com a vida das crianças (que produz e deve garantir, através de uma responsabilidade biológico-moral que dura todo o período da educação): a Mãe, com sua imagem em negativo que é a "mulher nervosa", constitui a forma mais visível desta histerização.[55]

Adiante, o autor refere-se à Mãe como

> mulher "ociosa", nos limites do "mundo" – onde sempre deveria figurar como valor – e da família, onde lhe atribuíam novo rol de obrigações conjugais e parentais: assim apareceu a mulher "nervosa", sofrendo de "vapores": foi aí que a histerização da mulher encontrou seu ponto de fixação.[56]

Como não pensar, por exemplo, na mãe de Dora e sua "psicose doméstica", encerrada nos limites do mundo e da célula familiar? A histerização do corpo da mulher a que Foucault se refere é produzida por um discurso consistente cuja função é indicar às mulheres um único lugar – a família – de acordo com sua *verdadeira* natureza, a feminilidade.

Essa proliferação de afirmações filosóficas, científicas e médicas sobre a *verdadeira* natureza das mulheres e o *verdadeiro* lugar determinado para elas pela ordem "natural" revela que havia na Europa, desde o advento das Luzes, um crescente apartamento entre as mulheres e as determinações biológicas, "naturais", da feminilidade. A insistência com que pensadores e cientistas afirmaram que o único

---

[55] Michel Foucault, *História da sexualidade*, v. 1, cit., p. 99.

[56] Ibidem, p. 114.

lugar digno para a mulher seria o lar e que sua tarefa mais valiosa seria aquela para a qual sua natureza a preparou – a maternidade – pode ser vista, hoje, como reação a um início de desordem social que se esboçou no século XVII e tornou-se alarmante no fim do XVIII, quando a Revolução Francesa destruiu as fronteiras que no Antigo Regime separavam a esfera pública da vida privada.

Segundo Lynn Hunt,

> durante a Revolução, as fronteiras entre a vida pública e a vida privada mostraram grande flutuação. A coisa pública, o espírito público invadiram os domínios habitualmente privados da vida. Não resta dúvida que o desenvolvimento do espaço público e a politização da vida cotidiana foram definitivamente responsáveis pela redefinição mais clara do espaço privado no início do século XIX. O domínio da vida pública, principalmente entre 1789 e 1794, ampliou-se de maneira constante, preparando o movimento romântico do fechamento do indivíduo sobre si mesmo e da dedicação à família, num espaço doméstico determinado com maior precisão. No entanto, antes de chegar a esse termo, a vida privada iria sofrer a mais violenta agressão já vista na história ocidental.[57]

Para os revolucionários, nenhum detalhe da vida deveria escapar à publicidade. Tudo era público, tudo era político: a vida privada se politizava, o que era visto como condição de liberdade dos homens da República. Os aspectos da vida que hoje (e desde o século XIX) são tidos como de interesse exclusivamente privado adquiriram um sentido político. A indumentária, por exemplo, transformou-se num "sistema semiótico intensamente carregado" (de sentido político), a tal ponto que "a Convenção, em outubro de 1793, se vê obrigada a reafirmar a 'liberdade de vestuário'". Um decreto como esse, explica Hunt, era dirigido "principalmente às associações femininas, cujas participantes usavam toucado vermelho e forçavam as outras mulheres a imitá-las"[58].

Em meio a esses intensos deslocamentos entre a esfera pública e a privada, as mulheres deixaram seus antigos postos (que não estavam tão definidos na família do Antigo Regime como vieram a ser no século XIX, pois nem mesmo essa família era constituída como hoje a conhecemos) e saíram às ruas, organizadas ou não, com tanta sede de participação cívica e desobediência revolucionária que o teórico mo-

---

[57] Lynn Hunt, "Revolução Francesa e vida privada", em Georges Duby e Michele Perrot (orgs.), *História da vida privada*, v. 4, cit., p. 21.

[58] Ibidem, p. 24-6.

narquista De Bonald, para quem a Revolução teria arruinado a "sociedade natural" (na qual "a mulher é súdito e o homem é poder"), afirmou que "a Revolução não teria sido tão revolucionária se as mulheres tivessem sido mantidas à margem dela". Edmund Burke se indignava com "a mistura dos sexos deixadas ao acaso" entre os jacobinos, clamando contra a "igualdade ignóbil" de que "se reclama este sistema que dá às mulheres o direito de serem tão licenciosas como nós"[59].

A Revolução, na expressão de Sledziewski, "deu às mulheres a ideia de que não eram crianças. Reconheceu-lhes uma personalidade civil que o Antigo Regime lhes negava, e elas tornaram-se seres humanos completos, capazes de fruir e de exercer seus direitos"[60]. Mas também é verdade que os revolucionários não estavam preparados para as consequências da fúria do "retorno do recalcado" com que as mulheres foram às ruas no início da Revolução. Incendiárias, indisciplinadas, "buchas de canhão" nas mais violentas insurreições populares, as mulheres estiveram na linha de frente das manifestações públicas no fim do século XVIII. "Quem diz convulsão revolucionária diz multidões insurrectas", escreve Dominique Godineau.

> Ora, sabe-se que na Europa moderna as mulheres desempenhavam tradicionalmente um papel de agitadoras. Não é, portanto, de admirar encontrá-las à cabeça de certas insurreições parisienses. Em 5 de outubro de 1789, foram elas as primeiras a agruparem-se e a marcharem sobre Versalhes, seguidas nessa tarde pela Guarda Nacional. Os levantamentos da Primavera de 1795 começam por suas manifestações. [...] Elas desempenhavam o "papel de bota fogo", escreverão mais tarde as autoridades.
>
> Em 1795 como em 1789, ou ainda em maio de 1793, nas semanas que precedem as insurreições, elas ocupam as ruas e aí formam grupos (a 23 de maio de 1795 os deputados proibirão as mulheres de se juntarem em número superior a cinco, sob pena de prisão).[61]

A participação das mulheres na Revolução Francesa tem sua origem nos ideais de emancipação feminina do Antigo Regime, fomentados indiretamente pelas ideias filosóficas do Iluminismo – cuja valorização da autonomia do sujeito, liberto dos grilhões da religião, atingia também as mulheres – e não repercutiam

---

59 Citado em Elisabeth Sledziewski, "Revolução Francesa: a viragem", em Georges Duby e Michelle Perrot (orgs.), *História das mulheres no Ocidente*, v. 4, cit., p. 42-4.

60 Ibidem, p. 44.

61 Dominique Godineau, "Filhas da liberdade e cidadãs revolucionárias", em Georges Duby e Michelle Perrot (orgs.), *História das mulheres no Ocidente*, v. 4, cit., p. 23.

somente entre as francesas. Na Inglaterra e, um pouco mais tarde, na Alemanha, as mulheres repudiavam a submissão ao casamento e a prisão da maternidade e tentavam cultivar o intelecto e a vida mundana. As ideias dos Enciclopedistas a respeito da igualdade entre os sexos eram bastante avançadas quanto ao estatuto da mulher no casamento e na família. Diante da criança, por exemplo, advogavam que pai e mãe tivessem os mesmos direitos e a mesma autoridade. No casamento, desde o *Contrato social* de Rousseau, a mulher deveria ser tão livre quanto o homem na escolha do cônjuge – escolha que, de acordo com os ideais românticos, deveria basear-se antes de tudo no amor. A desigualdade entre homens e mulheres foi denunciada por Montesquieu, que advertiu que "a natureza [...] não submete as mulheres aos homens"; Montesquieu considerou como uma "verdadeira tirania" o império masculino sobre as mulheres. Voltaire, em *Nanine* (1749), fez sua heroína dizer: "Minha mãe julgou-me capaz de pensar por mim mesma e escolher por mim mesma um esposo"[62].

Em *L'Éducation des filles*, Voltaire criticou a falta de escolha das moças criadas em conventos, que, ao sair daquela "prisão", vão considerar qualquer pretendente um libertador e – "fosse ele um macaco, vós vos consideraríeis demasiado feliz: a ele vos entregaríeis sem amor"[63]. No entanto, a radicalidade de Voltaire se recolhe ao tratar das escolhas disponíveis para a mulher depois de ter feito um casamento sensato. Amante durante quase toda a vida de mme. Du Châtelet, importante intelectual de seu tempo – uma das poucas que não cultivaram somente um verniz de cultura por modismo, mas conhecia a fundo a filosofia e as ciências –, o maior filósofo das Luzes considerava ainda que mesmo a mulher estudiosa seria mais "atraída" para as tarefas familiares quanto mais se desenvolvesse intelectualmente: "É verdade que a mulher que abandonasse os deveres de seu estado para cultivar as ciências seria condenável"[64].

Mme. Du Châtelet, que ao chegar à meia-idade sofreu profundamente com o desinteresse sexual do amante, escreveu um pequeno ensaio sobre a felicidade, no qual sustentou firmemente, como boa cidadã das Luzes, que a felicidade seria a maior obrigação de todo ser humano para consigo mesmo; ao mesmo tempo, escreveu que "não se é feliz a não ser pela satisfação dos gostos e das

62 Citado em Elisabeth Badinter, *Um amor conquistado: o mito do amor materno* (trad. Waltensir Dutra, Rio de Janeiro, Nova Fronteira, 1987).

63 Ibidem, p. 2.

64 Ibidem, p. 177.

paixões"[65]. No entanto, mme. Du Châtelet parece ter percebido que não se pode viver somente do amor e dos prazeres. Em seu ensaio sobre a felicidade, ressaltou a importância do amor pelos estudos e das "paixões da alma" a que ele pode nos transportar, das quais a mais tentadora seria a "glória". E reconheceu que os prazeres sublimados, os do estudo, da glória e do poder, são bem mais acessíveis aos homens do que às mulheres:

> Os homens têm uma infinidade de recursos para ser felizes, que faltam inteiramente às mulheres. Eles possuem outros meios para alcançar a glória, e é certo que a ambição de tornar seus talentos úteis a seu país e de servir seus concidadãos, seja pela habilidade na arte da guerra, seja por seus talentos para o governo e os negócios, está bem acima daquela a que podemos nos propor por meio do estudo.[66]

Acima ainda dos prazeres que a sublimação proporciona no espaço privado, como o prazer dos estudos e do saber, mme. Du Châtelet valoriza os prazeres da vida pública, que proporcionam a um cidadão o reconhecimento de seus semelhantes. Prazeres que até então lhe pareciam inteiramente fora do alcance das mulheres.

O pensamento das Luzes teve alguma influência indireta sobre as primeiras ideias feministas na Europa ao valorizar a emancipação individual, afirmar a supremacia da razão e recusar ideia de um sujeito submetido ao projeto divino. No entanto, no que se refere às mulheres, os filósofos da *Aufklärung* conservaram a crença em uma natureza feminina universal, invulnerável às transformações da história, pairando acima das determinações sociais. Essa ideia de "natureza feminina" se expressa, por exemplo, na convicção de que o casamento, mesmo quando livremente escolhido pela mulher, selará seu destino e indicará a única via adequada para o encontro da felicidade – outro valor fundamental para o Iluminismo.

"A concepção da mulher, talhada especialmente para o privado (e incapaz para o público), é a mesma em quase todos os círculos intelectuais do final do século XVIII", escreve Lynn Hunt[67]. O tratado de Pierre Roussel, *Du Système physique et moral de la femme* [Do sistema físico e moral da mulher] (1775), tornou-se uma referência para fundamentar todos os discursos que se produziram, nos anos seguintes, sobre a natureza das mulheres. Roussel representava a mulher como o oposto

---

65 Mme. Du Châtelet, *Discours sur le Bonheur* (c. 1747) (Paris, Payot & Rivages, 1997), p. 33 [ed. bras.: *Discurso sobre a felicidade*, trad. Marina Appenzeller, São Paulo, Martins Fontes, 2002].

66 Ibidem, p. 53.

67 Lynn Hunt, "Revolução Francesa e vida privada", cit., p. 50.

complementar do homem, tendo seu comportamento emocional e moral determinado pela presença deste órgão misterioso, o útero, a partir do qual se definia também o lugar social da mulher: o lar, a maternidade. O texto de Roussel foi reeditado justamente em 1793, restaurado pelos revolucionários que, na opinião de Hunt, "não conseguiram suportar a tensão criada pela invasão do público no privado e se distanciaram progressivamente de sua criação, bem antes do Termidor"[68].

A Revolução Francesa teve em Condorcet o único filósofo de concepções feministas, que denunciou todas as formas de opressão sobre a mulher, considerando essencial a simetria entre os sexos em relação a todos os aspectos da vida social, familiar ou política. Com exceção dessa voz isolada, os revolucionários não mostravam entusiasmo nenhum pelas pretensões de suas contemporâneas. Voltemos, ainda uma vez, a um dos conceitos centrais do ideário iluminista, que atingiu em cheio as protorrevoluções feministas do fim do século XVIII: o de *natureza*. Esse conceito, como vimos em Sennett, mudou de estatuto do século XVIII para o XIX, do valor de explicador universal, transcendente, próprio do pensamento das Luzes, para o valor de explicador universal, adequado ao pensamento científico oitocentista. No caso das mulheres, tomadas como participantes da razão universal hegeliana ou como representantes de um conjunto de indivíduos com algumas particularidades em comum, o conceito de natureza, fundado sobre a sexualidade num grau muito mais amplo do que no caso dos homens, atravessou quase dois séculos no centro dos discursos sobre a feminilidade.

Se o conceito de natureza como explicador universal tem, por um lado, valor emancipador em sua conexão com o desencantamento, ao deslocar o homem do centro de um universo projetado por Deus e eliminar toda causa metafísica para as ações humanas, por outro, quando se trata da mulher, torna-se um argumento poderoso para escravizá-la às vicissitudes de seu corpo. Poucos homens, mesmo entre os intelectuais mais revolucionários, aceitaram o estado de abandono que parecia ameaçar seus lares, seus filhos e a vida conjugal em decorrência da fúria com que as mulheres se atiraram às manifestações das ruas nas revoluções de 1789 e 1848. Vários revolucionários, incluindo jacobinos, fizeram apelos para que as mulheres revolucionárias não abandonassem o lar. Talleyrand afirmou que "a revolução representa a felicidade para todos, inclusive para as mulheres", desde que elas "não aspirem ao exercício dos direito das forças políticas. [...] No momento em que renunciarem a qualquer direito político, elas adquirem a certeza de ver os

---

68 Ibidem, p. 51.

seus direitos civis afirmarem-se e mesmo aumentarem", escreveu em seu *Rapport sur l'instruction publique* à Assembleia Legislativa, em setembro 1791[69].

Algumas mulheres foram a público defender sua parte nas conquistas revolucionárias. No mesmo mês de setembro de 1791, uma francesa, Olympe de Gouges, escreveria um adendo à Declaração dos Direitos do Homem: a *Déclaration des droits de la femme et de la citoyenne* [Declaração dos direitos da mulher e da cidadã], no qual se engajava na campanha por uma militância feminina contra a tirania dos homens. Um pouco mais tarde, Mary Wollstonecraft (mãe da futura esposa do poeta romântico Shelley, de mesmo nome, que se tornou mais conhecida como autora da novela *Frankenstein*), em resposta às declarações de Talleyrand na Assembleia, publicava na Inglaterra, em 1792, uma *Reivindicação dos direitos da mulher**, na qual afirmava que, para as mulheres, a aquisição de direitos sociais até então inexistentes representava o desejo de modificações significativas em seu destino. Dois anos antes, Condorcet já havia publicado *Sur l'admission des femmes au droit de cité* [Sobre a admissão das mulheres no direito da cidade], em julho de 1790, questionando a exclusão das mulheres do direito de cidadania que, para ele, equivalia a qualquer outra forma de discriminação, contrária ao espírito emancipador da Revolução.

> Por que razão seres expostos a gravidezes e a indisposições passageiras não poderiam exercer direitos dos quais nunca ninguém pensou privar as pessoas que sofrem de gota todos os invernos ou as que facilmente se constipam?[70]

A advertência de Condorcet é surpreendente, porque pela primeira vez uma voz masculina se opõe à vasta argumentação sobre as razões "naturais" para a discriminação das mulheres. Ao equiparar a menstruação e a gravidez das mulheres a ataques de gota e às constipações sofridas por alguns homens, talvez com uma leviandade excessivamente masculina, Condorcet estava em sintonia com um sentimento para o qual mulheres como Mary Wollstonecraft tentavam chamar a atenção de suas companheiras, sentimento segundo o qual, subjetivamente, uma mulher pode passar a maior parte da vida *sentindo-se* igual aos homens, desde que sua experiência de vida não tenha sido exageradamente apartada da experiência masculina pela educação e pelas convenções sociais.

---

69 Citado Elisabeth Badinter, *Um amor conquistado: o mito do amor materno*, cit., p. 63.

* Trad. Ivania Pocinho Motta, São Paulo, Boitempo, 2016. (N. E.)

70 Citado em Elisabeth Sledziewski, "Revolução Francesa: a viragem", cit., p. 52.

Nos próximos capítulos, busco tratar com mais cuidado dessa equiparação subjetiva que, enunciada brevemente, deve parecer ao leitor profundamente antifreudiana. Por enquanto, chamo atenção para a afirmação de Wollstonecraft, ao debater as ideias de Rousseau, de que as qualidades humanas independem do sexo: "Não existe sexo nas almas". Poucas mulheres concordaram com ela, mas algumas décadas mais tarde (1822), a feminista Frances Wright, também inglesa, escreveu ao amigo Lafayette: "Acredite em mim, querido amigo, a mente não tem sexo, a não ser aquele que o hábito e a educação lhe dão"[71]. Avançando pouco mais de uma década, encontramos em 1837 o depoimento da escritora francesa Aurore Dupin, conhecida como George Sand, que, numa carta ao amigo Fréderic Girard, refere-se a seu imenso orgulho, o qual "poderia ter me levado a um destino heroico, se eu não tivesse tido a infelicidade de nascer mulher"[72]. "Nasci com um espírito de menino sob meu avental e gorro", escreveu singelamente em seu diário a escritora norte-americana Louise May Alcott, em 1856, convencida de que "tinha alma de homem, posta, por uma falha da natureza, em corpo de mulher"[73].

As contemporâneas de Mary Wollstonecraft e Olympe de Gouges e, principalmente, a geração seguinte de mulheres europeias, no entanto, pouco compartilhavam de suas ideias e suas reivindicações. No capítulo dedicado às vozes femininas do século XIX, Peter Gay cita as cartas de leitoras "revisionistas" da *L'Athénée des Dames* – revista parisiense de coloração feminista que durou poucos números em 1808 – advertindo as editoras quanto ao "ridículo" de questionar a superioridade masculina sobre as mulheres. "As pessoas ridicularizarão sua maneira de falar, e os insultos que vão dirigir a vocês atingirão, de certa forma, as mulheres em geral. Acho que vocês estão muito erradas ao pôr em dúvida a visão comum de que o homem é superior à mulher", escreve uma dessas leitoras[74]. Mesmo no período revolucionário, o entusiasmo incendiário de uma grande massa de mulheres não correspondia à formação de um novo senso comum questionando as diferenças naturais entre os sexos.

Ao tratar da história do pensamento filosófico sobre as diferenças entre os sexos, Geneviève Fraisse cita as concepções jurídicas de Fichte, Kant e Hegel, que

---

[71] Citado em Peter Gay, "Uma multidão – a de mulheres escrevinhadoras", em *A experiência burguesa: da rainha Vitória a Freud*, v. 3: *O cultivo do ódio* (trad. Sergio G. de Paula e Viviane de L. Noronha, São Paulo, Companhia das Letras, 1995), p. 306.

[72] Citado em ibidem, p. 346.

[73] Ibidem, p. 347.

[74] Ibidem, p. 309.

divergem sobre o estatuto jurídico e moral do casamento e da família, mas concordam inteiramente no que Kant considerava a "incapacidade civil" e a "dependência natural" das mulheres[75]. Embora Kant considerasse que, se a mulher é "um ser de razão", deve necessariamente ser livre em suas escolhas, essa mesma razão, escreveu ele na *Antropologia*, destinará a mulher a seu papel de reprodutora da espécie e à submissão de seus interesses particulares aos da espécie, representada pela família. Hegel também invocou sua noção de racionalidade para defender a divisão entre as esferas pública e privada, "uma tendendo para a autonomia e a atividade universal, a outra presa na passividade e na individualidade concreta; uma dirigida para o Estado, a ciência e o trabalho, a outra voltada para a família e a criação da moralidade"[76]. No ensaio de Peter Gay, a *Philosophie des Rechts* [Filosofia do direito] de Hegel é lembrada no trecho em que o filósofo fundamentou a divisão rigorosa de papéis de acordo com uma racionalidade desejável, em que caberia ao homem administrar o que hoje chamaríamos as pulsões de morte ("a luta, a inimizade, o ódio"), e à mulher, as pulsões de vida (o amor, a harmonia familiar)[77]. "O círculo apropriado à mulher é a família e na vida privada, a mulher reina sobre a família."

Ao conceder uma respeitabilidade ao espaço doméstico, sobre o qual as mulheres deveriam *reinar*, Hegel reconheceu um estatuto de sujeito às mulheres "do lar", mas por outro lado as excluiu de qualquer participação na construção das civilizações. Segundo ele, "não se pode dizer que qualquer mulher tenha feito época na história do mundo" – o que, afinal de contas, empiricamente é correto. Geneviève Fraisse comenta que, para Hegel, na dialética entre a família e a comunidade, esta última só pode funcionar com base numa "repressão positiva da feminilidade", a qual, entretanto, não desaparece inteiramente (como, aliás, ocorre com o que é recalcado), transformando-se na "eterna ironia da comunidade"[78].

A enorme produção teórica entre os séculos XVIII e XIX destinada a fixar a mulher no lugar ao qual sua verdadeira natureza a destinou nos faz desconfiar da "naturalidade" desse lugar. Recordemos a advertência freudiana de que onde não há desejo não é necessário que exista um tabu; ou, com Lacan, que o discurso

---

[75] Geneviève Fraise, "Da destinação ao destino: história filosófica da diferença entre os sexos", em *História das mulheres no Ocidente*, v. 4, cit., p. 59-96.

[76] Citado em ibidem, p. 63.

[77] Peter Gay, *A experiência burguesa da rainha Vitória a Freud*, v. 3, cit., p. 296.

[78] Geneviève Fraise, "Da destinação ao destino", cit., p. 63.

insiste justamente onde *não* se encontra a verdade do sujeito: "Eu penso onde não sou". A insistência dos pensadores do período a que me refiro quanto à natureza feminina revela justamente a emergência, na sociedade moderna, de novas condições de *desestabilização* da relação entre as mulheres e as formações sociais fundadas na diferença das funções reprodutivas, masculina e feminina.

Não pretendo com isso afirmar que a modernidade foi o primeiro e único período na história da humanidade em que a relação entre as mulheres e a feminilidade se desestabilizou. Ao contrário, penso que essas estruturas vêm sendo constantemente construídas e abaladas, reconstruídas e novamente desestabilizadas ao longo da história. Se o Ocidente moderno me interessa particularmente aqui, é porque foi nesse contexto que nasceu a psicanálise; as contradições geradas pela proliferação de discursos, típica do Ocidente moderno, respondem por mais de um dos aspectos da produção de sintomas de que sofrem os sujeitos que hoje frequentam a clínica psicanalítica. Também estou longe de afirmar que essa multiplicidade de discursos contraditórios afeta exclusivamente as mulheres – apenas, esse é o objeto que me interessa analisar.

De todos os escritores que se manifestaram a favor de uma volta das mulheres a seu verdadeiro estado, ou seja, o "estado de natureza", o mais influente foi Rousseau. Tendo desenvolvido, no *Contrato social*, o ideal do casamento baseado no amor, na liberdade dos cônjuges e na busca da felicidade compartilhada, Rousseau transformou-se no grande propagandista das virtudes do amor materno com a publicação de seu *Emílio*, em 1762. Esse livro, em que o filósofo se alonga na perfeita educação para seu personagem Emílio, do berço ao casamento, consagra o capítulo 5 à descrição da esposa adequada para seu herói, agora um homem-feito. Sofia, que deve se tornar esposa de Emílio, é o paradigma do ideal de feminilidade baseado na dedicação, na doçura, na submissão. "Em tudo que não se prende ao sexo, a mulher é homem", adverte Rousseau logo na introdução de "Sofia ou a Mulher" para, a seguir, antecipando inadvertidamente o modelo freudiano, demonstrar ao leitor por que a diferença sexual *faz toda a diferença* entre o homem e a mulher[79]. Afinal, a diferença sexual – que à época era tida como incontestavelmente natural – determina a posição da mulher na espécie como procriadora e responsável pela manutenção da prole. Todas as outras características *desejáveis*, naquela que Emílio escolher como esposa, se depreendem dessa diferença fundamental.

[79] Jean-Jacques Rousseau, *Emílio, ou Da educação* (trad. Sérgio Milliet, Rio de Janeiro, Bertrand Brasil, 1992), livro 5, p. 423.

Mas, se *Emílio* trata da educação, é importante observarmos que a natureza aqui é somente o fundamento irredutível sobre o qual se constituem homem e mulher. De resto, os ideais de gênero para os personagens são claramente construídos, não mais como características naturais, e sim como qualidades *desejáveis* para que cada um cumpra seu papel em sociedade a partir de suas predisposições naturais.

> Do seio das mulheres depende a primeira educação dos homens; das mulheres dependem ainda os costumes destes [...] educá-los ainda jovens, cuidar deles grandes, aconselhá-los, consolá-los [...] eis os deveres das mulheres em todos os tempos.[80]

É do *dever* que se trata, não da inclinação natural das mulheres para educar os jovens. Mas, sendo este um dever de *todas as mulheres*, em *todos os tempos*, situa-os automaticamente fora da história e fora da cultura.

Em Rousseau só existe uma mulher: *esta* mulher. Trata-se de aconselhar os pais sobre como educar sua jovem filha para ser uma Sofia, isto é, para ser Mulher.

A educação de Emílio tem por finalidade a expansão de uma série de atributos do homem – a força, o caráter, o intelecto, os talentos, o conhecimento. Já a de Sofia se dá numa direção restritiva. Ela deve receber somente o essencial do mundo da cultura e desenvolver em sua personalidade apenas o necessário para não interferir em sua virtude essencial, que é a da modéstia. Nesse sentido, até mesmo os ensinamentos religiosos devem ser ministrados com economia. Por exemplo:

> Sofia tem religião, mas uma religião baseada na razão, e simples, poucos dogmas e com menos práticas de devoção [...]. Em todas as instruções que seus pais lhe deram a respeito, eles a habituaram a uma submissão respeitosa, dizendo-lhe sempre: "Minha filha, esses conhecimentos não são de tua idade; teu marido te explicará quando chegar o momento".
>
> Sofia ama a virtude; este amor tornou-se sua paixão dominante. Ama-a porque nada é mais belo que a virtude; ama-a porque a virtude faz a glória da mulher e que uma mulher virtuosa se lhe afigura igual aos anjos. [...] [Portanto] Sofia não tem a felicidade de ser uma amável francesa, fria por temperamento e faceira por vaidade, querendo mais brilhar que agradar, buscando o divertimento e não o prazer. Só a necessidade de amar a devora, distrai e perturba seu coração nas festas.[81]

---

[80] Ibidem, p. 433.

[81] Ibidem, p. 476.

O texto de Rousseau, atual por sua enorme habilidade argumentativa, descreve com clareza os fundamentos do modelo de feminilidade que dominou a Europa, sobretudo nos países católicos, durante o século seguinte. O grande filósofo dos ideais românticos de harmonia entre homem e natureza considera a educação necessária para aprimorar essa harmonia e torná-la compatível com as necessidades mínimas da vida em sociedade. A mulher, que em seu puro "estado de natureza" pode ser reduzida à força de seu sexo[82], deve ser especialmente domesticada para que seus "desejos ilimitados" não destruam a ordem social e familiar. Assim, as qualidades do recato, do pudor e da vergonha não são inatas às mulheres, mas devem ser cuidadosamente cultivadas para servir de freio a seus desejos, que, à diferença das fêmeas animais, não se reduzem ao ciclo biológico.

Para Rousseau, é fundamental que as mulheres sejam educadas na vergonha e no pudor, em nome do equilíbrio das relações conjugais. Mais uma vez, a razão é convocada a dominar os excessos próprios da natureza que dotou as mulheres de uma voracidade sexual que os homens não são capazes de satisfazer. Vergonha e pudor em relação a esse excesso preservam o casamento e a fidelidade. A comparação com outros seres da natureza não favorece, moralmente, as mulheres; nelas, o desejo sexual não está submetido ao ciclo reprodutivo.

> Se as fêmeas dos animais não têm o mesmo pudor, que conclusão tirar disso? Têm elas, como as mulheres, os desejos ilimitados a que esse pudor serve de freio? O desejo só lhes advém da necessidade; esta satisfeita, cessa o desejo; não recusam mais o macho por tática, mas de verdade [...]. Onde se encontrará o suplemento desse instinto negativo nas mulheres, quando lhes tiverdes tirado o pudor? Esperar que elas não se preocupem mais com os homens, é esperar que eles não prestem mais para nada.[83]

No parágrafo seguinte, vemos que o pensamento de Rousseau oscila e não diferencia mais o que é da natureza – do homem, da mulher – e o que a razão impõe como forma de dominar os impulsos naturais. Ao argumentar que Deus teria dado aos homens, junto com suas "inclinações desmesuradas", a capacidade para dominá-las, Rousseau pensa, como os iluministas, que a razão que domina os instintos é parte fundamental da natureza humana. Portanto, o "Ser supremo [...] entregando-o [o homem] a paixões imoderadas, junta a elas a razão para governá-las; entregando a

[82] "O macho só é macho em certos momentos, a fêmea é fêmea durante a vida toda [...] tudo a leva sem cessar a seu sexo, e, para bem desempenhar-lhe as funções, precisam de uma constituição que se prenda a ele." Ibidem, p. 428.

[83] Ibidem, p. 425.

mulher a desejos ilimitados, junta a esses desejos o pudor para contê-los"[84]. Ora, se o pudor foi concedido às mulheres por obra do Criador, por que tanta insistência no trabalho da educação, necessário para incutir vergonha e pudor nas meninas? A mulher aparece aqui, no discurso de Rousseau, como um ser a meio caminho entre a natureza e a cultura – dotada de desejos ilimitados e de um pudor capaz de contê-los, mas ao mesmo tempo muito pouco dotada de razão, apanágio dos homens. Isso nos leva a concluir que somente por obra da razão – sob o jugo masculino – o pudor "natural" das mulheres pode ser posto a serviço da contenção dos excessos sexuais.

Do mesmo modo, a fragilidade, a doçura, a submissão ao homem são atitudes cultivadas pela educação das moças para que elas, a partir dessa posição, *constituam os machos de que precisam* para formar família, criar os filhos, garantir a espécie. As mulheres devem ser educadas para se tornar recatadas e resistentes ao sexo de modo a sustentar, com seu negaceio, a virilidade dos parceiros; frágeis e desprotegidas para mobilizar neles a força, a potência, o desejo de proteção; submissas e modestas para melhor governar a casa e a família. Com uma dialética admirável, Rousseau pondera que justamente estas, que conservam, a partir de seu corpo, um vínculo profundo com a natureza, devem ser mais bem submetidas às coerções da educação para, a partir da força domesticada de seu sexo, melhor governar o uso das potências masculinas. Estas, necessárias à espécie, não devem ser coibidas, e sim organizadas pela astúcia das mulheres, que, cientes de suas necessidades como procriadoras, têm a tarefa de agradar aos homens para melhor governá-los.

O modelo de Rosseau é tão perfeitamente articulado que escutamos até hoje suas ressonâncias. No século XIX, ele dominou, com uma série de variações mais ou menos científicas e/ou pedagógicas (aquele foi o século da medicina e da pedagogia), toda a produção de saberes sobre as mulheres. O historiador Jules Michelet, conhecido por sua história da França e em particular da Revolução Francesa, escreveu, na segunda metade do século XIX, uma pequena obra de reflexão, extremamente romântica a respeito da mulher moderna, partindo de uma indagação aparentemente inspirada nas reflexões rousseaunianas – "por que as pessoas não se casam mais?" –, na qual o autor descreve com desgosto a situação das "pobres mulheres" das grandes cidades modernas, vítimas do egoísmo dos homens que vêm se sentindo desobrigados da tarefa de protegê-las[85].

---

84 Ibidem, p. 425-6.

85 Jules Michelet, *La mujer* (trad. Stella Mastrangelo, Cidade do México, Fondo de Cultura Económica, 1985) [ed. bras.: *A mulher*, trad. Maria Ermantina G. G. Pereira, São Paulo, Martins Fontes, 1995].

A mulher de Michelet, que trabalha para seu sustento, circula pelas ruas e se vê assediada e cortejada por homens que não têm a intenção de tomá-la em casamento, não é independente nem emancipada: é uma mulher desamparada. Tomando ao pé da letra os atributos de fragilidade física, intelectual e emocional que Rousseau tinha como ideais a ser impostos pela educação às mulheres, Michelet conclama os homens a que não deixem abandonadas essas vítimas do desregramento moderno – elas, que foram preparadas para a tutela e a obediência, não saberiam cuidar sozinhas da própria existência.

A fragilidade das mulheres foi um forte argumento contra a profissionalização, contra a exposição das mulheres ao tumulto das ruas e à vida noturna, contra quase todos os esforços físicos, contra o abuso nos estudos, contra os excessos sexuais. "A mulher do século XIX é uma eterna doente", escreve Yvonne Knibiehler, para quem

> a medicina das Luzes apresenta as etapas da vida feminina como outras tantas crises temíveis, mesmo independentemente de qualquer patologia. Além da gravidez e do parto, a puberdade e a menopausa constituem também, a partir de então, provocações mais ou menos perigosas, e as menstruações, feridas dos ovários, abalam, diz-se, o equilíbrio nervoso. Todas as estatísticas provam, com efeito, que as mulheres sofrem, no século XIX, de uma morbidez e de uma mortalidade superior às dos homens. A opinião pública e numerosos médicos incriminam a "fraqueza" da "natureza feminina": "causa" biológica, suposta eterna e universal, que se arriscava a alimentar um fatalismo insuperável.[86]

Yvonne Knibiehler aponta a sobremortalidade das meninas, a partir dos cinco anos, em todos os países ocidentais no período oitocentista. As causas, porém, confundem-se com as próprias "precauções" justificadas pela dita fragilidade feminina: uma vida menos sadia, alimentação insuficiente a pretexto de ser "mais leve" (a exclusão de carnes vermelhas na dieta das meninas era hábito corrente), falta de exercícios físicos e ar puro – as meninas viviam trancadas em casa –, frequência baixíssima de banhos em nome do pudor (uma vez por mês depois do período menstrual, escreve a autora) –, além de, muito frequentemente, uma negligência maior nos cuidados maternos e uma acolhida bem menos calorosa, desde o nascimento. Tudo isso produziu uma mortalidade tão maior entre as

[86] Yvonne Knibiehler, "Corpos e corações", em Georges Duby e Michelle Perrot (orgs.), *História das mulheres no Ocidente*, v. 4, cit., p. 361.

meninas que o dr. Viery, em 1817, proclamou: "As raparigas são a parte mais delicada e mais doentia do gênero humano"[87].

Quanto à sexualidade, depois de muitas gerações de mulheres educadas para a contenção dos chamados "instintos", conseguiu-se que a frigidez fosse um estado mais ou menos normal entre as senhoras casadas. William Acton, médico cuja obra se tornou popular nos países anglo-saxônicos, afirmava que "a sexualidade feminina é satisfeita com o parto e a vida doméstica"[88]. Nos Estados Unidos, Elizabeth Blackwell, primeira mulher a se formar médica naquele país, advertiu a respeito das causas sociais da frigidez: as meninas são educadas para isso. De fato, os discursos médico e moral confundiam-se o tempo todo. Judith R. Walkowitz relata que, "embora os médicos discutissem o grau de passividade feminina, tinham, no entanto, tendência para atribuir à mulher respeitável, quando muito, uma sexualidade secundária, de segunda mão, subserviente do prazer masculino"[89].

Uma sexualidade que só estaria plenamente realizada com a maternidade. As intensidades do parto e dos prazeres do aleitamento seriam o coroamento da vida sexual das mulheres – e de sua autoestima também. O dr. Brochard, autor de uma obra muito divulgada na segunda metade do século XIX[90], afirma que, "se os poetas, os historiadores e os pintores celebraram a beleza das gregas e das romanas, é porque elas amamentavam seus filhos". "Pensai nas sabinas, os seios descobertos, que não se separavam jamais dos filhos, mesmo no campo de batalha: elas engendraram uma raça de homens excepcionais."[91]

É claro que as mães das famílias burguesas do século XIX não eram forçadas a ocupar o lugar de "rainhas do lar" que lhes era designado pelo discurso médico e filosófico daquele período. Havia, e ainda há, um gozo na posição designada socialmente como feminina, do qual tentarei me ocupar a seguir.

---

[87] Citado em idem.

[88] Citado em ibidem, p. 366.

[89] Judith R. Walkowitz, "Sexualidades perigosas", em ibidem, p. 404.

[90] *De l'Allaitement maternel*, citado em Elisabeth Badinter, *Um amor conquistado: o mito do amor materno*, cit., p. 192.

[91] Ibidem, p. 186.

As mulheres gozam da feminilidade

> Quando começariam os dias daquela ativa devoção de esposa que deveria revigorar a vida de seu marido e exaltar-lhe a própria? Nunca talvez, tal como os preconcebera; mas de algum modo – de algum modo ainda. Nesta união de sua vida em juramento solene, o dever se apresentaria numa nova forma de inspiração e ainda daria um novo sentido ao amor de mulher.
>
> GEORGE ELIOT, *Middlemarch*

Até aqui, denominei *feminilidade* uma construção discursiva produzida a partir da posição masculina, à qual se espera que as mulheres correspondam, na posição que a psicanálise lacaniana designa como sendo a do "Outro do discurso". A participação das mulheres, no entanto, nem sempre é passiva – a sedução, por exemplo, um dos principais apanágios da feminilidade, exige uma dose considerável de atividade, ainda que frequentemente mascarada por atitudes de *belle indifférence.* Além disso, como veremos adiante, o ajuste das mulheres à feminilidade nunca é perfeito, muito menos se dá sem conflito. A posição de "Outro do discurso" parece impossível de se sustentar ao longo de uma vida.

Ao tentar ocupar, voluntariamente, a posição de mantenedoras da ordem e da harmonia do lar, na retaguarda do campo de batalhas em que se define a vida social, as mulheres se inscreveram sob duas formas de alienação. A primeira, no sentido político: durante muitas décadas ainda, apesar do esforço e do desgaste de algumas poucas sufragistas que lutaram isoladas da grande massa das mulheres de seu tempo (Hubertine Auclert na França, Frances Wright na Inglaterra, Susan B. Anthony nos Estados Unidos), as mulheres aceitaram "com uma passividade de ovelhas", segundo expressão de Hubertine Auclert, manter-se distantes das disputas de poder que definiriam seus próprios destinos. Na França, direitos civis como divórcio em bases iguais com os homens, reformas das leis do casamento, educação integral, admissão em empregos remunerados, estatuto jurídico que lhes permitisse dispor livremente de seus bens – plataforma defendida por Auclert em seu jornal *La Citoyenne*, ainda em 1883 –, muitos deles garantidos pela Revolução Francesa, foram revistos depois pelo Código Napoleônico e demoraram quase um século para ser reconquistados. Em seu livro *A sujeição das mulheres*, John Stuart Mill, um dos poucos homens considerados feministas no século XIX, assim como Condorcet o havia sido no XVIII, chamou atenção para esta forma de alienação feminina: sem acesso ao poder político, as mulheres não teriam meios de garantir os outros direitos fundamentais para se tornarem sujeitos de suas próprias histórias.

A segunda forma de alienação a que me refiro é subjetiva. Ao aceitar a posição do "Outro do discurso", as mulheres renunciaram a falar por si próprias – renunciaram a se apropriar de uma das formas universais do falo, *o falo da fala* – e, durante quase todo o século XIX, deixaram de participar do que Freud chamou de "as grandes tarefas da cultura", permanecendo socialmente invisíveis. Não se trata de negar a importância da maternidade nem de negar que a organização da vida doméstica confira um grande poder às mulheres, como veremos logo mais. Trata-se de apontar para o fracasso de uma posição subjetiva que não produz discurso, da qual só se espera que corresponda ao que já está designado no discurso do Outro. Como escrevi em um artigo anterior[92], se a mulher só produz filhos, só se produz como mãe – o que indica, no mínimo, um repertório muito estreito de opções, além de provocar um impasse no plano das identificações. Pretendo discutir isso no capítulo 4.

De fato, a mulher que não é mãe praticamente não existe como entidade civil, principalmente na primeira metade do século XIX[93]. A afirmação lacaniana – "a mulher não existe" – ganha, assim, outra leitura, segundo a qual a mulher não existe *para o inconsciente* na medida em que não inscreve sua experiência, sua fala, no campo simbólico. A onda de mulheres escritoras, sobretudo na segunda metade do século XIX, vem dar conta dos anseios e das fantasias que o silêncio das "rainhas do lar" até então encobria.

No entanto, a nova organização da família nuclear oitocentista era uma necessidade psicológica profunda para homens e mulheres. Richard Sennett vai além dos argumentos de Alain Corbin e Michelle Perrot, ao propor que a ordem familiar burguesa, pela qual a mulher era a principal responsável, foi mais do que uma reação contra a desordem e a instabilidade materiais do mundo capitalista. Avançando em sua tese de que o século XIX foi o período do advento da personalidade em público, Sennett traça o panorama de uma desordem *subjetiva* causada pela dificuldade de os indivíduos controlarem os sinais de sua personalidade em público, assim como de lerem os sinais emitidos pelos outros – desordem para a qual a família nuclear surgia como uma solução benfazeja.

---

[92] Maria Rita Kehl, "O espaço doméstico e a sexualidade da mulher", em Maria Ângela D'Incao (org.), *Saúde mental e sociedade* (Rio de Janeiro, Graal, 1992).

[93] Ver Jules Michelet, *La mujer*, cit., cap. 4, e Cécile Dauphin, "Mulheres sós", em Georges Duby e Michellet Perrot (orgs.), *História das mulheres no Ocidente*, v. 4, cit., p. 477-95.

> A família nuclear simplifica o problema da ordem ao reduzir o número de atores e com isso reduzindo o número de papéis que cada pessoa da família precisa representar. Cada adulto só precisava ter dois papéis: esposo (esposa) e pai (mãe); sem os avós em casa, a criança nunca veria os pais como filhos de alguém. A própria criança terá uma única imagem do amor adulto e da expectativa do adulto para com ela [...]. Em outras palavras, a forma nuclear permite às aparências humanas se resolverem ordenadamente, numa questão de relacionamentos humanos simplificados. Quanto menos complexos, mais estáveis; quanto menos a pessoa tiver que lutar, mais sua personalidade poderá se desenvolver.[94]

Não entrarei, no momento, em considerações a respeito dos engodos do projeto burguês de simplificação de papéis como garantia de bem-estar subjetivo. Estabilidade e simplificação na distribuição dos papéis eram necessidades psicológicas dos indivíduos que precisavam fortalecer suas personalidades para travar as batalhas requeridas pelos negócios e pela vida pública: daí a insistência na harmonia do lar, pelo qual a mulher deverá zelar sacrificando todos os componentes *excessivos* de sua "natureza", caracterizada, acima de tudo, pela sexualidade. Como vimos em Rousseau, o precursor do modelo familiar oitocentista, a sexualidade feminina teria aspectos ameaçadores para o homem; por isso estes deveriam ser reprimidos desde cedo pela educação para que a mulher pudesse, por um lado, estimular a virilidade masculina e, por outro, desempenhar a contento os papéis de esposa e mãe. Os defensores da sujeição feminina no século XIX seguiram os argumentos de Rousseau e Kant, segundo os quais a mulher é um animal selvagem que é preciso domar com mão de ferro para que ela possa, pacificada, encarregar-se da paz doméstica.

A domesticação das mulheres foi responsável pela criação do mito do mistério feminino: de alguma forma, os homens pressentiram a magnitude das forças que a educação recalcou nas mulheres em nome da redução da complexidade dos papéis que uma esposa/mãe tem de representar. "Se a complexidade é uma ameaça à personalidade, a complexidade deixa de ser uma experiência social desejável", escreve Sennett, relatando a seguir uma série de sintomas físicos manifestados pelas mulheres – anemias, prisões de ventre, fobias, em consequência de sua luta cotidiana para controlar os próprios impulsos, quando eles não se coadunavam com a ordem familiar. "Virgindade, pureza, permanência de sentimentos, au-

[94] Richard Sennett, *O declínio do homem público*, cit., p. 226.

sência de qualquer experiência ou de qualquer conhecimento de outro homem: daqui proviriam as futuras queixas histéricas sobre a vida."[95]

É importante apontar que esse não foi um discurso monolítico; do contrário, de onde se teria originado o conflito moderno, entre as mulheres e a feminilidade? Se no século XVIII Condorcet pode ser considerado o único revolucionário a reconhecer a equivalência entre homens e mulheres, no XIX outros escritores e algumas escritoras vieram a se manifestar contra a pobreza das alternativas que a educação oferecia às chamadas representantes do sexo frágil. Peter Gay, em seu estudo sobre o amor oitocentista, insiste em que os ideais modernos de casamento fundado no amor e nas afinidades entre os cônjuges fizeram com que muitos maridos passassem a apreciar e mesmo a exigir de suas mulheres atributos tradicionalmente tidos como masculinos: inteligência, competência, iniciativa. Aliás, segundo uma perspectiva essencialmente sociológica, o lugar da mulher como *companheira* do homem nos parece muito mais educado ao funcionamento da família burguesa em ascensão, que começava a se organizar segundo a racionalidade latente na ordem capitalista, do que o lugar subalterno preconizado pelo pensamento tradicional[96].

Um dos grandes críticos das restrições que a educação impunha às moças foi o escritor francês Stendhal. Em *A paixão terna*[97], Peter Gay cita a conhecida passagem, em *Do amor*, em que o escritor argumenta:

> Concede-se que uma menina de dez anos seja vinte vezes mais esperta que um moleque da mesma idade. E por que ela se transforma, aos vinte, numa grande idiota, desajeitada, tímida, com medo de aranhas, enquanto o moleque se torna um homem espirituoso e inteligente?[98]

Stendhal responde a sua própria pergunta concluindo que as mulheres só sabem o que os homens desejam que elas aprendam. E aos pais, aos maridos e aos

---

[95] Ibidem, p. 227-8.

[96] Sobre a organização empresarial da família burguesa, ver Michelle Perrot, "Funções da família", em Georges Duby e Michelle Perrot (orgs.), *História das mulheres no Ocidente*, v. 4, cit., p. 105-19, e Roger-Henri Guerrand, "Espaços privados", em *História da vida privada*, v. 4, cit., p. 325-407.

[97] Peter Gay, *A experiência burguesa: da rainha Vitória a Freud*, v. 2, cit., p. 123.

[98] Para as citações do texto original, ver Stendhal (Henry Beyle), "De l'éducation des femmes", em *De l'amour* (Paris, Calmann-Lévy, 1928) [ed. bras.: *Do amor*, trad. Roberto Leal Ferreira, São Paulo, Martins Fontes, 1993].

educadores parece mais conveniente que a mulher se mantenha ignorante – o que equivale, no pensamento oitocentista, a manter-se inocente sexualmente e maleável socialmente.

O capítulo que Stendhal dedica à educação das mulheres, em seu livro sobre o amor, funciona como resposta ao pensamento de Rousseau. A educação que se concede às mulheres, "fruto do acaso e do orgulho mais idiota", inutiliza justamente as faculdades mais brilhantes, capazes de proporcionar felicidade tanto a elas quanto a seus companheiros. Mas os homens que escolhem uma noiva preferem orientar sua escolha pela frase "ela tem um caráter muito dócil e, por hábito, é cordata"[99].

Sempre haverá certos maridos para reclamar que, com a "pouca educação" adquirida pelas mulheres, elas logo se voltam contra eles. Em verdade, acrescenta ironicamente o escritor, em advertência aos maridos temerosos, até mesmo as mulheres educadas para a mais completa servidão encontrarão ocasião para o exercício de certo poder de vingança. Entre outros exemplos (a educação dos filhos, a administração da família em casos de viuvez etc.), Stendhal lembra que no amor, do qual depende a felicidade do homem durante um longo período da vida, a mulher encontra frequentemente a oportunidade de se vingar. "Um momento de orgulho deslocado pode nos tornar felizes para sempre, e como esperar que um escravo transportado ao trono não seja tentado a abusar de seu poder?"[100] O mesmo ocorre com as "falsas delicadezas" e com o orgulho feminino.

Nem só de ironias, no entanto, se compõe o pensamento de Stendhal. Consciente dos enormes transtornos que representaria, para a ordem familiar estabelecida, uma revolução na educação das mulheres, afirma que os primeiros resultados dessa experiência devem contradizer os argumentos de seus defensores, formando mulheres pedantes, do tipo mais "desagradável e degradado" que existe. Nesse caso, conclui, qualquer homem preferiria passar a vida "ao lado de uma empregada do que de uma mulher cultivada"[101].

Nos parágrafos que seguem, no entanto, Stendhal constrói objeções contra todos os pressupostos que norteavam, em sua época, a educação das mulheres. Por exemplo, a ideia de que, se uma mulher começar a ler, com prazer, meia dúzia de livros, ela vai abandonar o cuidado com as crianças. Stendhal tenta convencer seus leitores de que os homens só teriam a ganhar com a companhia de mulheres

---

[99] Idem.

[100] Ibidem, p. 184.

[101] Idem.

cultas e de que os maiores inimigos da educação das mulheres são, afinal, os homens ignorantes, que querem impressionar as mocinhas sem que elas tenham condições de perceber sua pobreza de espírito. Também para Stendhal a feminilidade, tal como se constituía na primeira metade do século XIX, respondia ao interesse de alguns homens. Mas ele é implacável em denunciar: esse é o interesse dos homens medíocres.

O temor generalizado de que qualquer deslocamento na vida das mulheres ameaçaria a família, a sociedade, a nação inteira, pode ter algum fundamento nos fatos. Entre eles estava a ameaça de abandono das crianças pequenas por suas mães, desde bem antes do período revolucionário, em função dos primeiros movimentos sociais, ainda desorganizados, de emancipação feminina, motivados pelas ideias de emancipação dos sujeitos modernos por meio da razão contidas no ideário iluminista. Elizabeth Badinter, em sua história da invenção ou reinvenção do instinto maternal no século XIX, revela que as crianças nascidas nas principais cidades europeias no século das Luzes tiveram as maiores taxas de abandono e mortalidade de que se tem notícia, o que aponta para um grave conflito entre as mulheres urbanas, naquele período, e as configurações familiares tradicionais. Em 1780, por exemplo,

> o tenente de polícia Lenoir constata, não sem amargura, que, das 21 mil crianças que nascem anualmente em Paris, apenas mil são amamentadas pela mãe. Outras mil, privilegiadas, são amamentadas por amas de leite residentes. Todas as outras deixam o seio materno para serem criadas no domicílio mais ou menos distante de uma ama mercenária.[102]

Seja porque as mães pobres precisavam trabalhar e a industrialização incipiente criava postos de trabalho longe de casa, seja porque as aristocratas e as burguesas sentiam-se atraídas pela agitação da vida urbana, pelos ideais de esclarecimento possibilitados pelo Iluminismo, pelas ideias de emancipação que surgiram com a Revolução, o fato é que os filhos, no século XVIII, eram considerados um estorvo à saúde, à liberdade e à beleza das mães. A maternidade não era, como nos acostumamos a pensar hoje e desde o século XIX, um valor supremo; os filhos não tinham para as mães o valor narcísico a que estamos hoje acostumados, como se a supervalorização da criança fizesse parte da natureza das relações da fêmea humana com sua cria. Em muitos casos, logo que nasciam, os bebês eram aban-

[102] Elisabeth Badinter, *Um amor conquistado*, cit., p. 19.

donados aos cuidados de amas de leite pagas, em geral miseráveis, que dividiam o tempo entre seus próprios filhos e os das contratantes. O quadro apresentado por Badinter parece inacreditável ao leitor contemporâneo, para quem a infância está associada a ideais de felicidade, dedicação, cuidados etc., e os filhos são valorizados como falo das mães.

Badinter nos conta que raramente as mães pediam notícias dos filhos durante o período em que estavam por conta das amas – que podia durar até os quatro, cinco anos de idade. A morte dessas crianças era fato corriqueiro: até um ano de idade, no Antigo Regime, a taxa de mortalidade infantil ficou sempre acima de 25%. As mães raramente tinham notícias da perda dos filhos, até que chegasse o dia de buscá-los na casa das amas, quando podiam ser informadas de mortes acontecidas dois ou três anos antes. Quanto às crianças que voltavam para casa, seu estado de saúde e educação era tão lamentável que é difícil imaginar que despertassem qualquer tipo de ternura nas mães. Nas famílias burguesas, com frequência continuavam sob o cuidado das empregadas da casa, sendo levadas a uma "visita" aos aposentos dos pais uma ou duas vezes por dia – ou excepcionalmente quando se tratava de apresentá-los às visitas. O político Talleyrand, que ficou até os quatro anos na casa de uma ama sem que os pais buscassem notícias dele, voltou para casa com o pé aleijado por um acidente de que a ama não soube tratar. Depois, foi encaminhado para ser criado pelos avós no campo.

Os irmãos Goncourt narram como uma mãe aristocrata criava a filha, que recebia dela menos afeição do que o cãozinho da casa. Mantida e educada junto da governanta, a menina "não descia nunca aos aposentos da mãe, a não ser por um breve momento, às onze horas da manhã, quando entravam no quarto de postigos semifechados os familiares e os cachorros"[103]. O aposento era o quarto de dormir da mãe, típica aristocrata setecentista que frequentava salões até tarde da noite, desprezava as tarefas domésticas e dormia até perto do meio-dia todas as manhãs. Segundo o relato de Badinter, burguesas e aristocratas do século das Luzes consideravam os cuidados da casa, sobretudo a criação dos filhos, tarefas degradantes, e o poder de delegá-las à criadagem era signo de distinção. "Em nome do bom-tom, declarou-se a amamentação ridícula e repugnante. [...] Mães, sogras e parteiras desaconselham a jovem mãe a amamentar, pois a tarefa não é nobre o bastante para uma dama superior."[104]

[103] Citado em ibidem, p. 97.

[104] Idem.

O relato de Elisabeth Badinter mostra um quadro de tão pouco interesse das mães das classes médias e da aristocracia setecentistas pelos filhos que nos faz pensar na hipótese de uma formação reativa contra o gozo incestuoso da maternidade. Ou então na força de outras demandas incompatíveis com a maternidade, que as mulheres vinham recalcando e que irromperam, por um breve momento, quando a nova moral inspirada na *Aufklärung* favoreceu um relaxamento dos dispositivos tradicionais.

Mas as precursoras da mulher oitocentista – preciosas, intelectuais e galantes do século XVII, revolucionárias e primeiras feministas do século XVIII – pouca coisa puderam mudar em face dos poderosos argumentos de que o lugar da mulher é determinado por sua natureza. Toda uma concepção do que devem ser as mulheres, que vai dominar quase integralmente o pensamento e a moral do século XIX, começa a se esboçar já no período revolucionário, como reação à desordem provocada pelas primeiras manifestações de rebeldia das mulheres. Na expressão de Fraisse e Perrot, "a modernidade produz na vida das mulheres um progresso tão medíocre"[105].

É interessante observar que, embora o sustento material da família ainda dependesse, tradicionalmente, dos homens, o destino das mulheres estava muito mais veementemente associado ao *dever* para com os filhos – para com a continuidade da espécie, diríamos – do que o deles. Em nome desse dever, elas foram censuradas por querer limitar o número de filhos, por não desejar se casar, por ter vida social ou profissional e mesmo por estudar. Algum estudo era permitido às mulheres setecentistas, mas a erudição (esse discurso se radicaliza no século XIX) era imperdoável.

Por outro lado – mesmo que os dados levantados pela pesquisa de Badinter sejam insuficientes para explicar todo o movimento restaurador da maternidade que veio depois –, o temor de que as mães não queiram cuidar dos filhos, a não ser que sejam obrigadas a isso, me parece estar muito mais firmemente implantado no temor inconsciente que todo ser humano sente de perder o amor materno, uma perda que parece mortífera nas representações (recalcadas durante a travessia do complexo de Édipo) das crianças pequenas. Revela, além disso, que não há amor dissociado de seu contrário, como Freud mais tarde demonstraria em *As pulsões e seus destinos*, e que a rejeição que a mãe pode sentir em relação ao recém-nascido não é um fenômeno raro.

---

[105] Geneviève Fraisse e Michelle Perrot, "Ordens e liberdades", em Georges Duby e Michelle Perrot (orgs.), *História das mulheres no Ocidente*, v. 4, cit., p. 20.

No século XX, o século da psicanálise, em janeiro de 1911, uma discípula de Freud, Margarete Hilferding, pronunciou uma curta conferência diante do Círculo Psicanalítico de Viena[106], na qual desmistificou a pureza e a "naturalidade" do amor materno. Para Hilferding, o bebê tem de se constituir, sim, como um objeto sexual para a mãe, de modo a ter garantida a posição privilegiada de filho amado que nos parece inevitável e "instintiva", entre os humanos e entre os animais. Na mesma conferência, disse também que a constituição desse objeto não é espontânea nem garantida pelos meros laços sanguíneos. "Acontece frequentemente de mães que muito se alegraram com a ideia de um filho que iria nascer ficarem decepcionadas quando ele nasce e não experimentarem o verdadeiro sentimento de amor materno."[107] Hoje, depois de Lacan, podemos pensar que a decepção da mãe diante do nascimento da criança e a ambivalência amorosa em relação a ela são características de toda relação humana com os objetos que simbolizam o falo, uma vez que, ao mesmo tempo que *simbolizam* uma plenitude desejada, esses mesmos objetos vêm nos prestar conta da falta e da imperfeição. O falo, por sua própria condição simbólica, nunca realiza o que promete, de forma que sua presença mobiliza sempre sentimentos ambivalentes.

Para Hilferding, o surgimento do sentimento de amor materno depende mais dos fatores psicológicos do que dos fisiológicos. A autora enumera a capacidade de a mãe compadecer-se diante da fragilidade da criança, mas também o prazer que ela pode sentir na experiência da amamentação – se ela não rejeitar a criança antes disso. "A ausência de amor materno pode se apresentar sob outra forma e se expressar por atos diretamente hostis em relação à criança. Em nossa vida social, ganham, por um lado, a forma de infanticídio e, por outro, de sevícias exercidas sobre a criança."[108]

Hoje, a leitura das indagações escritas por uma das primeiras mulheres psicanalistas há mais de cem anos nos faz pensar também que o *imperativo* superegoico de amar os filhos sobre todas as coisas, que recai sobre as mulheres, tem forte participação entre as causas que produzem o ódio materno. O ódio contra o bebê que parece incapaz de despertar na mãe tanto amor quanto *deveria* é o correspondente, projetado sobre o objeto, do ódio do supereu contra o sujeito –

---

[106] Margarete Hilferding, *As bases do amor materno* (org. Tereza Pinheiro e Helena Besserman Viana, São Paulo, Escuta, 1991).

[107] Ibidem, p. 89.

[108] Ibidem, p. 90.

a mãe – que não consegue experimentar pela criança recém-chegada o ideal de amor que lhe é exigido.

No entanto, pensar que as correntes hostis inconscientes que participam do amor materno sejam mais poderosas que as correntes amorosas é ignorar uma grande parte do gozo que a maioria das mulheres sente com a maternidade, gozo do qual participam o narcisismo e a posse de um objeto idealizado e hipervalorizado pela sociedade moderna, além de uma boa dose de gratificação erótica. Do mesmo modo, seria ingênuo pensar que a feminilidade e a maternidade foram impostas às mulheres, que as aceitaram passivamente apenas porque a educação oitocentista as acostumara à submissão. Muito pelo contrário: o casamento fundado nos ideais do amor romântico, a posição de rainha do lar *responsável pela felicidade* de um grande grupo familiar, a posse quase absoluta sobre os filhos, tudo isso representou, para a maioria das mulheres do século XIX, um destino intensamente desejado e, para muitas, um caminho de verdadeira realização pessoal. O que chamo de *desajuste* entre *as mulheres e a feminilidade*, na sociedade burguesa, não significa que maternidade e casamento tenham sido destinos impostos a uma multidão de mulheres infelizes, contra seu desejo, mas, sim, que sejam caminhos estreitos demais para dar conta das possibilidades de identificação a outros atributos e outras escolhas de destino, tidos como masculinos, que começavam a se apresentar às mulheres com a crescente circulação de informações e de contatos exogâmicos, produzidos pela modernidade.

A literatura, o amor e as mulheres

> Antes do casamento, elas são muito agradáveis, ágeis como gazelas e com um olho vivo e sensível que sempre compreende as alusões do amor. [...] Pouco a pouco perdem todas as suas ideias. De moças de alegria a mais louca e inocente, tornam-se em menos de um ano as mais entediadas das mulheres.
>
> STENDHAL, *Do amor*

O termo "bovarismo" foi cunhado em 1902 pelo psiquiatra Jules de Gaultier numa referência ao romance de estreia de Gustave Flaubert e a sua heroína, Emma Bovary, espécie de paradigma de uma feminilidade em crise no século XIX. O termo é expressivo dos conflitos gerados pelo que chamo aqui de "deslocamentos do feminino". Sob a categoria de "bovarismo", Gaultier descrevia "todas as formas de ilusão do eu e de insatisfação, desde a fantasia de ser um outro até a crença no livre-arbítrio"[109]. O termo também costumava ser usado para conotar "a irresponsabilidade do louco perante seu crime". Ilusões do eu, fantasias de ser um outro, crença no livre-arbítrio, insatisfações – não são essas as formas de alienação típicas do homem burguês, promovidas pela mobilidade social oferecida pela industrialização e até mesmo solicitadas pela ideologia do progresso? Essas crenças no desenvolvimento e na liberdade individual até hoje mobilizam (e frustram) os últimos candidatos a *self-made man* nas sociedades pós-industriais.

No entanto, transcritas para as condições femininas, essas ideias teriam constituído uma forma de patologia, com sintomas de histeria para alguns médicos, de paranoia para outros. Roudinesco cita Genil Perrin, lido mais tarde por Lacan, para quem a constituição paranoica nas mulheres seria manifestação de um "grau superior de bovarismo psicológico". A pretensão de Aimée[110], objeto de um dos primeiros estudos de caso do jovem Lacan, "camponesa deslocada que perdera a cabeça à força de ler romances e de querer publicar os seus"[111], não foi diferente, na essência, dos delírios inventados por Flaubert para sua personagem Emma Bovary. Se a literatura dos séculos XVIII e XIX era produzida especialmente para as mulheres, recém-chegadas ao mundo das letras, "novas ricas" do mundo da cultura, no dizer do ensaísta E. M. Cioran, quantas delas não teriam, como a Emma de Flaubert, "perdido a cabeça à força de ler romances"?

Em uma pesquisa sobre os hábitos de leitura das mulheres alemãs na era vitoriana, Marie-Claire Hoock-Demarle refere-se à "fúria de ler" que se apossou das mulheres que, no século XIX, tinham acesso às simples condições de um pouco de privacidade e do usufruto de um tempo liberado das tarefas domésticas – tudo isso apesar da reprovação de grande parte dos pais e dos maridos. Mudanças nos hábitos de leitura (isolamento individual em vez dos serões familiares de leitura

---

[109] Citado em Elisabeth Roudinesco, *Jacques Lacan: esboço de uma vida, história de um sistema de pensamento* (trad. Paulo Neves, São Paulo, Companhia das Letras, 1994), p. 40.

[110] Marguerite Pantaine (Aimée) foi internada em Sainte-Anne depois de uma crise psicótica caracterizada por delírios de perseguição, durante a qual tentara assassinar a atriz de teatro Huguette Duflos. Uma das ideias persecutórias de Pantaine era que havia um complô contra ela por parte dos editores, que recusaram publicar seu livro: ela sonhava ser escritora (ver cap. 3). Lacan atendeu-a durante um ano em Sainte-Anne. A experiência com o "caso Aimée" (1931) resultou na escrita de uma monografia considerada precursora de sua tese de doutoramento, *Da psicose paranoica e em suas relações com a personalidade.*

[111] Elisabeth Roudinesco, *Jacques Lacan*, cit., p. 49.

em voz alta), curiosidades despertadas pelas convulsões políticas recentes, desejo de participação que compensasse a solidão da vida doméstica, tudo isso somado ao surgimento dos folhetins, que aumentaram muito a circulação da literatura romanceada, criaram para as mulheres a possibilidade de, "através do livro [...], aventurar-se num domínio até então exclusivamente masculino"[112].

A "fúria de ler" das mulheres foi rapidamente estendida por uma florescente indústria de novelas e romances escritos por e para mulheres, de modo que houve uma feminização daquele domínio até então reservado aos homens; a literatura foi invadida por mulheres, tanto leitoras quanto escritoras, a partir do século das Luzes – movimento que cresceu exponencialmente na segunda metade do século XIX. O interessante é que a expansão da literatura naquele século correspondeu à crescente importância que o amor conjugal e o casamento passaram a ter nos projetos da vida burguesa; a literatura "inventou" o amor burguês, e o casamento burguês abriu espaço para uma invasão literária que enriqueceu o imaginário das mulheres, compensando frustrações, rompendo o isolamento em que viviam as donas de casa, abrindo vias fantasiosas de gratificação e, acima de tudo, dando voz às experiências isoladas de filhas e esposas das famílias oitocentistas.

O segundo volume da trilogia do historiador Peter Gay sobre "a experiência burguesa" nos faz ver que o casamento na era vitoriana, ao contrário da caricatura infeliz e repressiva que o senso comum faz dele, pode ter sido, com alguma frequência, uma empreitada bem-sucedida. É verdade que, ao longo dos três volumes, Gay nos apresenta um ponto de vista bastante otimista sobre o modo de vida burguês: os parágrafos freudianos que o autor insere aqui e ali ao longo de sua pesquisa, a fim de explicitar ao leitor que ele não se esqueceu de que a neurose fazia parte da experiência oitocentista, não chegam a fazer dessa trilogia um trabalho analítico nem crítico sobre o século XIX. A simpatia de Peter Gay pela "experiência burguesa", que não me cabe discutir aqui, é evidente ao longo dos três volumes.

Ele abre o segundo volume, *A paixão terna*, com o relato das histórias de dois casamentos felizes, colhidas nos registros deixados pelo jurista hamburguês Otto Benecke e pelo publicista londrino Walter Bagehot em cartas a suas noivas/esposas, e em cadernos de anotações dos casais. Gay pinta o retrato de dois homens muito diferentes – o neurótico obsessivo Benecke, inibido e cheio de dúvidas sobre si mesmo, e o sensual e autoconfiante Bagehot – ambos fizeram do próprio casa-

[112] Marie-Claire Hoock-Demarle, "Ler e escrever na Alemanha", em Georges Duby e Michelle Perrot (orgs.), *História das mulheres no Ocidente*, v. 4, cit., p. 181 e 186.

mento, desde o começo do noivado, uma experiência feliz do ponto de vista do amor terno e também do erotismo, não só para eles, mas também para as esposas. "Casamentos felizes não são incomuns", escreveu em 1857 Elisa Wilson a seu noivo Walter Bagehot, demonstrando, por um lado, a esperança tipicamente moderna de que o matrimônio fosse o caminho para a felicidade individual[113] e, por outro, as suspeitas, já muito conscientes nos anos 1840-1850, de que nada garantia que essas expectativas se realizassem. Mas elas existiam e alimentavam um ideal de casamento por amor que não excluía de nenhum modo a realização erótica de ambos os cônjuges. "A experiência burguesa do amor no século XIX era, ao mesmo tempo, estilizada e espontânea" – é assim que Peter Gay abre seu longo relato.

> A rigidez das instituições e os interesses mercantis que permeavam o casamento burguês não roubavam sempre o espaço das motivações amorosas, menos calculistas que a vantagem material ou a ascensão social. O impulso passou a prevalecer cada vez mais sobre a defesa.[114]

Os casamentos por amor e sua contrapartida, a busca do amor e da felicidade por meio do matrimônio, tornaram-se exigências comuns na segunda metade do século XIX. "Nas primeiras décadas do século, muito mais do que nas posteriores, o amor era, para muitas jovens bem-educadas, um raro luxo emocional", escreve Gay para justificar por que alguns conservadores passaram a se insurgir contra a ideologia do casamento livremente escolhido com base no amor.

> O clamor que se difundiu a partir da década de 1860, reivindicando que os casais se desposassem apenas por amor, era visto pelos moralistas conservadores e críticos como um sinal deplorável de que aquela doença peculiarmente moderna, o movimento pela emancipação da mulher, estava ficando fora de controle. O amor se definia pela livre escolha e esta, por sua vez, parecia ser nada menos que um dos esteios da subversiva plataforma feminista.[115]

A associação entre o casamento por amor e a emancipação feminina, mesmo que correspondesse à argumentação dos conservadores da época, faz muito sentido. "O amor é, para o homem, distinto de sua vida e é toda a existência da

---

[113] Ver os artigos de Charles Mellmann e Contardo Calligaris em *O laço conjugal* (Porto Alegre, Artes e Ofícios, 1994).

[114] Peter Gay, *A experiência burguesa: da rainha Vitória a Freud*, v. 2: *A paixão terna* (trad. Sérgio Flaksman, São Paulo, Companhia das Letras, 1990), p. 123.

[115] Ibidem, p. 92.

mulher", diz o Don Juan dos versos de Byron. No mínimo, podemos afirmar que para a mulher casada da era vitoriana, se o amor não ocupava toda a sua existência, o casamento sim. Portanto, felicidade e amor no casamento, desejáveis para ambos os cônjuges, teriam sido muito mais fundamentais para as mulheres, e isso por várias razões. O casamento selava seu destino e todo o horizonte de sua realização pessoal como esposa, mãe, dona de casa. A felicidade individual, um bem almejado por todos os que viveram nas décadas influenciadas pelos ideais iluministas e pelo humanismo revolucionário dos séculos XVIII e XIX, só seria acessível às mulheres por meio do casamento.

Por fim, as mulheres, muito mais apartadas das conquistas e dos prazeres que a vida pública ainda oferecia nos primórdios do capitalismo, não estavam à parte dos ideais e dos anseios de seu tempo: romances, jornais e revistas circulavam nos espaços privados numa proporção até então sem precedentes. Entre um parto e outro, entre as saídas e as chegadas dos maridos, entre uma refeição e outra, entre as horas da costura e as cerimônias das visitas, as mulheres vitorianas, mais ainda que os maridos, encontravam tempo para ler, ansiar e sonhar com os mundos fictícios ou reais que lhes chegavam por meio da leitura.

> Era possível imaginá-lo (o amor!) graças aos romances que liam sub-repticiamente, identificando-se com as heroínas. Era possível espojar-se em paixões súbitas e passageiras por professores. Era possível cultivar paixões grandiosas, basicamente teóricas, por belos visitantes da casa.[116]

As mulheres vitorianas, sonhando com a realização do amor romanesco de suas leituras de juventude, seriam, todas elas, bovaristas? Isso não significa que os homens não fizessem apostas pesadas no amor. "Eu te amo, quero ser teu, não posso viver sem ti, não sou nada sem ti, meu Tudo!", escreveu Otto Benecke para a noiva, Marietta Banks, por cuja "posse" ele ansiou durante quatro longos anos até que tivesse condições de pedi-la em casamento. É possível que maridos apaixonados como esse fossem os mais aptos a fazer as esposas felizes. Mas, se para homens como Benecke, a mulher amada, uma vez conquistada, supria sua necessidade de afeto e estabilidade emocional – ou mesmo erótica – ao longo de uma vida dedicada a *outras conquistas*, políticas, profissionais, intelectuais, para mulheres como Marietta o casamento era uma espécie de investimento definitivo, do qual dependeriam todo o prazer e todas as alegrias que ela viesse a conhecer.

---

[116] Ibidem, p. 91.

"Desde o primeiro romance que a mulher abre sub-repticiamente aos quinze anos, ela espera secretamente pela chegada do amor-paixão", escreve Stendhal em *Do amor*. E como o amor-paixão tende a arrefecer ao longo da maioria dos casamentos, a mulher já se casa, conclui Stendhal, preparada para o adultério. A opinião de Stendhal sobre as mulheres, como já vimos, não é misógina como pode parecer; ao contrário, o escritor sustentou que a realização dos grandes ideais amorosos de homens e mulheres dependeria da emancipação destas. Stendhal reconhece nas mulheres qualidades, ideais e grandes ambições, que, no entanto, permanecem esmagados por uma educação que as condena à ignorância e a uma impotência ridículas, infantis. Ao se referir ao orgulho feminino, por exemplo, Stendhal reconhece que frequentemente as mulheres

> sentem palpitar no seio um coração que, pela força e pela altivez de seus movimentos, é superior a tudo o que as cerca, e no entanto elas veem o último dos homens se estimar mais do que elas. Elas percebem que não saberiam demonstrar orgulho a não ser por pequenas coisas que só têm importância sentimental, sobre as quais um terceiro não poderia julgar. Atormentadas por este contraste desolador entre a baixeza de seu destino e a altivez de sua alma, elas se empenham em fazer respeitar seu orgulho pela vivacidade de seus transportes, ou pela implacável tenacidade através da qual elas mantêm suas recusas.[117]

Assim como o orgulho das mulheres, antes do casamento, só se pode manifestar na tenacidade com que elas resistem à entrega, a coragem feminina também não tem outro modo de emprego, e Stendhal refere-se à firmeza com que certas mulheres resistem ao amor, como a qualidade mais admirável que existe sobre a terra. Mas essa coragem, temperada pelo hábito do sacrifício e do pudor, assim como o orgulho feminino, são qualidades íntimas, invisíveis socialmente. "Uma infelicidade das mulheres é que as provas dessa coragem permaneçam sempre secretas e sejam quase impossíveis de divulgar. Uma infelicidade ainda maior é que ela seja sempre empregada contra sua felicidade."[118]

O resultado dessa enorme quantidade de renúncias empreendidas sem ao menos a contrapartida do reconhecimento público de seu valor, já que uma mulher virtuosa não faz mais do que sua obrigação, é uma sobrecarga de expectativas de gratificação que pairam sobre o amor conjugal. São tantas as compensações que

[117] Stendhal, *De l'amour*, cit. Aqui e nas demais citações da obra em tradução livre.

[118] Ibidem, p. 72.

o casamento vitoriano deveria oferecer às renúncias feitas pelas mulheres que ele acaba desembocando na infelicidade neurótica – ou no adultério. No primeiro caso, Stendhal refere-se à grande energia com que as mulheres casadas tentam ainda fazer valer seu orgulho inútil, empenhando-se em discutir se uma janela deve permanecer aberta ou fechada, e outras mesquinharias do gênero, características do que Freud viria a chamar, no fim do século, de "neurose doméstica". No segundo caso, "a fidelidade das mulheres no casamento, quando não há amor, é provavelmente algo contra a natureza"[119].

No entanto, diz ele, em consonância com Voltaire (em *L'Éducation des filles*), que as jovens em geral se casam com prazer, "já que no sistema restritivo da educação atual, a escravidão que elas sofrem na casa materna é de um tédio intolerável; além disso, faltam-lhes luzes; por fim, é o voto da natureza"[120].

Mas as moças do século XIX começavam a descobrir outra rota de fuga para *l'ennui et l'esclavage* a que a vida familiar – e, em seguida, a vida de casada – as submetia. Uma fuga que proporcionava também algumas luzes e alguma experiência emocional diversificada: a literatura. A alfabetização das mulheres era uma realidade nas grandes cidades europeias do século XIX; entre 1780 e 1880, informa Marie-Claire Hoock-Demarle, o ensino fundamental e médio para as mulheres foi implantado por toda a Europa; a leitura e a escrita eram conquistas femininas desde o período revolucionário, embora durante o século XIX encontrassem ainda vasta oposição entre os conservadores. Se a escolarização obrigatória tornava a alfabetização acessível a todas as meninas, em meados do século, o acesso das mulheres a uma educação superior foi bem mais demorado. Para muitos conservadores, uma educação igualitária poderia minar os fundamentos da sociedade.

O verdadeiro aprendizado se fazia por vias paralelas. Algumas mulheres tornaram-se autodidatas, e outras raras, mais felizardas, tinham o privilégio de instruir-se com as mães ou as avós, educadas no período mais favorável das Luzes. Hoock-Demarle cita os exemplos de George Sand e Bettina Brentano como "filhas de grandes mães", que devem sua educação menos aos conventos que as acolheram na meninice do que aos anos passados na adolescência junto das avós, assim como Germaine de Staël, uma geração antes, educada pela mãe.

---

[119] Ibidem, p. 200.

[120] Ibidem, p. 201.

A adolescente acabada de sair do convento sabe ler, escrever e, sobretudo, recitar orações; a avó, essa, foi marcada pela filosofia da Luzes e não sonha senão com a história universal, com Plutarco em latim ou com as *Cartas* de mme. De Sévigné como modelos educativos.[121]

O choque, como supõe Hoock-Demarle, deve ter sido violento, e o resultado desse contato, um interessante e diversificado painel cultural que alimentou as ideias dessas moças educadas com mais liberdade do que os rapazes seus contemporâneos, educados nos liceus. Os pedagogos, tanto homens como mulheres, eram unânimes em temer que a erudição destruísse a feminilidade das moças, levando-as à neurose ou ao celibato forçado. A oposição conservadora e as ameaças dos médicos e dos pedagogos não foram, entretanto, suficientes para deter a curiosidade das mulheres pelas "coisas do mundo", pela atualidade das ciências e das invenções, pelos acontecimentos políticos. Desde o século XVIII, por exemplo, as mulheres foram leitoras vorazes da *Enciclopédia*, buscando nessa leitura não exatamente uma fuga, mas, pelo contrário, um canal de participação nos saberes que constituíam o espírito de sua época.

Houve também mulheres que tentaram conciliar os ideais do amor conjugal com aspirações intelectuais e fazer do esposo ou do pretendente o mestre que poderia ajudá-las numa trajetória de emancipação que, no limite, iria conduzi-las da posição de discípulas-leitoras à de autoras. Phyllis Rose, em *Vidas paralelas*[122], uma crônica sobre cinco casamentos vitorianos cujos personagens (geralmente os maridos) são escritores muito conhecidos nossos, relata a tentativa empreendida pelas esposas de Thomas Carlyle, John Ruskin, John Stuart Mill e George Henry Lewes de fazer do casamento a abertura para o espaço da cultura e da escrita, espaços tradicionalmente masculinos, identificando-se

---

[121] Marie-Claire Hoock-Demarle, "Ler e escrever na Alemanha", cit., p. 178. Mme. De Sévigné, cortesã que viveu no século XVII na corte de Luís XIV, é considerada uma das grandes estilistas da língua francesa. Sua obra, reeditada diversas vezes após sua morte, entre os séculos XVII e XIX, consiste nas cartas que enviava à filha, ao primo (condenado ao exílio por ter escrito uma "História amorosa" que desagradou ao rei), ao ministro das Finanças Fouqué (processado por mau uso do dinheiro público), a mme. De La Fayette e outros amigos. Sua liberdade de opinião e sua elegância fazem das cartas um conjunto de crônicas da vida na corte, escritas por uma observadora de espírito agudo, que disse de si mesma: "*Si l'on est veuve, pauvre, au moins qu'on soit libre*" [Se somos viúvas, pobres, ao menos sejamos livres]. Ver mme. De Sévigné, *Correspondance* (1696) (Paris, Gallimard, 1978).

[122] Phyllis Rose, *Vidas paralelas: cinco casamentos vitorianos* (trad. Sérgio Flaksman, Rio de Janeiro, Record, 1997).

aos recursos intelectuais do marido. A exceção, nesses "cinco casamentos", é a esposa de Charles Dickens, que se apaixonou pelo escritor talentoso, mas nunca aspirou a ser nada mais do que a mãe de seus filhos – tendo sido, depois de lhe dar dez descendentes, abandonada pelo marido.

Jane Welsh, considerada brilhante na juventude, foi conquistada pelo pobretão Thomas Carlyle, erudito, mas de origem inferior, depois de muita luta e paciência. Para compensar a pobreza, Carlyle se propôs como mestre necessário ao aperfeiçoamento intelectual da moça. Jane Welsh – que, quando criança, havia pedido aos pais: "Quero aprender latim; por favor, deixem-me ser um menino!"[123] – não conseguia se ver como autora de nada além das cartas brilhantes e cheias de humor que escrevia para o noivo e os amigos. Carlyle quis exercitar sua disciplina e insistia, por carta, que ela tentasse escrever uma pequena tragédia.

> Não possuo gênio, gosto nem senso comum – não tenho coragem, diligência, perseverança – e como poderia eu escrever uma tragédia – não sou de modo algum a pessoa por quem o senhor e eu me tomamos – começo a achar que, na verdade, a natureza me destinou a ser uma *lady* de qualidade.

Escreveu ela ao noivo no período em que se corresponderam até casar, pedindo-lhe, na posição de mestre, que lhe fornecesse "um antídoto" para as tentações que a vida de *"lady* de qualidade" opunham à severa disciplina de quem pretendia ocupar "uma posição de respeito entre as mulheres literárias"[124]. Depois de casada, Jane Carlyle transformou-se em um apoio fundamental para o trabalho do marido, uma senhora admirada e respeitada no meio dos escritores ingleses, uma *lady* da melhor qualidade, e abdicou definitivamente de suas ambições de juventude. A voz da "natureza feminina" teria falado mais alto? Jane Carlyle, como a personagem Dorothea Brook do romance de George Eliot[125], escolheu casar-se com um homem que considerava "verdadeiramente grandioso [...] um estudioso, um filósofo, um homem sábio e nobre"[126] e encontrar junto dele, no apoio oferecido à obra dele, um lugar modesto, mas possível para o exercício de sua inteligência e de seu talento.

---

[123] Ibidem, p. 35.

[124] Citado em ibidem, p. 44.

[125] George Eliot, *Middlemarch: um estudo da vida provinciana* (trad. Leonardo Fróes, Rio de Janeiro, Record, 1998).

[126] Phyllis Rose, *Vidas paralelas*, cit., p. 55.

Harriet Taylor, que se casou com John Stuart Mill depois da morte do primeiro marido (e após vinte anos de relacionamento apaixonado), chegou um pouco mais perto de um projeto autoral. O livro de Mill, *A sujeição da mulher*, foi escrito a quatro mãos com ela. A ideia do sexo conjugal como aviltamento das mulheres reflete a experiência do primeiro casamento da sra. Taylor com um homem por quem não se sentia atraída fisicamente. Durante os anos de convivência extraconjugal, Mill e Harriet Taylor trocaram não apenas cartas de amor, mas ensaios, opiniões escritas, ideias. Trabalharam juntos nos *Princípios de economia política* de Mill, que acrescentou, nos exemplares dados aos amigos, a seguinte dedicatória – que pretendia publicar, se não tivesse sido desaconselhado pelo marido de Harriet:

> À sra. John Taylor, a mais altamente qualificada de todas as pessoas que o autor conhece / seja para criar, seja aperfeiçoar especulações sobre o aperfeiçoamento social / esta tentativa de explicar e difundir ideias / muitas das quais foram formuladas por ela própria / é, com o mais alto respeito e consideração, / dedicada.

As ideias feministas de Harriet Taylor fizeram parte do próprio contrato firmado pelos dois quando finalmente se casaram, no qual Mill declarava concordar e até mesmo exigir que a futura esposa conservasse toda a liberdade sobre si mesma e sobre os bens herdados do primeiro marido, além de renunciar a adquirir com o casamento qualquer direito sobre ela.

O casamento igualitário dos Mill foi severamente criticado por Freud em carta à noiva Martha Bernays, como veremos no terceiro capítulo. Mas a estratégia de expressar seus pensamentos e sua experiência de vida através da pena do marido rendeu a Harriet certo nome e um grande reconhecimento póstumo na *Autobiografia* de John Stuart Mill.

O passo que faltou a essas duas esposas de escritores foi dado por Mary Ann Evans, que depois de ter-se apaixonado sem sucesso pelo editor John Chapman, da *Westminster Review* (que ela própria dirigia), e pelo filósofo Herbert Spencer, de quem foi grande interlocutora, viveu durante 24 anos um casamento ilegal com o crítico literário George Henry Lewes, até a morte dele. O casamento com um homem de letras que não tentou fazer dela um apoio para sua própria obra, mas, ao contrário, propiciou as condições subjetivas necessárias para que ela também escrevesse, foi fundamental para que Mary Ann Evans se transformasse na grande romancista George Eliot. Lewes, de acordo com Phyllis Rose, não via a esposa como competidora perigosa e ofereceu-lhe a garantia de um afeto e de uma interlocução que não lhe seriam retirados (e não foram) caso ela se tornasse uma grande escritora. Foi o que ela fez. Encontrar um homem culto com quem pudesse dialogar e identificar-se, contar com a aceitação e o reconhecimento dele, mesmo dentro de um casamento considerado imoral pela sociedade vitoriana inglesa, foram as condições necessárias e suficientes para que a moça inteligente e sensível estruturasse uma voz autoral e passasse da posição de discípula criativa à de escritora – ainda que, como era frequente na sociedade vitoriana, publicasse sob pseudônimo masculino.

Mas as escritoras, e mesmo as grandes eruditas, foram mulheres excepcionais em seu tempo. A grande maioria das moças alfabetizadas nas cidades europeias do século XIX não ia além do consumo voraz dos romances "para mocinhas" e das revistas femininas que surgiram na segunda metade do século. Suas pretensões autorais limitavam-se aos desabafos cotidianos nos diários, outro subterfúgio feminino muito difundido na era vitoriana. Os romances escritos para mulheres (frequentemente de autoria de outras mulheres) e as revistas femininas que começaram a surgir e a se expandir rapidamente nas décadas de 1860 e 1870, criando os códigos burgueses do cultivo de si e do lar, compuseram o imaginário feminino sobre o casamento. A literatura moldou as expectativas românticas de realização do amor-paixão, enquanto as revistas e os suplementos femininos, cada vez mais populares, formataram o uso do tempo cotidiano com a criação de uma enorme teia de tarefas e gratificações que dessem alguma grandeza à vida prática da dona de casa.

A florescente indústria de romances para o público feminino pode ser subdividida, de acordo com o conteúdo, em "histórias de salteadores, de conventos, robinsonadas, romances de emigrados e outros romances da Revolução Francesa"; em outro gênero, "romances filosóficos morais e pedagógicos" em substituição ao antigo costume que condenava as mulheres a só ler "obras edificantes, alguns contos e livros de cozinha".

"*Silly novels by lady novelists*" [Romances bobos escritos por moças romancistas][127], era assim que George Eliot qualificava os romances escritos por e para mulheres, desprezando a tolice e o romantismo fácil de umas e outras. De fato, escrever para a indústria da "literatura para moças" foi um meio de vida para muitas mulheres de algum talento, já que tantas profissões superiores fechavam as portas

[127] George Eliot, "Silly Novels by Lady Novelists", em *Selected Critical* (Oxford, Oxford University Press, 1992), p. 296-321.

à mão de obra feminina. Em meio a uma vasta produção de subliteratura que consistia em um ganha-pão menos humilhante para mulheres solteiras do que os empregos mal qualificados na burocracia ou no comércio, surgiram algumas grandes escritoras: Louise-May Alcott sustentou a família – pai, mãe e irmãs – à custa de escrever romances, Jane Austen garantiu uma vida solitária, mas decente, como autora de sucesso, George Sand divorciou-se para viver de literatura e jornalismo. A exposição ao público não era fácil, e muitas delas adotaram pseudônimos masculinos para se proteger não apenas dos ataques conservadores, mas também do ciúme de seus colegas escritores, quando acontecia de venderem mais livros do que eles. Peter Gay cita o desabafo do grande escritor norte-americano Nathaniel Hawthorne, que em 1855 disse a seu editor não ter nenhuma chance de competir com essas "mulheres escrevinhadoras", que vendiam livros às centenas de milhares na América – "e eu não teria nenhuma possibilidade de êxito enquanto o gosto do público estiver ocupado com esse lixo"[128].

Ainda de acordo com Peter Gay, os leitores do "lixo feminino" (aqui, reproduzo o termo "feminino" tal como está no texto de Gay, como adjetivo para o que é da mulher) não eram os mesmos dos grandes escritores, portanto Hawthorne não teria por que temer a concorrência; um novo público leitor se formava pela literatura feminina, que "não teria gosto para enfrentar a ficção exigente" (como *A letra escarlate*, de Hawthorne). Peter Gay cita a escritora escocesa Margaret Oliphant, que responde, no mesmo ano de 1855:

> O sr. Hawthorne, achamos nós, é um daqueles escritores que visam a uma audiência intelectual e se dirige sobretudo a ela. Nós somos decididamente da opinião de que isso é um erro e uma ilusão e de que nada de bom advém daí. A verdadeira audiência do romancista são as pessoas comuns.[129]

Não sabemos se o "nós" empregado por Oliphant representa o hábito do plural majestático ou indica uma consciência grupal, uma espécie de identificação espontânea entre as mulheres escritoras em geral. Essa identificação não era compartilhada por todas as escritoras; as mais exigentes, como George Eliot, recusaram-se a fazer parte do exército de escrevinhadoras de romances açucarados. Nem por isso foram pouco lidas: Eliot foi quase tão popular na Inglaterra quanto Charles Dickens. Sua identidade misteriosa permaneceu em segredo, embora o

---

[128] Peter Gay, *A experiência burguesa: da rainha Vitória a Freud*, v. 3, cit., p. 338.

[129] Ibidem, p. 339.

faro literário de Dickens tenha encontrado a pista a partir do estilo: "Se George Eliot não for uma mulher, então eu sou"[130].

Peter Gay dá razão ao argumento de Margaret Oliphant ao escrever que "o século vitoriano estava desenvolvendo diferentes públicos leitores, ainda mais segregados pela qualidade da literatura de que cada um podia gozar". Uma das "adversárias" de Nathaniel Hawthorne, a escritora Mary Cummings, vendeu em um ano 55 mil exemplares de seu romance *The Lamplighter* (publicado anonimamente), nos Estados Unidos, no mesmo período em que *A letra escarlate* vendeu pouco mais de 5 mil. Os ingredientes de *The Lamplighter* – "uma heroína doce e bonita, um belo herói [...] lições de autocontrole e perdão cristão" – cabiam na categoria apontada por Hoock-Demarle como "romances morais e pedagógicos", mas não se pode esquecer que a motivação dos leitores e leitoras não vinha apenas de uma necessidade moral ou pedagógica, mas, sobretudo, erótico-sentimental, alimentada não somente por romancistas mulheres. As escritoras de romances folhetinescos, nos lembra Demarle, teriam sido, antes de começar a escrever, "êmulas ofegantes de Walter Scott"[131] e outros criadores de clichês sentimentais.

Em um curto e brilhante ensaio sobre *Germinie Lacerteux*, dos irmãos Goncourt, Erich Auerbach esclarece que atitudes de despeito em relação às preferências dos leitores, como a de Nathaniel Hawthorne, marcaram a geração de grandes escritores que despontou na França, nos anos 1850 – à qual pertencem os Goncourt, Flaubert, Baudelaire etc. O desprezo dos grandes artistas daquele período pelo público médio de leitores e consumidores de obras de arte, além de refletir uma continuação da atitude romântica de isolamento em relação ao mundo, responde ao que acontecia concretamente no mercado editorial dos países mais ricos da Europa: o público leitor crescendo violentamente e o gosto se embrutecendo. O novo público leitor consistia na burguesia urbana que se expandia rapidamente, tornando-se

> capaz e sequiosa de ler. Era *o bourgeois*, aquele ser cuja estupidez, preguiça mental, enfatuação, mendacidade e covardia foram repetidamente motivo das mais violentas diatribes por parte de poetas, escritores, artistas e críticos, desde o romantismo.[132]

[130] Para mais informações sobre George Eliot, ver sua biografia por Frederick R. Karl, *George Eliot: a voz de um século* (trad. Laís Lira, Rio de Janeiro, Record, 1998).

[131] Marie-Claire Hoock-Demarle, "Ler e escrever na Alemanha", cit., p. 191.

[132] Erich Auerbach, "Germinie Lacerteux", em *Mimesis* (trad. George Bernard Sperber, 5. ed., São Paulo, Perspectiva, 2010), p. 450.

No entanto, Auerbach não se identifica com esses artistas e recusa-se a "subscrever este juízo, sem mais nem menos". Ele lembra, em primeiro lugar, que esses mesmos burgueses estúpidos eram os empreendedores do século XIX, que se arriscavam diariamente na grande aventura de construção do mundo capitalista: nos negócios, no pensamento, nas descobertas científicas e mesmo nas revoluções o burguês sempre conheceu "as crises, os perigos e os focos de corrupção" da cultura que a grande literatura realista queria denunciar. Em segundo lugar, esse burguês desprezado levava uma vida muito mais movimentada e arriscada do que a das elites cujo refinamento os artistas apreciavam: "A conquista e a conservação da propriedade, o aproveitamento das possibilidades de ascensão, a acomodação às circunstâncias em rápida mudança, tudo isto, em meio à acirrada luta da concorrência, exigia como jamais um dispêndio de energia e de nervos, intenso e incessante". Assim, o autor considera compreensível o fato de os leitores burgueses "esperarem e pedirem da literatura e das artes em geral, um recreio, uma distensão ou, em último caso, um estado de embriaguez facilmente acessível". Enfim, não deveríamos condená-los por rejeitar, segundo os Goncourt, *a triste et violente distraction* da literatura séria de sua época[133].

Em terceiro lugar, Erich Auerbach cita o mal-estar moral que advinha do enfraquecimento do sentimento religioso, por um lado, e das condições cruéis e frequentemente injustas que decidiam o sucesso e o fracasso de uns e outros, em uma ordem econômica nascente cujas leis, como vimos também em Richard Sennett[134], ainda não estavam claras para ninguém. "O desejo de expansão econômica e o mal-estar moral existiam lado a lado", escreve Auerbach, justificando por que uma literatura escapista e/ou edificante, que tratasse das questões sentimentais e do que se poderia resolver de acordo com os códigos da moral privada, era tão procurada[135]. No capítulo seguinte, retomo as ideias de Auerbach sobre o distanciamento entre os grandes romancistas e o gosto médio dos consumidores de literatura, a fim de explicar o isolamento dos escritores da geração de Gustave Flaubert – isolamento que esses escritores transformaram em atitude e ao qual tentaram dar uma resposta estética criando a figura do artista maldito, cujo grande expoente foi o poeta Charles Baudelaire.

---

[133] Ibidem, p. 450-1.

[134] Ver Richard Sennett, "A vida burguesa e a sorte", em *O declínio do homem público*, cit., p. 175-9.

[135] Erich Auerbach, "Germinie Lacerteux", cit., p. 451.

Ao mesmo tempo, o escritor que se refugiava do burburinho do mundo burguês para criar uma obra que não estivesse contaminada por valores e preocupações rasteiros dos "filisteus" acabava por se encontrar, em seu gabinete, afastado e protegido das baixezas e dos perigos do mundo, numa posição muito mais próxima da experiência das mulheres do que dos homens burgueses, seus contemporâneos, batalhadores da vida material. Ao final do próximo capítulo, busco me deter um pouco mais na questão da feminilidade recalcada do escritor dos períodos romântico e pós-romântico, particularmente no caso de Gustave Flaubert, considerado por Sartre, seu biógrafo mais detalhista, um grande histérico.

Com *Madame Bovary*, veremos que a mulher como personagem literária no século XIX não floresceu apenas nas *silly novels by silly ladies*, como a heroína destinada a um grande amor depois de passar por enormes sofrimentos etc. Ela surgiu também como personagem trágica, de grande densidade psicológica, criada pelos grandes romancistas europeus a partir desta identificação entre a posição subjetiva do artista e a posição feminina. As personagens femininas criadas por grandes escritores podem ser entendidas no mesmo sentido do aforisma lacaniano, segundo o qual "a mulher é o sintoma do homem".

Vimos que a expansão do número de leitores de romances e novelas no século XIX não se devia apenas à crescente escolarização das classes médias, mas também à necessidade de ocupar o tempo de lazer, tempo vivido na privacidade da vida doméstica, não mais entre as multidões nas praças e nas ruas das cidades. A literatura fornecia as compensações sublimatórias necessárias a um novo contingente de homens e mulheres desgarrados tanto das formas de lazer popular oferecidas nos espaços públicos (ocupados pelas classes baixas) quanto do domínio da Igreja, predominante até o século anterior. A figura imaginária favorita dos leitores nesse contexto, capaz de ao mesmo tempo organizar as fantasias de felicidade doméstica e oferecer uma rota de fuga para o tédio da vida em família, como até hoje sabemos, foi a figura do amor. Em níveis maiores ou menores de sofisticação e elaboração crítica, o amor (e suas vicissitudes) foi o grande tema da literatura realista: casamentos desejados, mas impossíveis, casamentos infelizes, triângulos amorosos às dúzias inspiraram escritores como Eça de Queirós, Machado de Assis, Gustave Flaubert, Charles Dickens, Émile Zola – a lista não acaba mais. O próprio Zola (citado por Gay), em um artigo para o jornal *Le Fígaro*, chegou a afirmar que a legalização do divórcio acabaria com a literatura moderna, ao tornar obsoleta uma das grandes fontes de infelicidade privada e dispensar a necessidade dos adultérios, esvaziando consideravelmente a pauta dos romancistas.

No capítulo que dedica ao papel da literatura na experiência do amor burguês, Peter Gay examina a função escapista dos romances populares no século XIX e cita o crítico americano Grant Showerman, que, em 1915, fez uma revisão do século em que os romances foram "um dos alimentos favoritos da burguesia", consumidos como "narcóticos" pelos leitores.

> "A mulher fora de moda de uma geração atrás estava sempre procurando aquela pequena ilha de segurança em meio ao tráfego imenso da ficção corrente que ela chamava de 'história suave e bela' [...]." Para Showerman, essas mulheres estariam sempre fugindo de "escritores como Thackeray e George Eliot, do realismo, das 'dores mais profundas de Thomas Hardy', dos romances 'de sexo, de crime, de sofisticação', à procura do 'volume branco e dourado com a moça de cabelos ruivos na capa' – consumindo sempre o que chamavam de 'apenas uma bela história'".[136]

O desprezo de Grant Showerman pela função narcótica buscada pelas leitoras de romances desde o século XIX – que ele chamou, em 1915, de "mulheres fora de moda" – não leva em conta as motivações dessa parcela dos consumidores de literatura naquele período. É possível que os romances em edições "branco e dourado com a moça de cabelos ruivos na capa" fizessem parte do mesmo sistema de produção de conforto e estabilidade domésticos em meio não só ao "tráfego imenso da ficção corrente", mas também em meio às inseguranças e às instabilidades da vida moderna, tais como foram analisados por Richard Sennett. Esse argumento, no entanto, não explica o sucesso, ainda em vida, dos(as) mesmos(as) grandes escritores(as) a que Showerman se refere como rejeitados(as) pelas "mulheres fora de moda" por oferecer realismo em vez de "belas histórias". Também não dá conta das razões que levaram à expansão de outro gênero muito difundido no século XIX, este, sim, exclusivamente feminino – o da "escrita de si", gênero confessional herdado do hábito solitário dos diários e das cartas, cultivado pelas mulheres em seu isolamento doméstico.

"A correspondência, essa forma primeira de expressão das mulheres, estabelece uma espécie de rede paralela em que mulheres de talento e de espírito se ilustram", escreve Hoock-Demarle[137]. Assim como as cartas e os diários, os romances confessionais ou autobiográficos atendiam a uma necessidade de identificação das leitoras com a autora; por meio dessas leituras, a um só tempo

[136] Peter Gay, *A experiência burguesa: da rainha Vitória a Freud*, v. 3, cit., p. 160.

[137] Marie-Claire Hoock-Demarle, "Ler e escrever na Alemanha", cit., p. 192.

solitárias e compartilhadas com uma multidão de outras leitoras, as mulheres viviam intensamente fantasias, desejos, decepções e ambições cultivados em silêncio, longe do espaço público.

Tornar pública a experiência feminina por meio da escrita podia parecer obsceno para muitos homens e muitas mulheres – o poeta Clemens Brentano envergonhava-se do exibicionismo de sua irmã Bettina, e a romancista escocesa Mary Burton queixava-se de "sofrer a inimizade que as mulheres literárias sofrem, pelos mais pretensiosos do outro sexo" –, mas hoje sabemos que ali estava a origem do que se constituiu, lentamente, como uma "identidade feminina", a partir de meados do século XIX. O que aqui chamo de "identidade feminina" são os contornos comuns – frequentemente transformados em clichês – que resumem experiências subjetivas nas quais a maioria das mulheres se reconhecia. Os sentimentos de isolamento, de frustração das expectativas amorosas depois do casamento, de dificuldade de expressar emoções e conflitos, a luta por manter alguma autoestima quando os filhos cresciam (ou quando não se tinha filhos), a inibição diante dos homens e ao mesmo tempo a hostilidade abafada em relação a eles, as fantasias e os anseios por uma felicidade vaga e sempre fora de alcance são aspectos frequentes nos relatos de vidas de mulheres – tanto os confessionais quanto os ficcionais. À medida que algumas mulheres tornaram públicas as experiências vividas, uma a uma, por tantas outras, produziu-se um campo de identificações em que as mulheres puderam *se reconhecer, assim como reconhecer suas diferenças em relação aos ideais de feminilidade produzidos a partir do suposto saber masculino.*

A necessidade de compartilhar a própria experiência com outras mulheres não era exclusiva das classes média e alta; ela também se manifestou entre as operárias. Hoock-Demarle cita a autobiografia de Adelheid Popp, *Os anos de juventude de uma operária*, muito popular na segunda metade do século: "Escrevi a história de minha juventude porque encontrei em meu destino o de milhares de mulheres e de raparigas oriundas do proletariado" – é assim que Adelheid se apresenta a suas leitoras[138].

Na outra ponta do espectro social e intelectual encontramos a *História de minha vida*, de George Sand[139], volumosa autobiografia escrita entre 1847 e aproximadamente 1855, que inicia com uma observação semelhante:

---

[138] Ibidem, p. 193.

[139] George Sand foi o pseudônimo literário de Aurore Dupin (1804-1876). Autora de volumosa obra composta de textos autobiográficos, ficcionais, epistolares, relatos de viagens e opiniões

> Não creio que escrever a história da própria vida seja prova de orgulho ou de impertinência; menos ainda, escolher entre as lembranças que esta vida deixou em nós, aquelas que nos parecem valer a pena ser conservadas. De minha parte, creio cumprir um dever bastante penoso, porque não conheço maior desconforto do que o de se definir e se resumir pessoalmente.[140]

O gênero literário das *escritas de si*, inaugurado no fim do século XVI com os *Ensaios* de Michel de Montaigne, encontrou no XIX algumas mulheres entre seus seguidores. A ambição de elevar o *eu* e a experiência íntima à condição de objeto de reflexão e de objeto literário fazia sentido para um homem do século XVI, como, mais tarde, para uma mulher do XIX. Montaigne, na apresentação de seus ensaios, manifesta a mesma ambição humanista, universal, de que seus escritos possam ter interesse para outros leitores, uma vez que ele, como qualquer outro, teria em si a "forma inteira da condição humana"[141]. Com seus escritos autobiográficos, as mulheres oitocentistas (e suas raras precursoras nos séculos XVII e XVIII) inscreveriam-se junto dos homens sob a *condição humana.*

Tomo de empréstimo o modelo lacaniano para arriscar a hipótese de que, enquanto os discursos masculinos sobre a feminilidade construíram uma espécie de Eu Ideal, apontando para o que as mulheres deveriam ser, alienando-as num lugar de puro objeto do desejo do Outro (ou ao olhar de outros que só viam nelas a projeção de seus próprios desejos), a escrita feminina foi constituindo Ideais do Eu a partir da multiplicidade de vozes que tentavam dar conta da experiência cotidiana das mulheres, em crise com o modelo vitoriano de feminilidade. A mesma literatura que alimentava sonhos edulcorados de um casamento de contos de fadas para todas as mocinhas da burguesia e das classes médias contemporâneas de Flaubert (e, mais tarde, de Freud) contribuiu para dar vazão a alguns desejos que só poderiam se realizar fora do casamento ou, ao menos, independentemente dele. A mesma literatura que ajudou a inventar o amor conjugal moderno inventou o adultério como a verdadeira iniciação erótica das mulheres casadas, lugar

políticas, George Sand foi também uma das personalidades femininas mais ousadas na Paris do século XIX.

[140] George Sand, *Histoire de ma vie (Oeuvres autobiographiques)* (Paris, Gallimard, 1970). Aqui em tradução livre.

[141] Michel de Montaigne, *Ensaios*, livro III (trad. Rosemary Costhek Abílio, São Paulo, Martins Fontes, 2001), cap. "Da experiência". Escrevi sobre a genealogia do sujeito moderno na escrita de Montaigne no primeiro capítulo de *Sobre ética e psicanálise* (São Paulo, Companhia das Letras, 2002).

imaginário em que uma mulher efetuaria uma escolha a partir de seu desejo, em vez de permanecer no lugar da escolhida para realizar os desejos do futuro marido. Escrevo imaginário porque – veja-se o anticlímax da aventura bovarista – é evidente que nada garante que a mulher, no adultério, não seja tão instrumentalizada ao desejo masculino quanto no casamento.

Em uma esfera mais reflexiva, a mesma literatura que apontava o amor como a maior realização da vida feminina dava conta da pobreza e da frustração que advinham de apostar todas as fichas da vida no casamento e revelava o desejo ainda disforme de muitas mulheres de se tornar sujeitos da própria vida, "autoras" de suas aventuras pessoais, em consonância com os ideais de autonomia e liberdade individual que a modernidade havia muito tempo oferecia aos homens.

No entanto, apartadas do universo não literário pelo qual os homens circulavam e jogavam a própria sorte, as mulheres que começavam a antecipar a vida por meio das leituras de romances estavam condenadas à fantasia, ao sonho, às evasões imaginárias... ao bovarismo, enfim. Ou aos protestos inúteis e incompreensíveis do sintoma histérico, que, para a psicanalista Emilce Dio Bleichmar[142] poderiam ser entendidos como tentativas de acrescentar falicismo à feminilidade (como na clássica fantasia de ser uma mulher com pênis, que, no entanto, não é idêntica ao desejo de ser um homem) e, assim, sentir-se mais à vontade em relação a suas identificações mais precoces. Estas, para Bleichmar, constituem o "ideal de gênero", anterior às identificações edípicas que orientam o desejo sexual e formatam a sexualidade.

Em relação a Emma Bovary, a ensaísta norte-americana Naomi Schor[143] desenvolve um argumento surpreendente, em um ensaio no qual centra os conflitos da personagem em torno de suas ambições de se tornar, primeiro, uma heroína como a dos romances que lia desde a adolescência e, em seguida, ela própria, uma autora. O que Emma invejava nos homens, na opinião de Schor, não seria a liberdade de viajar ou amar, mas a possibilidade de escrever – e para isso precisaria, não de palavras nem de uma caneta (nem de um pênis, acrescento eu), mas de um falo.

Escrever, "traçar o próprio destino" como uma heroína de romance (bem de acordo com os ideais românticos que ainda dominavam o ambiente literário da

[142] Emilce Dio Bleichmar, *O feminismo espontâneo da histeria* (trad. Francisco Vidal, Porto Alegre, Artes Médicas, 1992).

[143] Naomi Schor, "Writing, Speech and Difference in *Madame Bovary*", em Harold Bloom (org.), *Modern Critical Interpretations: Gustave Flaubert's "Madame Bovary"* (Nova York, Chelsea House, 1988), p. 61-81.

época), tornar-se autora – de textos, poemas, cartas e, afinal, da própria vida: não estariam essas perspectivas, presentes nas condições modernas, deslocando o campo das identificações que até então teriam pautado a relação entre as mulheres e a feminilidade? Possibilidades abertas para todo sujeito, difíceis de realizar plenamente para a maioria, mas que, no caso das mulheres, encontravam alguns obstáculos a mais. Recapitulo brevemente: a dependência material que infantilizava a mulher burguesa e de classe média e limitava seu campo de ação e circulação; as vicissitudes da maternidade e os discursos morais (particularmente contra a atividade sexual não procriativa) que a acompanhavam; a falta de condições de cidadania que apartava as mulheres da esfera pública e as condenava a um isolamento no espaço doméstico, no qual a fantasia era a forma privilegiada de realização de desejos e o devaneio nem sempre encontrava seus limites, esbarrando nas duras arestas das regras que pautavam a vida social.

A mulher oitocentista seria, como a criança, descrita por Freud em "Formulações sobre os dois princípios do funcionamento psíquico"[144], mais sujeita aos imperativos do Princípio do Prazer, mais submetida aos princípios que regem a formação das fantasias em função do a-mais de repressão imposto sobre sua vida sexual e social. A expansão dos códigos literários sobre a vida daquelas mulheres correspondeu a uma enorme inflação do *imaginário*, justamente quando as regras que regiam o código simbólico eram postas em xeque pelos discursos feministas nascentes, pelas reinvindicações sufragistas, pelos métodos anticoncepcionais que transformavam os conceitos de família e sexualidade, pela escolarização universal e pelas disputas no campo do código civil que modificavam a posição da mulher no casamento, criavam a possibilidade do divórcio e emancipavam economicamente a esposa do marido. É no plano imaginário, sabemos, que o *eu* constrói sua fortaleza narcísica e a preenche com os traços identificatórios que vão constituir, bem ou mal, os recursos de que os sujeitos dispõem para tentar responder às moções incessantes do Princípio do Prazer.

Se o sujeito moderno, como escrevi no início deste capítulo, equivale ao sujeito neurótico, estou interessada no advento da mulher moderna como sujeito, nos conflitos e nos impasses que acompanharam esse movimento, nas respostas neuróticas que as mulheres escolheram para esses impasses e que conduziram algumas delas à clínica de Freud, inventando com ele a psicanálise. Não apenas as

---

[144] Sigmund Freud, "Formulações sobre os dois princípios do funcionamento mental", em *Obras completas*, v. 10 (trad. Paulo César de Souza, São Paulo, Companhia das Letras, 2010), p. 108-21.

respostas neuróticas me interessam, mas também as respostas literárias, criativas, às vezes trágicas e às vezes transformadoras, que acompanharam o advento da mulher moderna.

No capítulo 2, analisarei o romance *Madame Bovary*, de Gustave Flaubert, cuja personagem-título é considerada por muitos críticos e, atualmente, pelo senso comum como paradigmática da feminilidade no Ocidente moderno. O motivo pelo qual recorro a um romance, uma obra de ficção, para abrir caminho até o terceiro capítulo – no qual examino quem terá sido a mulher freudiana, fundadora da psicanálise – é que considero a literatura portadora de um saber sobre o presente, capaz *ao mesmo tempo* de compor um painel sobre o "estado das coisas" em crise ou em transformação em determinado período e de abrir espaço para as falas emergentes, para a expressão do recalcado, do que ainda não tem lugar no discurso. Nesse sentido, sugiro um parentesco entre a teoria psicanalítica e a obra de ficção, embora esteja longe de querer reduzir uma coisa à outra – ou vice-versa.

2.

A mulher freudiana na passagem para a modernidade: *Madame Bovary*

Quando eu era menino, no interior, passavam dois tipos de filmes no cinema: os de caubói e os de amor. Os de caubói eram para nós; os de amor, para as meninas. Amor era coisa de meninas – ou de maricas. Se a gente entrasse no cinema pensando que o filme era de caubói, e era de amor, a gente fugia correndo daquilo.

Flaubert e sua mulherzinha

Em 1856, ano do nascimento de Freud, Gustave Flaubert começou a publicar na *Revue de Paris* os primeiros capítulos de *Madame Bovary*[1], seu romance de estreia. O tema lhe fora inspirado por uma notícia de jornal sobre o suicídio de uma adúltera provinciana. Flaubert, que vinha trabalhando duramente no projeto de escrever *A tentação de santo Antônio*, foi desaconselhado por seus dois amigos, Maxime du Camp e Louis Bouilhet, que lhe propuseram jogar o texto no fogo e, em troca, escrever a história de Delaunay. A base "real" do romance foi, assim, a notícia sobre o suicídio de Delphine Delaunay, esposa adúltera de um oficial de saúde numa cidade do interior da França. Em 1849, nasceu o "argumento" central de *Madame Bovary*, que só começaria a ser escrito em setembro de 1851, depois de Flaubert reatar relações amorosas com sua amante e maior interlocutora epistolar, a também escritora Louise Colet.

---

1 Gustave Flaubert, *Madame Bovary* (trad. Fúlvia M. L. Moretto, São Paulo, Nova Alexandria, 2007). Optei por transcrever em notas de rodapé o texto original da Bibliotèque de la Pléiade, Gustave Flaubert, *Oeuvres*, v. 1 (Paris, Gallimard, 1951).

O objetivo de escrever um romance num estilo tão simples, em que o narrador praticamente desaparecesse, tomou quase cinco anos de trabalho a Gustave Flaubert, provavelmente com sucesso – o "realismo" de *Madame Bovary* causou escândalo.

Mesmo quem nunca leu o romance conhece sua fama: depois da publicação, Flaubert foi processado, julgado (e absolvido) por ofensas à moral pública, à família e à religião. As motivações do Ministério Público no processo contra *Madame Bovary* nunca ficaram muito claras – voltaremos ao julgamento adiante. Classificado como um romance realista – talvez o maior de todos –, *Madame Bovary* não é considerado assim por Flaubert. Um romance sobre a linguagem e suas apropriações pelo senso comum burguês do século XIX, um comentário crítico e totalmente exterior à "grotesca mentalidade burguesa" que estava no auge de sua expansão, escrito por alguém que sempre professou não seu amor pela realidade, mas seu ódio a ela. Para Philippe Willemart[2], a confusão sobre o realismo de Flaubert consiste no fato de o escritor "não levar a realidade a sério" – ele se refere evidentemente à realidade social –, considerando-a resultado de convenções arbitrárias, sobretudo no campo da linguagem. Seu romance pode, portanto, ser entendido também como um estudo de estilo, que exigiu do autor anos de trabalho incessante, com o objetivo de desvendar as "ideias feitas" que asseguravam o conforto espiritual do filisteu de sua época.

Em carta à amante Louise Colet, quando ainda estava começando a escrever o que seria seu primeiro e mais célebre romance, Flaubert anunciava o projeto: "Bovary (numa certa medida, na medida burguesa, tanto quanto pude, para que fosse mais geral e humana) será [...] a suma de minha ciência psicológica, e só terá um valor original deste ângulo. Será? Deus queira!"[3]. Sua "ciência psicológica" é implacável, e parte de uma espécie de desilusão a respeito dos homens que nos faz lembrar o que viria a ser, quarenta anos mais tarde, o ponto de partida do pensamento freudiano. Afinal, Flaubert é um artista e, como tal, segundo escreveu Freud um dia sobre os poetas, saberia por intuição e antecipadamente o que os pobres cientistas trabalham e pesquisam humildemente, anos a fio, para compreender. Considerando os médicos de seu tempo "uma espécie de imbecis e os filósofos outra"[4], Gustave Flaubert se perguntava, no início da elaboração de *Madame Bovary*:

---

[2] Philippe Willemart, "O bovarismo e o realismo em xeque?", *Revista da USP*, n. 23, set.-nov. 1994, p. 136-9.

[3] Gustave Flaubert, carta a Louise Colet, 26-27 jun. 1852, em *Cartas exemplares* (org. e trad. Duda Machado, Rio de Janeiro, Imago, 1993).

[4] Ibidem, 7-8 jul. 1853, em *Cartas exemplares*, cit.

Quem é que, até hoje, fez história como um naturalista? Já se classificaram os instintos da humanidade e viram como, sob que latitude, eles se desenvolvem e devem se desenvolver? Quem estabeleceu cientificamente como, e por que necessidade do espírito, tal forma deve aparecer?

As "formas" cujas condições de surgimento interessam a Flaubert são, antes de tudo, formas de linguagem. Seu *Dicionário das ideias feitas*[5], concebido enquanto escrevia *Madame Bovary*, é fruto de um projeto que atravessa todo seu trabalho e culmina em sua última obra, *Bouvard e Pécuchet*: denunciar, por meio da ironia, a teia de linguagem que constitui o conforto e a segurança psicológicos do "bom burguês", escreveu a Louise Colet[6].

São da mesma farinha todos aqueles que falam de seus amores passados, do túmulo de suas mães, de seus pais, de suas boas lembranças, beijam medalhas, choram com a lua, deliram de ternura quando veem crianças, desmaiam no teatro, ficam com um ar pensativo diante do oceano. Farsantes! Farsantes!

A que "farsa" se refere Flaubert nessa carta – à da sensibilidade burguesa ou à da literatura que a alimentava? Contra que "realidade" o escritor se rebelava – a que se reflete na tolice dos leitores ou a dos próprios livros? A posição de Flaubert como escritor não é simples. Sua primeira grande personagem é justamente a mocinha provinciana cheia de sonhos tolos, alimentados pela leitura dos romances em moda nos meados do século XIX. Como Flaubert pretendia ser lido, então? Que recursos de estilo ele desenvolveu para tentar garantir que seu romance não propiciasse devaneios "bovaristas" a uma multidão de mulheres sonhadoras e frustradas? Vale a pena conhecer alguns verbetes de seu *Dicionário* para ter uma ideia melhor do que era, para Flaubert, a matéria-prima da farsa do bom gosto burguês, das convenções literárias e de seu efeito na produção social da realidade:

Bandeira Nacional – Vê-la faz o coração bater.
Conciliação – Deve-se sempre pregá-la, mesmo quando os contrários são absolutos.
Cortesãs – São um mal necessário. Protegem nossas filhas e nossas irmãs enquanto existirem homens solteiros. Deveriam ser impiedosamente expulsas. Não é mais possível passear com nossas mulheres por causa de sua presença nos bulevares. Sempre são moças do povo seduzidas por ricos burgueses.

---

5 Idem, *Dicionário das ideias feitas* (trad. Cristina Murachco, São Paulo, Nova Alexandria, 2007).

6 Idem, carta a Louise Colet, 5-6 jul. 1852, em *Cartas exemplares*, cit.

Dor – Sempre tem um resultado favorável. A dor verdadeira é sempre contida.
Eruditos – Ridicularizá-los. Para ser erudito, basta memória e trabalho.
Itália – Deve ser visitada imediatamente depois do casamento. Provoca muitas decepções, não é tão bela como se diz.
Magnetismo – Belo assunto de conversa e que serve para "ganhar as mulheres".
Nobreza – Deve-se desprezá-la e invejá-la.
Pássaro – Desejar ser um pássaro e dizer suspirando: "Asas! Asas!". Sinal de uma alma poética.
Rosto – Espelho da alma. Então, algumas pessoas têm uma alma muito feia.
Wagner – Deve-se rir com escárnio quando se ouve seu nome, fazer piadas sobre a música do futuro.[7]

Se Flaubert odiava as ideias feitas com a mesma intensidade com que afirmava odiar a realidade, era porque compreendia a realidade como uma farsa produzida pelos efeitos da linguagem. Seu *Dicionário* foi uma denúncia das formas de linguagem criadas pelo burguês em sua pretensão de "ser um outro": por meio das ideias feitas, o filisteu banca o literato, o empreendedor banca o sensível, o usurário banca o moralista e toda a burguesia moderna faz *semblant* de aristocracia classista.

As formas de linguagem a que me refiro só podem ser lidas como ideias feitas num contexto que evidencie seu deslocamento, seu fundo farsesco. Recorro novamente a Saussure e sua distinção entre linguagem, língua e fala, a que me referi no capítulo 1. A crítica flaubertiana não se refere à linguagem como estrutura universal, mas à língua e a suas formações vivas, presentes na fala. As "práticas falantes", entre as quais podemos incluir as ideias feitas detectadas por Flaubert no século XIX, revelam as necessidades expressivas de determinado grupo social em transição. No caso, tratava-se da burguesia ascendente, cuja expansão deveria vir acompanhada da modificação de hábitos de linguagem, mas que, no período da restauração, tentou adotar os costumes e mimetizar a sensibilidade da aristocracia cujo prestígio social tentava assimilar – daí a farsa e o ridículo de suas ideias feitas.

A personagem Emma Bovary me interessa por evidenciar a condição das mulheres no período de consolidação da cultura burguesa na Europa. A tragédia de Emma revela, sobretudo, o aspecto da dificuldade, específica das mulheres de então, em criar discursos que respondessem a suas necessidades expressivas emergentes.

---

7 Idem, *Dicionário das ideias feitas*, cit.

Minha análise não corresponde necessariamente ao que o autor pensava de sua obra. Para Gustave Flaubert, *Madame Bovary* representava o início de uma luta empreendida durante a vida inteira contra a estupidez e a tolice de sua época. Yonville, vilarejo onde se passa o romance, é uma "microssociedade do século XIX movida pela tolice que caracterizava o burguês, aquela vítima da igualdade social promovida em 1789 que passou pelo espírito"[8]. Emma Bovary, a quem seu autor não costumava manifestar grande simpatia (embora se identificasse com ela – veremos), é um produto das mesmas circunstâncias.

Alguma coisa nela, entretanto, vai além do que se poderia considerar a psicologia do burguês e se desloca para o terreno da psicologia da mulher. "Se meu livro for bom", confessa Flaubert a Louise Colet, "ele despertará docemente muita ferida feminina. Mais de uma sorrirá ao se reconhecer"[9]. O ponto de cruzamento que permite essa espécie de condensação (involuntária?) flaubertiana entre o que é próprio da mulher e da nova burguesia em geral, é a visão fantasiosa, delirante, cheia de falsas esperanças, sobre a realidade da vida. Essa biografia fictícia de uma senhora francesa de província, frustrada com a vida a que as mulheres de sua classe estavam destinadas, é também um tratado perfeito sobre a vida burguesa, doente, na impressão de seu autor, em seus delírios de igualdade a serviço de um projeto de ascensão individual. O conjunto de certezas morais, estéticas e ideológicas que fizeram a "igualdade" da burguesia revolucionária no plano das ideias equivalia para Flaubert a um sistema contínuo de produção social de mediocridades, sobretudo no plano estético, em que a igualdade – hoje diríamos, massificação – produz resultados abomináveis.

O sistema de pensamento burguês segundo Flaubert, bem representado em *Madame Bovary* pela figura do farmacêutico Homais, é uma caricatura de ideias feitas, arrivismo racionalizado sob a aparência de ideais progressistas, de bom senso e pretensões descabidas, sempre voltadas para o objetivo de *aparentar ser o que não se é* – que nos faz pensar que teria sido o escritor o primeiro crítico a detectar o *kitsch* na cultura francesa. Flaubert comenta com Colet sobre a longa explanação moral que seu personagem Homais faz a Emma Bovary sobre a educação das crianças: "Acho que é grotesca, mas devo estar enganado, pois para o burguês é perfeitamente razoável"[10]. A explanação era feita por Homais, um positivista de

---

8 Idem, carta de 22 set. 1852, citada em Philippe Willemart, "O bovarismo e o realismo em xeque?", cit.

9 Idem, carta a Louise Colet, 27 jul. 1852, em *Cartas exemplares*, cit.

10 Ibidem, 27 abr. 1853, em *Cartas exemplares*, cit.

almanaque com pretensões a homem de ciências e de letras; Emma tem sonhos, mas, como veremos, não tem discurso próprio, tampouco um ponto de vista crítico sobre as circunstâncias que a rodeiam. Para ela, as explanações de Homais pareciam razoáveis, apesar de um tanto tediosas.

É que Flaubert, sem enunciar claramente que tivesse consciência disso, articulou em Emma Bovary dois modos de subjetividade: o da mulher e o do burguês. Sua intenção manifesta era fazer a caricatura do pensamento burguês; no entanto, não escolheu o empreendedor Homais, com sua fé na ciência e no progresso, seu gosto ao mesmo tempo grosseiro e cultivado às pressas, seu discurso positivista. Flaubert não escreveu *Monsieur Homais. Costumes de província* contando a biografia desse burguês imaginário e perfeitamente plausível. Escreveu valendo-se dos sonhos e das insatisfações da jovem esposa de um obtuso médico de interior para pintar um retrato da burguesia de seu tempo.

A controvérsia sobre o realismo em Flaubert passa pela questão dos elementos que compõem esse retrato: não o que o burguês saberia dizer de si mesmo e de suas ambições (esse seria, talvez, o realismo de Balzac), mas justo o que ele *não* sabe, os elementos que constituem sua alienação e que se manifestam justamente nos engodos da linguagem. Em Flaubert, os personagens *são falados* pela linguagem do senso comum, por isso não se dão conta da disparidade entre a grandeza de suas aspirações e a mediocridade de seu espírito. Aspirações de transformar a vida, "tornar-se um outro" sem levar em consideração as condições de origem: a herança familiar que, numa ordem pré-capitalista, conferia a cada sujeito um lugar, desde o nascimento, que não estava em seu poder alterar. Nem o próprio Flaubert, com sua ojeriza pedante ao burguês, poderia deixar de reconhecer que essas aspirações surgiram em consequência das perspectivas de mobilidade social prometida – e muitas vezes realizada – pela modernidade. Aspirações que mobilizam no filisteu Homais uma incansável e bem-sucedida atividade, mas que em Emma Bovary, pelo contrário, produzem fantasias cujas tentativas de realização só poderiam conduzir a sua ruína.

A mulher surge aqui, na literatura, como sintoma das contradições produzidas pelos deslocamentos que transformaram a vida social depois das revoluções burguesas e da emergência das primeiras formas do capitalismo. A associação criada por Gustave Flaubert remete ao tema desenvolvido no capítulo 1, em que investigo o surgimento da mulher como sujeito na cena social, coincidindo com os novos espaços abertos pela burguesia ascendente e com as mudanças no cotidiano que o modo de vida burguês produziu – transformações a que hoje chamamos modernidade, consumadas (não iniciadas) no século XIX e que tiveram o efeito de lançar as mulheres das classes emergentes num conflito cuja expressão foi denominada histeria.

Emma é um paradigma dessa situação. Ao se casar com Charles Bovary, ela deixa a vida na fazenda, as ocupações do campo, a pequena coletividade em que foi criada, pelo ambiente de uma casa burguesa de província. Outra particularidade muito interessante nos ajuda a completar o retrato dessa jovem recém-casada: Emma faz parte das primeiras gerações de jovens educadas, isto é, cultivadas: frequentou um seminário de freiras, não para se tornar religiosa, mas para educar-se. Desde menina, Emma lê romances que vão formando o painel fantasioso de suas expectativas sobre o futuro, que, como todo futuro de mulher de sua época, só poderia realizar-se no amor.

Ela cultiva e prepara seu espírito para uma vida muito diferente da que encontra no casamento com Charles Bovary, este bom simplório que a ama sinceramente, mas se mostra incapaz de entender a infelicidade da esposa. Prepara "seu espírito", escrevi intencionalmente, já que a adolescente Emma poderia ter se transformado no que o senso comum denomina "uma mulher de espírito", caso tivesse tido ocasião de exercê-lo.

O anseio de mudar a vida e "tornar-se um outro", que em Homais se transforma em projeto, em Emma é delírio: não podemos deixar de suspeitar que Flaubert tocou em algo que é próprio não do "espírito" imanente às mulheres, mas de sua condição no século XIX, quando elas já vislumbravam no horizonte perspectivas de outra vida, cuja conquista ainda dependia inteiramente da iniciativa, da ambição e da capacidade dos homens com os quais viessem a se casar. O casamento de Emma, foi nesse sentido, uma decepção, e ela se valeu da fantasia e de algumas "passagens ao ato" delirantes para realizar seus desejos. Delirantes, não porque seus dois amantes não tivessem correspondido a seu ímpeto erótico, mas por estarem, eles, completamente alheios a seu projeto exuberante: mudar a vida. Um projeto tipicamente moderno. Flaubert frustrou seus leitores (sobretudo as leitoras) ao criar um Rodolphe que nunca pretendeu fugir com Emma para a sonhada vida de aventuras num país estrangeiro e um Léon que nunca arriscou sua reputação em favor da mulher, mestra nas artes eróticas, mas, por isso mesmo, uma estranha com quem um jovem cavalheiro não deveria pensar em se casar.

A transcendência buscada por Emma Bovary não é apenas romântica. Transformar-se de esposa provinciana em grande mestra mundana nas artes do amor não foi difícil para ela, depois de iniciada nos mistérios do erotismo por seu primeiro amante, o experiente Rodolphe. O impossível para ela foi a ascensão social, confusamente associada à mudança de uma vida medíocre para a vida de aventuras com que sonhava desde suas leituras de adolescente. A ascensão social só seria acessível a uma mulher de seu tempo por meio do casamento, e ela fez o casamento errado. Além disso, parece ignorar que, para uma mulher, mesmo um casamento vantajoso não lhe ofereceria mais do que uma vida mais confortável como esposa e dona de casa, insuficiente para dar conta de sua sensualidade e suas fantasias exuberantes. A solução a seu alcance – fugir da vida de casada pelas mãos de um amante – não teria mudado sua vida nem a de outras mulheres oitocentistas.

Emma descobriu a duras penas, como Anna Kariênina de Tolstói[11], que a mulher adúltera, mesmo a mais desejável aos olhos de todos os homens, mesmo a mais invejável aos olhos de outras esposas frustradas e sonhadoras, ainda é moralmente vista como decaída. A ética do casamento, no século XIX, prevalecia sempre sobre a ética do romance erótico, a qual, por sua vez, dominava o imaginário literário do período áureo do romance realista.

No romance de Tolstói, o amor do conde Vrónski foi suficiente, por algum tempo, para proteger Anna da desvalorização a que ela mesma acabou por se condenar. Mas não pôde salvá-la definitivamente do vazio identificatório que a conduziu ao suicídio ao descobrir que uma mulher perde a identidade social ao deixar de ser "senhora fulano de tal". Em *Madame Bovary*, nenhum dos amantes de Emma é capaz de elevar a aventura erótica experimentada com ela ao estatuto de um "grande amor" capaz de transportar a sua vida para um patamar mais interessante, menos medíocre.

A moral oitocentista julgava o adultério feminino com muito mais severidade do que o masculino. A lei era muito mais rigorosa com as mulheres adúlteras do que com os homens na mesma condição: enquanto eles eram quase encorajados à traição conjugal, só podendo ser denunciados à polícia em caso de manter a concubina sob o mesmo teto que a família, aquelas eram gravemente punidas, e o assassinato da esposa adúltera pelo marido traído era considerado, em algumas regiões da Europa, aceitável aos olhos da lei[12].

A personagem de Flaubert é tão paradigmática dos impasses da mulher burguesa – presa nas malhas de um discurso que confere a ela um lugar fixo na produção da felicidade doméstica e, ao mesmo tempo, permeável às perspectivas emergentes

---

[11] Liev Tolstói, *Anna Kariênina* (trad., apres. e notas Rubens Figueiro, 2. ed., São Paulo, Cosac Naify, 2014).

[12] A esse respeito, ver Allain Corbin, "A relação íntima ou os prazeres da troca", em Michele Perrot (org.), *História da vida privada*, v. 4: *Da Revolução Francesa à Primeira Guerra* (trad. Denise Bottman e Bernardo Joffily, São Paulo, Companhia das Letras, 1995), p. 555-7.

na segunda metade do século – que algumas décadas mais tarde seu nome foi usado, como vimos, para designar um conjunto de sintomas que a psiquiatria considerava uma formação delirante mais frequente entre as mulheres: o bovarismo. A fantasia de ser (ou tornar-se) um outro e a crença no livre-arbítrio podem ser formas delirantes do pensamento, mas também podem ser aspirações totalmente adaptadas às figurações imaginárias dos primórdios do mundo capitalista. A capacidade de "fugir no sonho à realidade da vida", segundo a definição do dicionário *Larousse*, e apostar nele é um dos primeiros requisitos impulsionadores de todas as formas de ascensão e progresso individuais características das sociedades burguesas.

A seguir, examino mais detalhadamente o romance de Flaubert para ressaltar o que, nele, me faz pensar em Emma Bovary como paradigma da mulher freudiana, alienada nas malhas de um discurso em que seus anseios latentes não encontram lugar ou palavra; discurso que ela é (ainda) incapaz de dominar ou modificar a seu favor, inscrevendo nele um significante que a represente enquanto sujeito. A resposta a essa forma específica de "mais-alienação" – e à impossibilidade de levar adiante o recalcamento como solução para os impasses entre os ideais da feminilidade e as demais perspectivas abertas para as mulheres pela modernidade – foi a histeria, essa confusa demanda dirigida ao homem para que se faça mestre do desejo da mulher. Demanda a que nenhum homem tem condições de atender e que os leva a perguntar, tão perplexos como Freud: "Afinal, o que quer uma mulher?".

A tragédia de Emma Bovary

> Para vocês, homens, as derrotas não passam de vitórias a menos. Nesse jogo tão desigual, nossa sorte está em não perder, enquanto para vocês o azar está em não ganhar.
> (da marquesa de Merteuil ao visconde de Valmont)
>
> CHORDELOS DE LACLOS, *As relações perigosas*

Seria desnecessário, a rigor, apresentar na íntegra o romance de Flaubert. Sua personagem-título está de tal forma incorporada à cultura média dos últimos cem anos e deu margem a tantos comentários e referências que correríamos o risco da redundância e da trivialidade ao seguir, passo a passo, a narrativa de suas desventuras. Nas páginas seguintes, procuro fazer não propriamente um roteiro ou um resumo de *Madame Bovary*, mas um recorte com as principais passagens do romance, que a meu ver correspondem às várias "personagens literárias" que

Emma Bovary tenta encarnar – não exatamente à procura de "quem ela é" ou de "quem ela deve ser" (para os homens), mas de saber em que mulher ela poderia transformar-se. As várias máscaras da feminilidade de Emma Bovary são provas de que seu autor sabia, por intuição, que "não existe A Mulher". Cada mulher em particular é um sujeito em construção, e a feminilidade, um conjunto de representações que tentam produzir uma *identidade* entre todas as mulheres; mas que, por isso mesmo, não pode dar conta das questões de cada sujeito.

No romance de Flaubert, a pequena Emma Rouault, como todas as moças de seu tempo, cresce e educa-se tentando construir as identificações imaginárias necessárias para iniciá-la nos caminhos da feminilidade e constituir ideais compatíveis com sua condição de mulher. Para Emma, como para outras mocinhas de seu tempo, o caminho mais disponível e mais atraente foi o da literatura. É interessante que Flaubert tenha construído uma personagem órfã de mãe – por esse lado, nada é informado ao leitor; nenhum traço materno a identifica. Emma cresceu identificando-se com todas as heroínas de romances "para moças", os quais ela lia desde os tempos de colégio. Com isso, constituiu-se, ela também, como uma personagem romanesca – personagem de literatura barata, diria seu criador.

O romance começa apresentando ao leitor o jovem Charles Bovary, antes que ele se transforme em médico de província consciencioso, de poucas ambições, intelectualmente medíocre. Quando Charles conhece Emma, ela vive com o pai na fazenda, depois de ter passado a adolescência em um convento de freiras. Emma é introduzida no romance primeiramente aos olhos de Charles, de cujo ponto de vista a história se desenrola durante os três primeiros capítulos. É só depois do casamento (o primeiro para ela, o segundo para ele) que o leitor vai saber um pouco sobre a protagonista do livro. Só depois de casada é que Emma se torna personagem principal de sua própria história.

Ficamos sabendo, então, retrospectivamente, de sua passagem pelo convento das freiras e de sua primeira formação, que combinava práticas católicas com as leituras clandestinas de romances, poemas de amor e o aprendizado de canções românticas com as colegas de internato. O resultado muito particular dessa mistura é que Emma, na adolescência, compõe para si mesma uma personagem em que devoção e erotismo se combinam, uma espécie de santa Teresa de Ávila inculta que busca no misticismo um gozo que gostaria de encontrar no amor. Ela havia lido romances como *Paulo e Virgínia*, que a faziam sonhar com o amor no cenário tropical de uma cabana de bambus etc. Mas durante a missa, num transe místico-erótico,

> ela entorpeceu-se docemente ao langor místico que se exala dos perfumes do altar [...]. Em lugar de acompanhar a missa, olhava em seu livro as vinhetas piedosas debruadas de azul e amava a ovelha doente, o sagrado coração trespassado de flechas ou o pobre Jesus que cai, caminhando, sobre a cruz [...].
> Quando ia confessar-se, inventava pequenos pecados a fim de ficar lá mais tempo, de joelhos na sombra, de mãos juntas, com o rosto na grade sob o murmúrio do padre. As comparações de noivo, de esposo, de amante celeste e de casamento eterno que se repetem nos sermões provocavam-lhe no fundo da alma doçuras inesperadas.[13]

A primeira personagem que a jovem Emma Rouault tenta compor é a de uma jovem piedosa; no entanto, Emma não podia evitar misturar suas atitudes devotas com fantasias confusamente eróticas.

Quando volta a viver na fazenda, Emma não sabe muito bem o que esperar da vida. Charles faz visitas constantes, a princípio como médico do pai Rouault, depois como pretendente da filha. Vivendo na fazenda, entre as tímidas visitas de Charles Bovary, Emma sentia-se

> grandemente desiludida, nada mais tendo para aprender, não tendo mais nada para sentir.
> Porém, a ansiedade de um estado novo ou talvez a excitação causada pela presença daquele homem bastara para fazer-lhe acreditar que possuía, enfim, a paixão maravilhosa que até então era considerada como um grande pássaro de plumagem rósea planando no esplendor dos céus poéticos; e não podia imaginar, agora, que aquela calma em que vivia fosse a felicidade com que sonhara.[14]

Emma decide casar-se com Charles menos por paixão por aquele homem pouco atraente do que para atender a uma fantasia do que deveria ser aquela "paixão

[13] Gustave Flaubert, *Madame Bovary* (1856) (trad. Fúlvia M. L. Monetto, São Paulo, Nova Alexandria, 2007), p. 45. ("*Elle s'assoupit doucement à la langueur mystique qui s'exhale des parfums de l'autel* [...]. *Au lieu de suivre la messe, elle regardait dans son livre les vignettes pieuses bordées, et elle amait la brebis malade, le sacré coeur percé de flèches aiguës, ou le pauvre Jésus qui tombe en marchant sur sa croix.* [...] *Quand elle allait à confesse, elle inventait de petits péchés, afin de rester là plus longtemps, à genoux dans l'ombre, les mains jointes, le visage à la grille sous le chuchotement du prêtre. Le comparaisons de fiancé, d'époux, d'amant céleste et de mariage éternel qui reviennent dans les sermons lui soulevaient au fond de l'âme des douceurs innattendues.*")

[14] Ibidem, p. 49. ("*Fort désilusionnée, n'ayant plus rien à apprendre, ne devant plus rien sentir. Mais l'anxiété d'un état nouveau, ou peut-être l'irritation causée par la présence de cet homme, avait suffit à lui faire croire qu'elle possédait enfin cette passion merveilleuse qui jusqu'alors s'était tenue comme un grand oiseau au plumage rose planant dans la splendeur des ciels poétiques; - elle ne pouvait s'imaginer à présent que ce calme où elle vivait fût le bonheur qu'elle avait rêvé.*")

maravilhosa" de suas leituras adolescentes. Casada, ela tenta imaginar que aqueles sejam os dias mais felizes de sua vida, como mandaria o figurino do quinto capítulo do *Emílio* de Rousseau[15], mas é tomada por um mal-estar sem solução que "turbilhona como o vento" e que ela não é capaz de explicar. Logo veremos que uma das características de Emma Bovary, como de todos os personagens de Flaubert, é que eles não são *capazes de dizer* pelo que estão passando.

Charles rapidamente demonstra ser um homem de quem, na época, se diria sem espírito. Sua conversa com a esposa era "sem relevo como uma calçada, e as ideias de todo o mundo nela desfilavam com seu traje comum, sem excitar emoções, riso ou devaneio"[16].

As ideias de Emma, aliás, também não eram diferentes das "ideias de todo o mundo". Mas o dela era um outro mundo, o mundo dos clichês poéticos, românticos, alimentados por leituras ao gosto das moças do século XIX. O que faltava ao marido era o tempero romântico, sonhador. Sua platitude em pouco tempo entediou Emma, que se perguntava "Por que fui me casar?" ou, então, se não poderia ter encontrado um homem diferente, que lhe proporcionasse uma vida mais interessante. Ainda assim, ela tenta sustentar sua posição de mulher casada representando para si mesma uma segunda personagem: a esposa séria e dedicada substitui a fantasia da adolescente piedosa – mas não por muito tempo.

Quando o casal é convidado para um baile nas redondezas, Emma conhece enfim o que poderia vir a ser a materialização de seus sonhos de burguesa provinciana: o ambiente do castelo Vaubyessard, onde a decoração, o cardápio, a música e o comportamento dos convidados celebravam os últimos suspiros de uma aristocracia em luta contra a extinção. A experiência do baile fez com que a jovem recém-casada se envergonhasse dos modos banais do marido e sonhasse, na volta para casa, cheia de tédio, com a vida encantada que teria tido se, em vez de Charles Bovary, tivesse tido a oportunidade de conquistar um cavalheiro, um duque talvez, que a levasse consigo para um mundo como o dos Vaubyessard. O baile em Vaubyessard permite à jovem Emma uma espécie de suspensão temporária do recalque que a mantinha, ainda, conformada com a vida de casada. Depois do baile, nada volta a ser como antes; Emma conhece agora uma voracidade, uma verdadeira gula em relação à vida, a qual não conseguirá conter até sua morte e

[15] Ibidem, cap. 7. ("*Tourbillone comme le vent*?")

[16] Ibidem, p. 50. ("*Plate comme un trotoir de rue, et les idées de tout le monde y défilaient, dans leur costume ordinaire, sans exciter d'émotion, de rire ou de rêverie.*")

cuja contrapartida é um tédio sem fim, uma disposição muito conhecida das mulheres que vivem confinadas ao lar, de passar longas horas à janela, suspirando, à espera de que "alguma coisa aconteça".

O tédio de Emma se agrava quando a sogra sugere que ela se ocupe de alguma coisa – trabalhos de agulha talvez – e ela se dá conta de que já não tem como se distrair: "Eu já li tudo!". É evidente para o leitor a conexão entre a insatisfação de Emma, com a mesmice da vida de casada, e a expectativa que suas leituras haviam criado nela.

Percebendo a tristeza da esposa, Charles, o dedicado, consegue uma transferência para Yonville; novos ares sempre devem fazer bem à melancolia das mulheres. Emma adora viajar; qualquer deslocamento alimenta sua capacidade irrestrita de fantasiar. Na primeira refeição que o casal faz na hospedaria da nova cidade, somos apresentados ao farmacêutico Homais, personagem cuja história deverá desenvolver-se em segundo plano ao longo de toda a "saga" Bovary: uma história cinzenta de conquistas sociais, sucessos burgueses, jogos de aparências e oportunismo. Homais domina a primeira conversa na estalagem e há de dominar sempre, até o fim do romance, todas as cenas em que aparece emitindo opiniões: herói do senso comum, esse personagem doméstico, esse pai de família vulgar, arrivista de província, manifesta (veremos) o aspecto filisteu dos sonhos confusos de Madame Bovary.

Na mesma cena da chegada a Yonville, Emma é apresentada a Léon – um homem de espírito, enfim! O jovem Léon, aprendiz de escrivão, encanta a sra. Bovary logo na primeira conversa. Flaubert, no entanto, ante a perspectiva dessa cena, escreve a Louise Colet:

> Estou a ponto de escrever uma conversa entre um homem e uma mulher sobre literatura, o mar, as montanhas, a música, todos os temas poéticos, enfim. Pode-se levá-la a sério e ela tem forte intenção grotesca. Será, acredito, a primeira vez que se vê um livro que zomba de um jovem namorado e sua jovem namorada. A ironia nada subtrai do patético; pelo contrário, ela o acentua.[17]

Na sequência do romance, Emma engravida e sonha com um filho homem:

> A ideia de ter um filho homem era como a esperança da compensação de todas as suas impotências passadas. Um homem ao menos é livre; pode percorrer as paixões e os países, atravessar os obstáculos, agarrar a mais longínqua felicidade. Mas uma mulher é continuamente impedida. Inerte e flexível, ao mesmo tempo, tem contra si a

[17] Gustave Flaubert, carta a Louise Colet, 9 out. 1852, em *Cartas exemplares*, cit.

> languidez da carne com as dependências da lei. Sua vontade, como o véu de seu chapéu preso por uma fita, palpita ao sabor de todos os ventos, há sempre algum desejo que arrasta, alguma conveniência que retém.[18]

Emma perde os sentidos ao receber a notícia de que dera à luz uma menina, que não lhe causa alegria nenhuma e de quem nunca vai ocupar-se.

Apaixonada por Léon, Emma ainda hesita em dar o passo definitivo; ele, inexperiente, também. Ela se consola compondo diante do espelho uma esposa fiel, em poses resignadas, enquanto exclama com certo prazer: "Sou virtuosa!".

> Então, os apetites da carne, a ambição do dinheiro e as melancolias da paixão, tudo confundia-se num mesmo sofrimento; e, em lugar de desviar seu pensamento, agarrava-se mais a ele, excitando a dor e procurando em toda a parte ocasião para excitá-lo. Irritava-se com um prato mal servido ou com uma porta entreaberta, lamentava-se pelo veludo que não possuía, pela felicidade que lhe faltava, por seus sonhos grandes demais, por sua casa por demais acanhada.[19]

Como não pensar, nessa passagem, na disposição e na coragem desperdiçadas das esposas submissas a que se referia Stendhal?

A doçura protetora, a mediocridade doméstica de Charles a irritavam e provocavam nela fantasias luxuriosas, enquanto a ternura matrimonial lhe despertava desejos adúlteros. Diante da insistência de *mére* Bovary, de que a esposa precisava se ocupar, Charles se lamenta: ela se ocupa, sim, mas do quê? Da leitura de romances, de maus livros! Voltaire está entre os exemplos dos maus livros, contra a religião, que interessam a Emma. O marido já sabe: uma pessoa sem religião inevitavelmente se torna má.

A vida de Emma fica ainda mais tediosa depois que Léon vai trabalhar em Rouen. Agora, ela já não tem mais nada com que sonhar nem ninguém a quem

---

[18] Idem, *Madame Bovary*, cit., p. 91. ("*Cette idée d'avoir pour enfant un mâle était comme la revanche en espoir de toutes ses impuissances passées. Un homme, au mois, est libre; il peut parcourir les passions et les pays, traverser les obstacles, mordre aux bonheurs les plus lointains. Mais une femme est empêchée continuellement. Inerte et flexible à la fois, elle a contre elle les mollesses de la chair avec les dépendances de la loi. Sa volonté, comme le voile de son chapeau retenu par un cordon, palpite à tous le vents, il y a toujours quelque désir qui entraîne, quelque convenance qui retient.*")

[19] Ibidem, p. 106. ("*Alors, les appétits de la chair, les convoitises d'argent et les mélancolies de la passion, tout se confondit dans une même souffrance; – et au lieu d'en détourner sa pensée, elle l'y attachait davantage, s'excitant à la douleur et en cherchant partout les occasions. Elle s'irritait d'un plat mal servi ou d'une porte entre-bâilée, gémissait du velours qu'elle n'avait pas, du bonheur qui lui manquait, de ses rêves trop hauts, de sa maison trop étroite.*")

tomar por interlocutor, diante de quem ela pudesse compor uma personagem nova. Podemos entender o vazio sentido por ela nesse trecho do romance como uma falta no nível do *ser*, mais do que como uma falta no do *ter*. Mesmo assim, ela não deixa de sonhar. Em longos passeios pelos campos monótonos ao redor de Yonville, nas horas contemplativas que passa à janela de seu quarto, não desiste nunca de esperar que "alguma coisa aconteça". E acontece quando Emma conhece Rodolphe, um homem muito diferente do primeiro.

Relativamente rico – possui terras, empregados, cavalos –, mais velho que Léon, grande conquistador, cheio de *savoir faire* com as mulheres, Rodolphe percebe imediatamente a disponibilidade da esposa do médico de Yonville e calcula sua conquista. Aulas de equitação, passeios cada vez mais longos – autorizados pelo marido em nome da saúde de Emma –, até que se crie a ocasião propícia para a rendição: a cena do bosque, a que Flaubert vai se referir com repugnância em uma carta. Nessa tarde, Emma chega em casa mais bonita do que nunca, olhos brilhantes, rosto corado; mais uma vez, vai olhar sua imagem no espelho enquanto diz a si mesma: "Tenho um amante!". A fantasia que se realiza neste momento não é simplesmente sexual, mas, sobretudo, literária.

> Lembrou então as heroínas dos livros que ela lera e a legião lírica daquelas mulheres adúlteras pôs-se a cantar em sua memória com as vozes de irmãs que a encantavam. Ela mesma tornava-se como uma parte real daquelas imagens e realizava o longo devaneio de sua juventude vendo-se como aquele tipo de amante que tanto desejara ser.[20]

Envolvida com essa terceira "personagem", finalmente identificada às heroínas de romance que tanto havia invejado, Emma não se dá conta da posição de Rodolphe, que, mesmo encantado com a beleza e a sensualidade da amante, não pretende nada com esse *affaire* além de prolongar ao máximo os prazeres que ele lhe oferece. Uma noite, escondidos no escritório de Charles, pensam que o marido vai chegar e surpreendê-los. As reações de Emma e de Rodolphe são bem diversas: enquanto ela sugere que ele tenha uma arma para se defender nessa ocasião, ele pensa com certa simpatia no pobre Charles e toma como inteiramente descabida a cena romanesca esperada pela amante.

---

[20] Ibidem, p. 149. ("*Alors elle se rappela les heroïnes des livres qu'elle avait lus, et la légion lyrique de ces femmes adultères se mit à chanter dans as mémoire avec des voix de soeurs qui la charmait. Elle devenait elle-même comme une partie véritable de ces imaginations et réalisait la longue rêverie de sa jeunesse, en se considérant dans ce type d'amoureuse qu'elle avait tant envié.*")

Para Rodolphe, Emma estava passando um pouco dos limites. Excessivamente sentimental, ela lhe oferecia mechas de cabelo, propunha uma troca de anéis como símbolos de amor eterno, planejava uma fuga para países distantes. Rodolphe se aborrecia:

> Mas ela era tão bonita! Ele possuíra tão poucas com uma tal candura! Aquele amor sem libertinagem era para ele algo de novo e que, retirando-o de seus hábitos fáceis, afagava ao mesmo tempo seu orgulho e sua sensualidade. A exaltação de Emma, desdenhada pelo seu bom senso burguês, parecia-lhe, no fundo do coração, encantadora, visto que se dirigia à sua pessoa.[21]

Essa é uma das poucas passagens, se não a única, em que autor e narrador demonstram alguma simpatia pela personagem: ao dizer que Rodolphe não compreende o amor sincero que lhe dedica Emma, Flaubert situa a amante num plano moralmente superior ao de seu conquistador, mesmo que esteticamente suas manifestações continuem parecendo ridículas. "Sou tua serva e tua concubina", escreve Emma a Rodolphe, em uma tentativa de reaquecer o romance que ela sente esvaziar-se diante de seus olhos – "tu és meu rei"[22]. O senso crítico do narrador está do lado de Rodolphe, mas Flaubert, autor, não se engana quanto a esse Don Juan de província: "Meu marido ama sua mulher um pouco como meu amante", escreve ele a Louise Colet; "são duas mediocridades do mesmo ambiente, mas que é necessário distinguir"[23].

A respeito da mediocridade de todos – Emma, Charles, Rodolphe –, Flaubert faz, neste ponto do romance, uma observação sobre as ambiguidades do uso da linguagem em que oferece ao leitor uma síntese das preocupações e dificuldades do escritor no manejo do estilo. Rodolphe não percebe a sinceridade dos transbordamentos amorosos de Emma, já que ela se expressa de maneira idêntica a todas as suas outras amantes:

> Ele ouvira tantas vezes dizer tais coisas que elas nada mais tinham de original para ele. Emma assemelhava-se a todas as suas amantes; e o encanto da novidade, caindo pouco a pouco como uma veste, deixava ver a nu a eterna monotonia da paixão que tem

---

[21] Ibidem, p. 155. ("*Mais elle était si jolie! Il en avait possédé si peu d'une candeur parreille! Cet amour sans libertinage était pour lui quelque chose de nouveau, et qui, sortant de ses habitudes faciles, caressait à la fois son orgueil et sa sensualité. L'exaltation d'Emma, que son bon sens bourgeois dédignait, lui semblait, au fond du coeur, charmante, puis qu'elle s'adressait à sa personne.*")

[22] Ibidem, p. 171. ("*Tu es mon roi.*")

[23] Gustave Flaubert, carta a Louise Colet, jan. 1852, em *Cartas exemplares*, cit.

sempre as mesmas formas e a mesma linguagem. Aquele homem tão experiente não distinguia mais a diferença dos sentimentos sob a igualdade das expressões.[24]

Nesse parágrafo, o narrador resume o caráter dramático da personagem Bovary: ansiosa por deixar de ser o que é, por tornar-se uma outra, Emma não percebe, entretanto, que é prisioneira da linguagem. Ela, que tanto se aborrecia porque a conversa de Charles não passava de um monótono desfiar das "ideias de todo o mundo", não consegue evitar a banalidade da expressão de suas emoções e da experiência intensa e verdadeira que vivia com Rodolphe. É que a experiência de Emma – fosse ela de "amor", "paixão", "aventura", "loucura" – já lhe chegava formatada pela literatura, pelo senso comum, pelo uso habitual da língua que, ao mesmo tempo, confere significado e empobrece de sentido o que se vive.

Prisioneiro do senso comum e dos chavões romanescos, Rodolphe também não é capaz de escutar o que lhe diz a amante:

> Porque lábios libertinos ou venais lhe haviam murmurado frases semelhantes, ele mal acreditava em uma candura daquelas; era preciso, pensava, descontar suas palavras exageradas, escondendo as afeições medíocres: como se a plenitude da alma não transbordasse algumas vezes nas metáforas mais vazias, já que ninguém pode algum dia exprimir exatamente suas necessidades ou seus conceitos, nem suas dores.

Observa o narrador concluindo, tristemente:

> que *a palavra humana é como um caldeirão rachado, no qual batemos melodias próprias para fazer dançar os ursos quando desejaríamos enternecer as estrelas.*[25]

O drama de Emma Bovary é o drama que consumiu toda a vida adulta de Flaubert – a meu ver, o ponto fundamental de identificação entre o criador e sua

---

[24] Idem, *Madame Bovary*, cit., p. 171. ("*Il s'était tant de fois entendu dire ces choses, qu'elles n'avaient pour lui rien d'original. Emma ressemblait à toutes les maîtresses; et le charme de la nouveauté, peu à peu tombant comme un vêtement, laissait voir à nu l'éternelle monotonie de la passion, qui a toujours les mêmes formes et le même langage. Il n'en distinguait pas, cet homme si plein de pratique, la dissemblance des sentiments sous la parité des expressions.*")

[25] Idem; grifo meu. ("*Parce que des lèvres libertines ou vénales lui avait murmuré des phrases pareilles, il ne croyait que faiblement à la candeur de celles-là; on en devait rabattre, pensait-il, les discours exagérés cachant les affections médiocres: comme si la plénitude de l'âme ne debordais pas quelquefois par les métaphores les plus vides, puisque personne, jamais, ne peut donner l'exacte mesure de ses besoins, ni de ses conceptions, ni de ses douleurs, et que la parole humain est comme un chaudron fêlé où nous battons des mélodies à faire danser les ours, quand on voudrait attendrir les étoiles.*")

criatura: como atender à ânsia de expansão do eu, que desejaria fazer música para enternecer as estrelas, quando tudo de que se dispõe é a palavra, a pobre "palavra humana", já que a linguagem nos transcende, mas só nos alcança encarnada nas palavras que falamos? Palavras que nos expressam e nos alienam, por meio das quais o sujeito fala, mas que, frequentemente, não o deixam ver o quanto é *falado por elas*, arrastado na pesada correnteza do senso comum e das ideias feitas. Nesses momentos, nossa palavra não vale mais que uma velha panela rachada cuja sonoridade, na melhor das hipóteses, faria dançar os ursos em um número banal de circo, muito abaixo das estrelas que gostaríamos de comover.

A única resposta que Flaubert consegue dar a esse impasse é a ironia, que ele maneja de modo a exibir os limites do alcance da palavra por meio de um estilo em que o narrador parece advertir o leitor de que está consciente, a cada frase, da distância entre instrumento e objeto. A palavra articulada pelo manejo estilístico de Flaubert não pretende atingir estrela nenhuma; todo o esforço do autor consiste em não se deixar enganar pelo alcance dos pobres recursos de que somos, o autor, Emma, Rodolphe, Charles e o próprio leitor, prisioneiros. Uma prisão que a psicanálise vem se esforçando para relaxar, ao relativizar a alienação daqueles que buscam a clínica, em relação ao discurso do Outro que fala em nós.

Uma das respostas que Emma procura dar a sua incapacidade criativa particular – apesar da extravagância das cartas, dos versinhos, das declarações de amor que ela produz sem parar – é tipicamente burguesa: a ousadia de viver um amor clandestino desperta nela outras forças adormecidas, novas formas de ousadia, e Emma entra em uma espécie de fúria consumista até então desconhecida para ela. Todas as mercadorias oferecidas por Lheureux, o vendedor que traz a Yonville artigos "da capital", lhe interessam. Ela compra lenços de seda que nunca antes possuíra, perfumarias, presentes para o amante, cortinas novas para o quarto e até mesmo – luxo supremo na casa de um médico de interior! – uma poltrona macia. Para satisfazer essa outra versão de seus desejos de "ser uma outra", Emma se endivida perigosamente com Lheureux, que, percebendo a presa fácil que encontrou, não para de dar corda à imaginação da cliente.

As fantasias que a experiência amorosa não é capaz de realizar transbordam para essa nova forma de voracidade, e Emma, incapaz de sublimar sua sensualidade, compra muito mais do que pode lhe dar o marido. Ela assina uma promissória e chega a convencer Charles a vender algumas terras da família para se capitalizar. Emma tenta, dessa forma, realizar a passagem do *ser* ao *ter* comprando objetos, como se o *semblant* de ascensão social pudesse completar (ou substituir) a imagem da heroína romântica que começou a compor quando se entregou a Rodolphe. Emma compra objetos para travestir-se nessa outra, que ela é incapaz de enunciar pelo uso da linguagem já que, privada do domínio sobre seus enunciados, não produz outro discurso além da repetição dos clichês pelos quais se aliena como objeto para seus amantes. Incapaz de dominar a linguagem que a aprisiona, tenta o domínio das coisas; incapaz de ocupar outra posição senão a de objeto do desejo de um homem, tenta mudar sua posição subjetiva possuindo, ela mesma, os objetos com que possa se satisfazer. Certa virilidade em Emma Bovary, como veremos adiante, começa a se manifestar aqui.

Charles, por sua vez, vai demonstrar que nunca será nem ao menos o médico competente e bem-sucedido que Emma esperava que ele fosse a fim de sustentar uma esposa digna de um homem de valor. O fracasso na operação do pé aleijado de Hippolyte, instigada pela paixão positivista do farmacêutico Homais, submete tanto o marido quanto a esposa a uma grande humilhação – ele, porque o desastre logo se torna público na região; Emma, por ter se enganado mais uma vez ao imaginar que um homem como ele pudesse valer alguma coisa, como se "já vinte vezes não tivesse suficientemente percebido sua mediocridade".

> Lembrou todos os seus instintos de luxo, todas as privações de sua alma, as vulgaridades do casamento, do lar, seus sonhos que caíam na lama como andorinhas feridas, tudo o que desejara, tudo o que recusara a si mesma, tudo o que ela poderia ter possuído! E por quê, por quê?[26]

A vergonha de Charles com o fracasso na operação de Hippolyte não é maior que a decepção de Emma ao ver seu "personagem de consolação" – a esposa devotada de um médico bem-sucedido – falhar. Ela havia se envolvido com o projeto – que na verdade não era de Charles, mas de Homais –, apoiado e incentivado o marido; foi sua última tentativa de fazer do marido, se não o herói romanesco de seus sonhos, ao menos um "homem de ação", um burguês empreendedor, ousado e bem-sucedido. Uma última tentativa de "virilizar" Charles, incentivando-o a conquistar alguma coisa que pudesse despertar o desejo dela – sucesso profissional, prestígio científico e, por que não?, dinheiro. Mas a operação fracassada revela não somente a mediocridade de Charles como médico; revela a mediocridade de suas ambições. Ele se acomoda, se intimida, nunca mais tenta ser o homem que Emma pudesse

---

[26] Ibidem, p. 166. ("*Elle se rapella tous ses instincts de luxe, toutes les privations de son âme, les bassesses du mariage, du ménage, ses rêves tombant dans la boue comme des hirondelles blessées, tout ce qu'elle avait désiré, tout ce qu'elle était refusé, tout ce qu'elle aurait pu avoir! Et pourquoi? pourquoi?*")

admirar. Esse homem, o homem de ação na novela de Flaubert, seria Homais. Mas Homais é parecido demais com Emma para se tornar um de seus amantes.

Rodolphe abandona Emma no auge dos sonhos dela com uma fuga romanesca, a dois, para algum Oriente longínquo. Para se despedir, ele se vale dos mesmos recursos que utilizou para conquistá-la: os clichês românticos que compõem a carta de despedida seriam ridículos, não fossem cínicos. Ao contrário de Emma, prisioneira das ideias feitas, Rodolphe manipula os clichês a seu favor e dá a entender à amante, da qual já se cansou, que sacrifica seu amor para evitar desgraçar a vida dela. "Emma! Esqueça-me! Por que foi preciso conhecê-la?"[27] A carta de Rodolphe tem um efeito quase fatal sobre Emma. Ela desmaia ao recebê-la e cai em grande prostração, durante meses. Charles teme pela vida da esposa, sem entender as causas da doença que, em tantos romances, abate as heroínas abandonadas na forma de uma "febre cerebral" (como, por exemplo, a morte da desventurada presidenta de Tourvel, outra apaixonada romanesca "fora do lugar", em *As relações perigosas*, de Laclos)[28].

O abandono destrói a personagem da amante romântica em torno da qual a feminilidade de Emma se estruturou – a morte de sua "heroína" atinge Emma em pleno ser, quase causando sua morte. É necessário inventar outra personagem, diante de outra plateia, para voltar a viver: ao receber a extrema-unção, ela refaz o circuito místico-erótico de que se alimentou durante toda a adolescência e encontra outro *semblant* que lhe permita continuar a existir. "Quando se ajoelhava diante no genuflexório gótico, dirigia ao Senhor as mesmas palavras de suavidade que murmurava outrora ao amante nas efusões do adultério." Assim Emma se recupera fazendo novamente de Deus seu amante, "outro amor acima de todos os outros amores"[29], no qual se apoiar para seguir sendo uma mulher.

No período de recuperação depois da partida de Rodolphe, Emma segue a Rouen com Charles para espairecer. Lá, o casal vai à ópera e reencontra Léon. A emoção de Emma ao rever aquele que deveria ter sido seu primeiro amante não é a mesma dos encontros de Yonville – ela agora se imagina como uma mulher experiente, que conhece as doçuras e as amarguras do amor. Mesmo assim, a con-

[27] Ibidem, p. 180. ("*Emma! Oubliez-moi! Pourquoi faut-il que je vous aie connue?*")

[28] Ver Choderlos de Laclos, *As relações perigosas* (1779) (trad. Carlos Drummond de Andrade, São Paulo, Globo, 2013).

[29] Gustave Flaubert, *Madame Bovary*, cit., p. 190 e 189. ("*Quand elle se mettait à genoux sur son prie-Dieu gothique, elle adressait au Seigneur les mêmes paroles de suavité qu'elle murmurait jadis à son amant, dans ses épanchements de l'adultère.*")

versa entre os dois é "profunda" e cheia de espírito como antes; encantada, Emma permanece mais um pouco em Rouen a pretexto de rever *Lúcia de Lammermoor*. Agora, Léon também já não é tão inexperiente e não hesita na conquista. A consumação desse segundo adultério se dá dentro de um fiacre de aluguel, em uma cena considerada escandalosa na época em que *Madame Bovary* foi publicado, em capítulos, na *Revue de Paris*. Descrita inteiramente da perspectiva de um narrador localizado do lado de fora, menciona as cortinas se fechando, a voz de Léon mandando o cocheiro tocar sempre em frente, o cansaço do cocheiro e dos cavalos na longa corrida a esmo pelas ruas de Rouen, a mão sem luva que atira pela janela pedacinhos de papel – a carta que Emma pensava entregar a Léon tentando recusar esse segundo *affaire*. Mais tarde, de volta ao hotel, Emma já começa a sentir no coração "aquela covarde docilidade que é, para muitas mulheres, ao mesmo tempo como o castigo e o preço do adultério"[30].

Dessa vez, as posições se invertem: Léon se envaidece diante dos amigos em ter como amante uma mulher experiente, uma mulher casada! É Emma quem introduz o amante nas artes eróticas, enquanto ele se pergunta, surpreso, onde ela teria aprendido aquilo. Emma vai uma vez por semana a Rouen, com o consentimento de Charles, a pretexto de tomar aulas de piano com uma professora inexistente; a mentira é tão fácil que ambos, marido e mulher, chegam a admitir que ela conquista progressos consideráveis ao piano. Enquanto isso, sua fúria "consumista" prossegue de vento em popa, e ela se endivida cada vez mais com Lheureux. As compras que faz para a casa – as únicas de que Charles é informado – são suficientes para que o casal se envolva com hipotecas difíceis de saldar: mais uma razão para que Emma vá a Rouen "consultar Léon", que entende de contabilidade.

A amante experiente e lasciva, mestra nas mil artes do erotismo, liberada para desejar outros prazeres – ela quer sorvetes, cigarros, sedas finas, vestidos, tapetes –, é a quarta personagem assumida por Emma depois da adolescente mística, da esposa virtuosa e da amante apaixonada seduzida pelo experiente Rodolphe.

Léon, de sua parte, está saboreando, pela primeira vez,

> a inexprimível delicadeza das elegâncias femininas [...] admirava a exaltação de sua alma e as rendas de sua saia. Aliás, não era ela *uma mulher da sociedade* e uma mulher casada? Uma verdadeira amante, enfim? [...] [Ela] era a apaixonada de todos os romances, a heroína de todos os dramas, o vago *ela* de todos os volumes de versos.

---

30 Ibidem, p. 217. ("*Cette lâche docilité qui est, pour bien des femmes, comme le châtiment tout à la fois et le rançon de l'adultère.*")

> [...] Não discutia suas ideias; aceitava todos os seus gostos; na verdade ele era mais o amante dela do que ela a dele. [...] Onde aprendera aquela corrupção, quase imaterial à força de profundidade e dissimulação?[31]

Dessa forma, Léon também se tornava bovarista. Também para ele, a grande força dessa aventura amorosa consistia no imaginário compartilhado da subliteratura romanesca; diante da experiência da amante no manejo da linguagem erótica e literária, ele se vê colocado na posição feminina.

Mas a mesma "aptidão a todos os excessos" começa a comprometer o romance entre Emma e Léon. Da parte dele, por um recuo diante dos esforços desesperados da amante para recuperar a intensidade dos antigos encontros; da parte dela, pela percepção de certa banalização do conteúdo estético da experiência. A reação de Emma é redobrar a profusão das cartas, das manifestações secundárias, ornamentais, do romance, "flores e versos, lua e estrelas". "Ela prometia continuamente a si mesma [...] uma felicidade profunda; depois confessava a si mesma não sentir nada de extraordinário."[32]

Ela se torna "brutal" nas cenas de rendição erótica diante de um amante perplexo, que não pergunta nada, mas percebe que o encanto está se desvanecendo. Já sabemos: a contrapartida aos limites da experiência amorosa são os excessos que Emma comete nas compras com Lheureux. Ela se endivida perigosamente e, quando ele percebe que a situação está saindo de controle, exige o pagamento da dívida de 8 mil francos. Emma tenta colocar sua dívida na conta do amor: pede a Léon que consiga o dinheiro, como prova de sua paixão. Como toda mulher de seu tempo, ela se esquece de que um amante não é um marido – Léon lhe faz vagas promessas e, depois, desaparece. Começa aqui a *débâcle* de *Madame Bovary*, comentada com precisão por Harold Bloom: "A pobre Emma, destruída antes pela usura do que pelo amor, é tão vital que suas bobagens não importam"[33].

---

[31] Ibidem, p. 232 e 242. ("*L'inexprimable délicatesse des élegances féminines.* [...] *Il admirait l'exaltation de son âme et les dentelles de sa jupe. D'ailleurs n'était-ce pas* une femme du monde, *et une femme mariée! une vraie maîtresse enfin?* [...] *Elle était l'amoureuse de tous les romans, l'heroïne de touts les drames, le vague* elle *de tous les volumes de vers.* [...] *Il ne discutait pas ses idées; il acceptait tous ses goûts; il devenait sa maîtresse plutôt qu'elle n'était la sienne* [...] *Où donc avait-elle appris cette corruption, presque immatérielle à force d'être profonde et dissimulée?*")

[32] Ibidem, p. 245. ("*Elle se promettait continuellement* [...] *une félicité profonde; puis elle s'avouait ne rien sentir d'extraordinaire.*")

[33] Harold Bloom (org.), *Modern Critical Interpretations: Gustave Flaubert's Madame Bovary* (Nova York, Chelsa House, 1988), p. 1-4. Aqui em tradução livre.

Bloom compara Emma Bovary, na busca desesperada por *experiência* em que confunde fantasias amorosas com ideais de ascensão social, a Dom Quixote, o primeiro herói moderno, que também teria sido "assassinado pela realidade"[34].

A realidade que destrói os sonhos de Emma Bovary não é uma desilusão amorosa, mas a derrocada financeira. Sua "estupidez" é violentamente revelada quando, diante da dívida que Lheureux já passou para as mãos de um agiota, Emma se desespera e tenta inutilmente conseguir dinheiro sem que Charles saiba que todos os móveis da casa em que moram estão empenhados. Depois de tentar seduzir Léon para obter o dinheiro como prova de amor e coragem, ela apela sucessivamente para o próprio Lheureux, para o tabelião Guillaumin, para o agiota e, enfim, para Rodolphe, que quase se comove com a súbita declaração de amor que precede o pedido de dinheiro. Diante de todas as negativas, a solução do arsênico surge sem que o narrador descreva nenhuma reflexão ou hesitação por parte da personagem:

> Então sua situação, como um abismo, apresentou-se novamente. Ela ofegava como se seu peito fosse arrebentar. Depois, num transporte de heroísmo que a tornava quase alegre, desceu correndo a encosta, atravessou o curral, o atalho, a alameda, o mercado e chegou diante da loja do farmacêutico.[35]

A decisão do suicídio não é tomada friamente, mas como uma espécie de renovação de um prazer perdido: o suicídio é a consumação do destino da heroína romântica que ela sempre desejou ser. O suicídio sempre inscreve, *a posteriori*, significados à vida daquele que tomou a decisão extrema de se matar; o arsênico salva Emma, definitivamente, da mediocridade. O encontro entre Emma e seu duplo, o farmacêutico Homais, se dá pela pulsão de morte: o arsênico que ela ingere é roubado da farmácia dele.

Flaubert é cruel na descrição da agonia de Emma, em cuja elaboração, no entanto, se envolveu de tal modo que chegou a reproduzir no próprio corpo os sintomas de envenenamento que escrevia. A passagem mais comentada na cena da morte de Madame Bovary é a da extrema-unção, em que o padre Bournisier percorre as partes do corpo da moribunda com os óleos enumerando seus peca-

---

[34] Ibidem, p. 2.

[35] Gustave Flaubert, *Madame Bovary*, cit., p. 270. ("*Alors sa situation, telle qu'un abîme, se représenta. Elle haletait à se rompre la poitrine. Puis, dans un transport d'héroïsme qui la rendait presque joyeuse, elle descendit la côte en courant, traversa la planche aux vaches, le sentier, l'allée, les halles, et arriva devant la boutique du pharmacien.*")

dos, pecados dos sentidos, dos olhos, da boca, do tato, dos ouvidos – pecados sensuais, todos eles. Antes de Emma exalar o último suspiro, ainda escuta passar pela janela um cego miserável que costumava acompanhar a carruagem em suas viagens a Rouen, pedindo esmolas e cantando:

> *Num belo dia de calor*
> *A mocinha sonha com o amor*
> [...]
> – O Cego! – exclamou ela.
> E Emma se pôs a rir, de um riso atroz, frenético, desesperado, julgando ver o rosto hediondo do miserável que se erguia nas trevas eternas como um terror.
> *Naquele dia, forte ventava,*
> *e a saia curta voava!*
> Uma convulsão abateu-a sobre o colchão. Todos se aproximaram. Ela não mais existia.[36]

A mediocridade volta a se instalar em Yonville logo após a morte de Emma. Enquanto Charles sofre, o cotidiano segue seu ritmo indiferente. Homais, personagem que durante todo o romance se desenvolveu paralelamente à história de Emma – entre os homens que passam por sua vida, é o que menos se relaciona com ela –, segue impassível sua trajetória de pequeno-burguês bem-sucedido. Ele, que também sonhara em "ser um Outro", prisioneiro de clichês e ideias feitas tanto quanto Emma Bovary, conseguiu, no entanto, manipular os códigos da linguagem a seu favor. Escritor de discursos oficiais e artigos "científicos" para os jornais da região, autor de receitas miraculosas, como a da pomada com que tenta curar os olhos do mendigo cego, de projetos avançados, como a prótese fracassada no pé torto de Hippolyte (fracasso atribuído a Charles, não ao próprio Homais), o farmacêutico costumava discutir com qualquer pequeno figurão que chegasse a Yonville com ideias "progressistas" sobre medicina, educação, o futuro da França, religião (enquanto Emma agoniza, por exemplo, mantém com o padre uma acalorada discussão sobre a existência de Deus).

Homais é a caricatura que Flaubert compõe do perfeito pequeno-burguês arrivista, iludido com os ideais de igualdade da Revolução que o autor desprezava,

---

36 Ibidem, p. 280-1. ("'Souvent la chaleur d'un beau jour/ Fait rêver fillette à l'amour.' [...] *"L'Aveugle!' s'écria-t-elle. Et Emma se mit a rire, d'un rire atroce, frénétique, désespéré, croyant voir la face hideuse du misérable, qui se dréssait dans les ténèbres éternelles comme un épouvantement.* 'Il soufla bien fort ce jour-là,/ Et le jupon court s'envola!' *Une convulsion la rabattit sur le matelas. Tous s'approchèrent. Elle n'existait plus.*")

capaz de manipular a seu favor as oportunidades que o mundo lhe oferecia. O sucesso de Homais é um recurso utilizado por Flaubert, como escreve Inge Crosman Winners[37], para nos mostrar que a linguagem não é apenas uma força que nos controla: toda a nossa vida social depende de como nós manipulamos a linguagem.

O último parágrafo do romance é dedicado a ele. Depois da morte de Charles e da miséria em que ficou a pobre Berthe, a obscura filha de Emma amada apenas pelo pai, Flaubert escolhe a figura de Homais para encerrar a narrativa.

> Após a morte de Bovary três médicos se sucederam em Yonville sem poder ter sucesso, de tal forma o sr. Homais os perseguiu logo. Tem agora uma clientela infernal; as autoridades o tratam com deferência e a opinião pública o protege.
> Acaba de receber a Legião de Honra.[38]

O julgamento de *Madame Bovary* e a resistência da moral vitoriana

> "Deus, perdoe-me tudo!", disse, percebendo que era impossível lutar. [...] E a luz da vela, sob a qual ela havia lido um livro repleto de aflições, ilusões, desgraças e maldades, inflamou-se e ficou mais clara do que nunca, iluminou para ela tudo aquilo que, antes, eram trevas, começou a crepitar, empalideceu e extinguiu-se para sempre.
>
> LIEV TOLSTÓI, *Anna Kariênina*

A importância atual do processo movido pelo Ministério Público contra *Madame Bovary* consiste no testemunho que ele nos oferece de como o romance foi lido pela sociedade da época. De fato, o processo atesta o fracasso do projeto dialógico do texto flaubertiano, em que a alternância indiscriminada entre as vozes do narrador e dos personagens deveria possibilitar um distanciamento irônico por parte do leitor. No julgamento a que o texto foi submetido, por ofensas à moral pública e à religião, depois de sua publicação na *Revue de Paris* e antes da edição em livro, nota-se que tanto a acusação quanto a própria defesa tratam autor, nar-

[37] Ver Inge Crosman Winners, "*Madame Bovary* or the Dangers of Misreading", em *Poetics of Readings, Approach to the Novel* (Princeton, Princeton University Press, 1988), p. 57-88.

[38] Gustave Flaubert, *Madame Bovary*, cit., p. 300. ("*Depuis la mort de Bovary, trois médecins se sont succédé à Yonville sans pouvoir y réussir, tant M. Homais les a tout de suite battus en brèche. Il fait une clientèle d'enfer; l'autorité le ménage et l'opinion publique le protège.* [...] *Il vient de recevoir la croix d'honneur.*")

rador e personagens como uma única voz, de modo que não se sabe ao certo se quem deve ser punido é Gustave Flaubert, Emma Bovary ou o estilo da obra, o que levou Dominick la Capra[39] a afirmar que o crime de que *Madame Bovary* foi acusado era basicamente um crime de linguagem.

O fracasso nas intenções de Flaubert fica evidente, por exemplo, na ausência de qualquer reação pública ao personagem que o escritor considera mais imoral: o sr. Homais, que é um caso de bovarismo masculino bem-sucedido; a última ironia de Flaubert. É ele quem tem a última palavra no romance, de acordo com a observação de Inge Crosman Winners. De fato, a última palavra *a respeito* de Homais é um comentário irônico do narrador que expõe o que foi, ao longo de mais da metade do romance, o grande projeto do farmacêutico de Yonville. A intenção final do narrador (neste ponto, concordo com Winners) é revelar Homais e, com isso, o potencial destrutivo da linguagem. Escrevendo continuamente suas "opiniões" para o jornal de Rouen, discursando em cerimônias oficiais de Yonville, Homais acaba por impressionar seus conterrâneos, que tomam sua retórica como evidência de conhecimento científico e passam a consultar Homais mais do que com o dr. Bovary, quando precisam de um médico.

Nas últimas páginas de *Madame Bovary*, escreve Winners, o narrador revela a imoralidade de Homais, não da adúltera Emma. O farmacêutico seria "*the epitome of moral corruption*". "Ao permitir triunfar um charlatão depois de ter repetidamente minado tudo o que ele diz e faz, o narrador conduz a novela a um desfecho irônico que convida o leitor a uma resposta ativa."[40] O que não necessariamente aconteceu, ao menos da primeira vez em que a novela foi publicada. No julgamento de *Madame Bovary*, nenhuma das charlatanices praticadas por Homais nem a denúncia do triunfo de suas falsificações sobre a mediocridade honesta de Charles (uma verdadeira denúncia da dupla moralidade burguesa) são consideradas imorais pela acusação, tal a invisibilidade desse personagem tão adaptado a seu tempo que passou despercebido às primeiras gerações de leitores. O "crime de linguagem" cometido por Flaubert não inclui o modo como conduziu o personagem do sr. Homais.

Na semana de 31 de janeiro a 7 de fevereiro de 1857, a VI Câmara do Tribunal Correcional de Paris assistiu ao processo de acusação do Ministério Público (na figura do advogado Ernest Pinard) contra Gustave Flaubert, seguido da defesa

---

[39] Dominick la Capra, *"Madame Bovary" on Trial* (Nova York, Cornell University Press, 1982).

[40] Ibidem, p. 85-6.

conduzida por Sénard e da decisão do júri de absolver romance e autor mediante a supressão de alguns trechos da obra[41]. Os argumentos da acusação, de que *Madame Bovary* seria uma obra ofensiva à moral, aos costumes e à religião, parecem dirigir-se à *pessoa* de Emma, não ao texto de Flaubert. Pinard acusa a personagem, em primeiro lugar, de não ter tentado seriamente amar o marido; cita o trecho do romance em que a mediocridade doméstica arrastava Emma a fantasias luxuriosas e em que a ternura matrimonial despertava nela desejos adúlteros. Em vez de se arrepender desses sentimentos, "amaldiçoou-se por não ter amado Léon; teve sede de seus lábios"[42]. Pinard também se escandaliza por Emma não perceber a frivolidade do amor de Rodolphe e, em vez de se envergonhar do adultério que fora levada a praticar, sentir-se triunfante, mais bela e mais desejável depois de ter um amante.

A segunda acusação refere-se à passagem em que Emma, seriamente doente depois da partida de Rodolphe, recebe a comunhão e começa a sair da prostração em que se encontra, dirigindo-se a Deus com o mesmo ardor com que outrora se dirigia ao amante. Com que direito, indaga Pinard, uma mulher, mesmo a mais extravagante, a mais romântica, dirige-se a Deus nesses termos? "Voluptuosa um dia, religiosa no dia seguinte, nenhuma mulher, mesmo de outras regiões, *mesmo sob o céu da Espanha ou da Itália*, murmura a Deus as carícias adúlteras que ela dava ao amante."[43]

A terceira acusação refere-se à recaída de Emma no adultério, desta vez com Léon. Pinard refere-se à cena do fiacre, já suprimida da publicação na revista a pedido do editor, Maxime du Camp. Mas acrescenta que, se a *Revue de Paris* excluiu aquela cena, ainda assim deixa o leitor penetrar no quarto onde os amantes se encontram. Ele cita longamente as cenas dos encontros entre Emma e Léon no hotel em Rouen e termina com o trecho em que Flaubert descreve a surpresa do rapaz ante a experiência erótica da amante, que conhecia palavras que o incendiavam e beijos que lhe tocavam a alma. Como havia ela aprendido tais carícias?

Por fim, o promotor apresenta uma última prova da imoralidade de *Madame Bovary*, a primeira que parece não inculpar diretamente a personagem, mas o nar-

---

41 O texto do julgamento de *Madame Bovary* está integralmente reproduzido na edição citada do romance.

42 Gustave Flaubert, *Madame Bovary*, cit., p. 375. ("*Se maudit de n'avoir pas aimé Léon; elle eut soif de ses lèvres.*")

43 Ibidem, p. 311; grifo meu. ("*Voluptueuse un jour, religieuse le lendemain, nulle femme, même dans d'autre régions, même sous le ciel d'Espagne ou d'Italie, ne murmure à Dieu les caresses adultères qu'elle donnait à l'amant.*")

rador – ou, quem sabe, o autor? É a cena da extrema-unção, em que Pinard acusa a sensualidade da passagem em que o padre percorre com os santos óleos o corpo de Emma, enquanto o narrador recorda os pecados cometidos através dos olhos, da boca, do olfato, dos ouvidos, das mãos e dos pés. Não bastasse o fato de que a própria Emma decide suicidar-se, não por arrependimento, mas por cansaço, sua agonia ainda faz o leitor rememorar, em cores "lascivas" como diz o promotor, toda sua vida de pecados.

Pinard conclui sua peça de acusação reivindicando que o autor imponha algum limite a Emma Bovary, que diante da fraqueza dos personagens masculinos do romance domina, reina soberana até depois da morte:

> Eis a conclusão filosófica do livro, deduzida não pelo autor, mas por um homem que reflete e aprofunda as coisas, por um homem que procurou no livro *um personagem que pudesse dominar essa mulher*. Ele não existe. O único personagem que nele domina é a sra. Bovary.[44]

Assim, conclui o promotor, é preciso buscar fora da obra, na sociedade, na moral religiosa, o que faltou à criação de Flaubert: alguém que contenha os ímpetos daquela mulher. Uma última acusação ainda sobra para o estilo da narrativa, já que é necessário, sim, pintar as paixões humanas, mas quando se as colore de tintas tão lascivas, quando não se lhes impõe nenhuma medida, nenhuma regra, a arte deixa de ser arte. "É como uma mulher que tirasse todas as roupas."[45] Portanto, a mulher sem pudor não é apenas Emma Bovary, é a própria arte de Flaubert, o próprio estilo "sem decência" do romance.

Pinard se oferece, então, como esse homem capaz de conter os excessos femininos, tanto de Flaubert quanto de Emma Bovary.

Ao comentar o julgamento de *Madame Bovary*, La Capra nos faz saber que Pinard, anos mais tarde, escreveu e publicou um livro de versos obscenos, demonstrando com isso ter sido mais afetado pelo romance de Flaubert do que o advogado de defesa, Sénard. A defesa de Sénard, no entanto, indica o mesmo tipo de *misreading* que determinou a posição da promotoria. A posição de La Capra sobre o processo todo é que tanto as razões da acusação quanto as

---

[44] Ibidem, p. 318; grifo meu. ("*Voilà la conclusion philosophique du livre, tirée non par l'auter, mais par un homme qui réfléchit et appronfondit les choses, par un homme qui a cherché dans le livre un personnage qui pût dominer cette femme. Il n'y en a pas. Le seul personnage qui y domine, c'est Mme Bovary.*")

[45] Idem. ("*C'est comme une femme qui quitterait tout vêtement.*")

da defesa, que tenta (e consegue) transformar *Madame Bovary* em uma peça de propaganda moral e advertência para as moças românticas de sua época, são bastante obscuras, o que indica que os fatores que efetivamente decidiram o processo não estavam inteiramente conscientes nem mesmo para as partes envolvidas: "As razões explicitamente alegadas para o desconforto [na leitura de *Madame Bovary*] não se ajustam aos efeitos perturbadores, ou mesmo misteriosos, do texto"[46].

O problema, segundo La Capra, é que o romance de Flaubert de fato levantava dúvidas radicais sobre a validade de normas e categorias comuns, tidas como universalmente válidas, no mundo onde vivia seu autor; a ambiguidade do estilo de Flaubert, que analisarei no fim deste capítulo, contribuiu para aumentar a confusão, deixando o leitor, como reclama Pinard, com a sensação de uma omissão por parte do autor diante dos excessos cometidos pela personagem. O tipo de "crime ideológico" cometido pela novela envolve o modo como Flaubert fez uso da linguagem, implicando toda a sociedade burguesa na formação dos desejos e das ilusões que fizeram a desgraça de Emma Bovary, o marido e a pobre filha.

> Um dos efeitos desconcertantes de *Madame Bovary* é perturbar as oposições seguras das quais depende o julgamento, que um bode expiatório tem a função de produzir ou preservar. Nesse sentido, o "referente" pelo qual o bode expiatório foi substituído tornou-se indeterminado, já que incluiu a sociedade que se constituiu legalmente como juiz da moralidade.[47]

A mesma ambiguidade de leitura que enfureceu a promotoria tornou a defesa de *Madame Bovary* extremamente simples. Sénard escolheu, das possibilidades oferecidas pelo texto, a que mais lhe convinha para transformar a história de Emma em uma peça de denúncia do que poderia acontecer a uma mulher educada além de seus meios e seus recursos. O descompasso entre a vida com a qual Emma Rouault tinha sonhado e a vida que Emma Bovary descobre depois de casada é um dado fundamental para o advogado de defesa. Ao publicar *Madame Bovary* em livro, Flaubert dedicou o romance a Sénard, cuja *plaidoirie*, segundo o autor, conferiu à obra uma "autoridade imprevista". A dedicatória soa como mais uma ironia de Flaubert: a autoridade imprevista conferida pela leitura de Sénard

---

[46] Dominick la Capra, *"Madame Bovary" on Trial*, cit., p. 17.

[47] Ibidem, p. 25.

ao romance é a de uma obra moral, pedagógica mesmo, cujo objetivo é alertar seus leitores para o que pode gerar a perdição de uma mulher, se ela receber uma educação acima de seus meios e recursos e, em vez de tentar se adaptar à vida que lhe cabe, se envolver com aspirações estranhas, incentivadas por uma educação "muito elevada para ela"[48].

Uma mulher casada, decepcionada com a vida doméstica – e com o amor, objeto de seus devaneios adolescentes alimentados pela leitura de romances inadequados –, incapaz de se contentar com o que tem porque recebeu uma educação "elevada demais para ela": a ingenuidade – ou a astúcia? – da leitura de Sénard salvou o romance de Flaubert da condenação. Sénard tomou a novela como realista, ao pé da letra, no sentido de retratar fielmente o que acontece na sociedade contemporânea, "pondo em cena três ou quatro personagens da sociedade atual, vivendo nas condições da vida real e apresentando aos olhos do leitor o quadro verdadeiro do que se encontra mais frequentemente no mundo"[49].

A leitura de Sénard, ainda mais conservadora que a de Pinard, reconstrói a novela de Flaubert como "uma simples, clara e distinta confirmação da existência da moralidade", escreve La Capra[50]. Além disso, transforma Emma em personagem exemplar, ensinando com seu fracasso o que não se deve fazer na educação das moças. Por exemplo, instruí-las acima de suas condições de origem. Isso confundiria a mulher, que, mais tarde, ao se casar, não se conformaria com um casamento que não correspondesse a suas aspirações recém-cultivadas, mas às condições de seu nascimento. A obra de Flaubert estaria alertando os(as) leitores(as) para a impossibilidade de ascensão social das mulheres. Esta seria, para Sénard, a "mensagem" moralizante, pedagógica, de *Madame Bovary*: um alerta para que as mulheres se conformem com a vida que lhes cabe, determinada por sua origem familiar e pelo casamento que a ela corresponde.

A ambiguidade do estilo de Flaubert permite que as inquietações de Emma Bovary deem lugar a uma leitura como a de Sénard. O próprio autor preferiu manter diante de sua obra uma posição ambígua. Em carta a Louis Bonnenfant, comenta: "A Bovary prossegue acima das minhas esperanças. Só as mulheres me

---

[48] Gustave Flaubert, *Madame Bovary*, cit., p. 392.

[49] Ibidem, p. 322 e 321. ("*En mettant en scène trois ou quatre personnages de la société actuelle vivant dans les conditions de la vie réelle, et présentant aux yeux du lecteur le tableau vrai de ce qui se rencontre le plus souvent dans le monde.*")

[50] Dominick la Capra, *"Madame Bovary" on Trial*, cit., p. 34.

olham como um homem horrível: acham que sou verdadeiro demais. Eis o fundo da indignação"[51].

Para Flaubert, se as mães não devem permitir que *Madame Bovary* caia nas mãos das filhas, "creio que os maridos não fariam mal em permitir que suas esposas leiam". As intenções educativas de Flaubert, no entanto, se desfazem no parágrafo seguinte da carta, quando ele enfatiza mais uma vez: "Confesso, de resto, que tudo isto me é perfeitamente indiferente. A moral da Arte consiste em sua própria Beleza e, acima de tudo, eu prezo o estilo e, depois, o Verdadeiro"[52]. Se para Flaubert a Arte, a Beleza, o Verdadeiro (assim, em maiúsculas, como ele escreveu) são valores acima da moralidade das sociedades, ainda assim podemos concordar com a opinião de Baudelaire, de que na busca de viver outra vida, uma vida como a dos romances, diferente da mediocridade de Tostes ou de Yonville, a "mulherzinha" Bovary encarna algo do Ideal – o ideal de uma vida em que a aventura e a beleza tenham lugar.

Voltando ao julgamento: de acordo com o argumento da defesa, a leitura de *Madame Bovary* jamais poderia corromper uma jovem para os "prazeres fáceis" do adultério, e sim lhe mostrar seus perigos, *et de la faire frissonner d'horreur* [e fazê-la tremer de horror]. A leitura de Sénard é mais conservadora do que a da promotoria, não apenas porque ele vê no romance uma confirmação da moralidade vigente e um alerta enfático contra as pretensões desviantes. Se Pinard e Sénard representam, como escreve Dominick la Capra, mais dois dos muitos homens de Emma Bovary, o primeiro, a meu ver, tem ao menos a consideração de responsabilizá-la por seus atos, enquanto o segundo, representante de uma posição masculina tradicional, não vai além de considerá-la uma pobre vítima das circunstâncias, despreparada para enfrentar uma situação complexa. Se Pinard pede ao autor que detenha essa mulher inescrupulosa, supõe-se que para ele Emma seria sujeito de seus desejos, agente de seu destino. Para Sénard, a inteligência da mulher não suporta a confusão a que as condições da vida moderna a expõem: entre as aspirações inculcadas por uma educação "acima de suas condições" e as decepções de um casamento que não tem a lhe oferecer mais do que a continuidade de sua vida comum, as Bovary do século XIX continuam a ser entendidas como objetos do que os homens tinham a lhes oferecer ou a lhes demandar.

---

51 Gustave Flaubert, carta a Louis Bonnenfant, dez. 1856, em *Cartas exemplares*, cit., p. 105.

52 Ibidem, p. 164.

Entre a posição de Pinard e a de Sénard, o bovarismo surge como um sintoma, como a busca de uma solução de compromisso para o *ser* da mulher – pois entre os desejos de que é ela sujeito está o desejo do desejo do homem, de que ela é sempre objeto. Mudar a vida, tornar-se autora de sua própria história, passa ainda, para Emma Bovary, por esta forma de *mais-alienação* em que ela depende de conseguir ser amada por um homem que a tome como certo objeto, em certo lugar, a fim de lhe possibilitar a autonomia e o manejo dos códigos que regem a vida social, essenciais para a realização de seus projetos. Projetos nada delirantes, por sinal. Perfeitamente compatíveis com as possibilidades de ascensão social e mobilidade individual recém-inauguradas nas sociedades industriais de cultura burguesa emergentes na Europa oitocentista. Delirante, sim – mas para entender isso foi preciso quase um século de psicanálise –, é a aposta no amor de um homem como meio de encurtar o caminho entre a posição feminina e a posição de sujeito, na mulher. Um século de psicanálise e pelo menos dois séculos da literatura moderna, que produziram deslocamentos subjetivos não somente entre as mulheres. "Mas os próprios homens podem ser feminizados pela literatura, e suas vestimentas protetoras podem ser penetradas por desejos desta. O homem, ao ler literatura, também deveria estar provido de alguma salvaguarda suplementar à sua força e virtude."[53] Sem essa proteção, que Sénard e Pinard souberam utilizar para não se deixar penetrar excessivamente pelo universo imaginário de *Madame Bovary*, todo homem sabe o quanto está ameaçado em incorrer, ele também, em surtos de bovarismo.

O estilo de Flaubert e a elaboração da origem burguesa

> E tudo isso, por quê? Para quem? Para os burgueses! Para divertir este infame burguês!
>
> GUSTAVE FLAUBERT, *Cartas exemplares*

Apesar de seu desprezo pelo projeto arrivista burguês, Gustave Flaubert não poderia ter concordado com a inclusão do termo "bovarismo" na sintomatologia psiquiátrica. Foi a ferrenha adesão a seu desejo quase delirante de "tornar-se um outro" que fez dele, filho de um importante médico de Rouen destinado pelo pai à (odiosa)

[53] Dominick la Capra, *"Madame Bovary" on Trial*, cit., p. 38.

carreira de advogado, um escritor de tempo integral, sem outra renda senão a das terras que herdou depois da morte daquele, sem profissão da qual pudesse se sustentar e sem outra ocupação além da de desenvolver, obsessivamente, um estilo.

Flaubert foi bovarista? A julgar pela análise desenvolvida na exaustiva biografia escrita por Jean-Paul Sartre[54], teria sido, sim, muito mais bem-sucedido que a principal personagem literária que criou. Diante da obstinação do pai, Achille--Cléophas, quanto à carreira do filho, Flaubert não recuou de seu delírio de tornar-se escritor. Escrevo "delírio" propositadamente, para designar essa espécie de certeza do *eu* sobre si mesmo que parece não ter nenhuma correspondência na experiência sensível dos fatos nem se fundar em qualquer projeto consistente que possa transformá-la em realidade. Flaubert não desistiu, mas não sabia lutar: tudo o que conseguia fazer diante da autoridade paterna era opor a ela uma "resistência passiva" que o fazia adoecer frequentemente, mas nunca o suficiente para que ele abandonasse o curso de direito. Entre 1839 e 1842, o jovem Gustave esteve sempre adoentado, sofrendo de males confusos "endereçados ao pai", que no entanto se recusava a levá-lo totalmente a sério, evitando "instalar o filho em sua doença" definitivamente.

Para Sartre, o acontecimento fundamental na vida do futuro escritor foi uma crise sofrida em janeiro de 1844, em uma viagem para Pont Levêque, testemunhada pelo irmão mais velho, Achille, que viajava com ele. O "ataque", nunca suficientemente diagnosticado, fez com que Gustave Flaubert caísse da carruagem que dirigia e ficasse estendido no chão, como morto. Levado para a casa dos pais e diagnosticado por Achille-Cléophas como tendo sofrido uma "congestão cerebral", Gustave iniciou nesse momento, aos 22 anos, uma longa carreira de enfermo, entregue aos cuidados paternos, incapaz de seguir os estudos (incapacidade confirmada por nova crise, pouco tempo depois), submetido a regimes que ele próprio considerava "infernais" até 1846. "Minha vida ativa, apaixonada [...] teve fim aos 22 anos. Naquela época, eu fiz grandes progressos de repente, e outra coisa aconteceu."[55]

A "outra coisa" a que se refere Flaubert foi sua transformação em escritor, que aconteceu logo depois da morte do pai, em janeiro de 1846, seguida meses depois pela da irmã caçula, Caroline, no parto da primeira filha.

---

54 Jean-Paul Sartre, *L'Idiot de la famille*, v. 3 (Paris, Gallimard, 1971) [ed. bras.: *O idiota da família*, v. 3, trad. Ivone Benedetti, São Paulo, L&PM, 2015].

55 Ibidem, p. 1.799.

> Você me consideraria talvez como um homem sem coração se eu lhe dissesse que o estado presente não é o que eu considero o mais penoso de todos. No tempo em que eu não tinha nada de que me queixar, eu me encontrava bem mais queixoso. Vou começar a trabalhar, enfim, enfim! Tenho desejo, tenho a expectativa de cavocar desmesurada e longamente.[56]

A interpretação de Sartre propõe que, até janeiro de 1846, Flaubert teria vivido como um jovem histérico, "idiotizado" diante do pai que valorizava o filho mais velho e considerava o segundo uma nulidade. Incapaz de enfrentar com argumentos a autoridade paterna, Gustave teria produzido "crises nervosas", à maneira do que se denominou, décadas mais tarde, "conversões histéricas"; um recurso passivo, feminino, desprovido de palavras, mas eficiente para promover o tipo de libertação que seu projeto exigia. Foi na inatividade, no isolamento doentio, no estado de quase invalidez, a princípio prescrito pelo pai como tratamento e mais tarde, depois da morte dele, escolhido por Flaubert, que ele conseguiu o tempo ocioso e o desligamento do mundo produtivo, necessários para se dedicar inteiramente a sua obra. Compreende-se, então, a afirmação impiedosa, feita ainda durante o período de luto pelas duas mortes na família: quando eu não tinha do que me queixar, eu era bem mais infeliz.

No entanto, depois de sua libertação, Flaubert correu seriamente o risco de realizar seu antigo desejo de "tornar-se um outro", na forma de um outro eternamente doente, inviabilizando o projeto do escritor. Depois de sua "falsa morte" em 1844, escreve Sartre, "o imaginário se impôs a Flaubert". Inerte, passivo, entregue aos cuidados do irmão, esteve prestes a realizar o velho sonho: "Tornar-se totalmente imaginário. [...] Quer dizer, viver imaginariamente a experiência singular de um grande morto"[57].

Adiante, veremos como, em *Madame Bovary*, o escritor prestou contas de sua própria experiência com a pulsão de morte: por duas vezes, até o desfecho suicida, Emma se entrega a grandes prostrações até que, quase à beira da morte, "alguma coisa" a resgate. No caso de Flaubert, se a morte do pai veio poupá-lo da necessidade de viver como eterno "doente imaginário", o projeto de tornar-se escritor exigiu uma operação a mais, que dessa vez cobrava uma implicação subjetiva diferente da identificação imaginária a um corpo morto.

---

[56] Ibidem, p. 1.796.

[57] Ibidem, p. 1.847.

Para transformar-se em escritor, Flaubert precisava cumprir duas condições: primeiro, garantir conforto e segurança suficientes para não ter que se ocupar das questões materiais de sua sobrevivência. Precisava viver como um burguês já constituído, beneficiário das vantagens obtidas pela posição social do pai e, ao mesmo tempo, dispensado da luta pela conservação do patrimônio (tarefa que ficou a cargo do irmão mais velho). A segunda condição, mais difícil, foi a criação de um estilo que separasse o autor Flaubert do "monstro sonhador e passivo" em que corria o risco de se transformar.

A primeira condição se cumpriu quase naturalmente, sem cobrar de Flaubert nenhum tipo de atividade: depois da morte de Achille-Cléophas, Gustave e a mãe passam a morar na propriedade de Croisset e a viver de rendas. O irmão Achille se encarregou de realizar a vocação burguesa da família, seguindo a carreira do pai. Flaubert estava a ponto de instalar-se na inatividade necessária para "*piocher démésurement et longtemps*" em um solo de palavras; mas uma última providência se fazia necessária. Quando a competência de Achille para substituir o pai no posto de cirurgião-chefe do Hôtel-Dieu foi contestada por uma intriga qualquer, Gustave encarregou-se de falar com as pessoas influentes, fazer as visitas necessárias e garantir para o irmão o cargo, cumprindo, assim, pelo menos um dos desejos do falecido. Também no caso de Flaubert, foi preciso uma boa dose de atividade, como escreveria Freud décadas depois, para realizar uma finalidade passiva.

O desprezo de Flaubert pelo projeto de vida burguês teria se desenvolvido, segundo Sartre, como expressão de recusa à vontade do pai, que por sua vez o desprezava e o condenava com seu desamor, não à morte, mas à mediocridade burguesa do homem médio que "fará carreira, tristemente". "Ora, acontece justamente que esta comutação de pena lhe é mais insuportável que a sanção primitiva: mais vale reencontrar sua antiga condição de monstro sonhador e passivo do que sofrer a nova e tornar-se um ativista forçado."[58]

Transformado em herdeiro, Flaubert anunciou aos amigos sua renúncia ao mundo, à vida, aos prazeres; renunciava às satisfações mundanas à condição de ter satisfeitas suas necessidades básicas, de modo a obter tempo livre para escrever. Procurarei analisar a seguir as incidências dessas duas condições sobre a escrita flaubertiana.

Em um primeiro plano, sua relação com a realidade e sua ambígua inscrição entre os "realistas", a partir da posição igualmente ambígua ocupada por ele na

---

[58] Ibidem, p. 1.819.

sociedade oitocentista: "Grande homem imperfeito, burguês fracassado, proprietário de terras"[59]. Flaubert pretendia a condição de artista absoluto, vivendo de palavras, professando ódio à realidade e ao realismo e detestando, ao mesmo tempo, as falsas idealizações do romantismo pós-revolucionário.

Em outro plano, como forma de defesa contra a pura realização imaginária de desejos, tão acessível a sua sensibilidade, Flaubert desenvolveu como nenhum outro escritor até então o recurso da ironia. Pelo uso da voz irônica, o texto de Flaubert tem o efeito de "criar o real escrito" sem o confundir com a mera imitação do plano imanente do real ordinário, mais próximo do projeto naturalista de traduzir em palavras a experiência sensível. Pela ironia, Flaubert se separa de si mesmo, desdobrando-se entre autor e narrador, para recriar o efeito patético de seus excessos imaginários à custa dos excessos de seus personagens – Emma, Frédéric, Félicité, santo Antônio – sem se confundir com eles e sem dar ao leitor o prazer bovarista de gozar por meio deles.

Mas, se Flaubert não se confunde com seus personagens, nem por isso deixa de se projetar neles. Ao começar a escrever *Madame Bovary*, o autor já havia confessado a Louise Colet:

> Se a Bovary valer qualquer coisa, a esse livro não faltará coração. No entanto, a ironia me parece dominar a vida. De onde vem que, quando eu chorava, eu fosse frequentemente me olhar no espelho para me ver? Essa disposição de planar acima de si mesmo é fonte de toda virtude.[60]

Logo mais veremos como Flaubert emprestou esse traço à personagem: também Emma Bovary costuma olhar suas emoções no espelho. Mas se, para o escritor, o ato de observar-se enquanto se emociona revelava um distanciamento, um "planar acima" da experiência concreta, para Emma representa, ao contrário, uma fruição a mais, uma confirmação (literária) do prazer que ela sente com o que está vivendo. "A ironia nada subtrai ao patético. Pelo contrário, ela o acentua."[61] A ironia, escreveu Sartre, foi o modo pelo qual o escritor Flaubert se defendeu do que sempre foi, para si, "a tentação" do patético, do mau gosto, fruto de uma compulsão de ir até o limite do "efeito de real" que as palavras podem produzir.

---

[59] Idem.

[60] Gustave Flaubert, carta a Louise Colet, 9 out. 1852, em *Cartas exemplares*, cit..

[61] Idem.

Antes de iniciar a análise do estilo de Flaubert em *Madame Bovary*, vou dedicar alguns parágrafos à tarefa de localizar esse escritor no mundo literário oitocentista. Minha intenção é dedicar ao autor o mesmo tratamento que dedico a sua personagem e, no capítulo seguinte, à mulher freudiana em geral. Ou seja, analisar separadamente as duas dimensões indissociáveis do inconsciente: a que se constitui a partir da história de vida e das respostas singulares produzidas pelo sujeito (numa analogia ao conceito freudiano de "escolha de neurose") e a que faz parte do campo social, o campo dos discursos do Outro, no qual o sujeito ocupa uma posição que ele mesmo ignora e a partir da qual produz respostas subjetivas cujo alcance desconhece.

Certa leitura sociológica da obra de Flaubert nos ajuda a recuperar essa segunda dimensão, social, que ultrapassa o sujeito ao mesmo tempo que determina, em parte, seu destino. Para Fredric Jameson, a investigação sobre a vida de Flaubert feita por Sartre toca na relação dos artistas da fase inicial do capitalismo com seu mercado e, também, na crise ideológica da burguesia francesa diante das massas (no caso do artista, traduzidas na forma do "mercado" necessário e odioso) que ela ajudou a emancipar. A burguesia que "inventou" o homem universal no século XVIII para combater a aristocracia se viu diante da necessidade de se defender do proletariado, depois de 1848, "relutante em reconhecê-lo como parte daquela humanidade universal". Teria resolvido o problema, para Jameson, tornando-se vitoriana e reprimindo as forças sensuais da sua natureza (que a identificavam à massa grosseira), transformando seu antigo humanismo em um "positivismo misantrópico"[62].

Quanto aos artistas e aos escritores das gerações seguintes à das Luzes (entre elas, a geração de Flaubert), escreve Jameson, sua vocação romântico-revolucionária teve que ser negada justamente em função do sucesso de seus antecessores em superar o Antigo Regime, criando um público novo, endinheirado e grosseiro, que os escritores considerados sérios desprezavam. Ao mesmo tempo, não havia mais condições para reproduzir a sensibilidade dos românticos aristocráticos da geração de Chateaubriand, cujo gênio e sofrimento expressavam justamente o repúdio ao *new middle-class business world* em expansão. A resposta a essa *sobredeterminação* teria sido, do lado da produção artística, a criação do ideal de *arte pela arte*: um lugar de onde se pudesse escrever, mas que fosse uma espécie de

[62] Frederic Jameson, "Sartre in Search of Flaubert", *New York Times Review of Books*, n. 27, dez. 1981, p. 5 e 16-8. Aqui em tradução livre.

"lugar nenhum", sem compromisso nem com o mau gosto burguês nem com a choradeira decadente da aristocracia romântica. "Um livro sobre nada", como sonhava Flaubert, "sem laços com a realidade exterior, mantido só pela força de seu estilo"[63]. A neurose de Flaubert analisada por Sartre seria, na interpretação de Jameson, uma expressão da "neurose objetiva" da burguesia em geral, e a solução "desrealizante" inventada pelo escritor se transformaria na lógica predominante de nossa atual sociedade de consumo – a lógica das imagens.

Em seu minucioso ensaio sobre o campo das forças sociais que produziu a geração de escritores a que pertence Flaubert, Pierre Bourdieu aborda de um ângulo ligeiramente diferente do de Jameson a relação conflituosa entre os artistas e a burguesia sob o reinado de Napoleão III. Ele se refere ao horror que o burguês inspirava aos artistas, como consequência da emergência de uma nova classe endinheirada que alimentava, de sua parte, um verdadeiro desprezo pela arte e pela cultura; uma multidão de "novos-ricos sem cultura dispostos a fazer triunfar em toda a sociedade os poderes do dinheiro e sua visão do mundo profundamente hostil às coisas intelectuais"[64]. A arte não tem lugar em um mundo regido pela lógica do lucro – drama de Frédéric Moreau, personagem central de *A educação sentimental*, de Flaubert (publicado em 1867), dividido entre o desejo de ascensão social e as pretensões literárias de sua juventude.

Para Bourdieu, a "neurose" de um escritor como Flaubert foi expressão do ressentimento do artista empobrecido diante de um público que ele preferia que não o ignorasse. Lembrando o verbete sarcástico do *Dicionário de ideias feitas*, de Flaubert, sobre os escritores – "Artistas: [...] elogiar seu desinteresse..."[65] –, Pierre Bourdieu se pergunta se o desprezo do escritor pelo "burguês" "não deve alguma coisa ao ressentimento do 'burguês' frustrado, levado a converter seu fracasso em aristocratismo da renúncia eletiva". Mais à frente, diz que o "culto do desinteresse é o princípio de uma prodigiosa inversão, que faz da pobreza riqueza recusada, portanto, riqueza espiritual"[66]. Trata-se, porém, de uma inversão imaginária que, para cumprir a função de consolar o artista de seu isolamento e dignificar seu fracasso de público, depende de uma dupla negação. Primeiro, é preciso que um

---

[63] Gustave Flaubert, carta de 16 nov. 1852, em *Cartas exemplares*.

[64] Pierre Bourdieu, "Três estados do campo", em *As regras da arte* (trad. Maria Lucia Machado, São Paulo, Companhia das Letras, 1996), p. 64.

[65] Gustave Flaubert, *Dicionário das ideias feitas*, cit., p. 10.

[66] Pierre Bourdieu, "Três estados do campo", cit., p. 44.

escritor na posição de Flaubert se esqueça de que sua autonomia diante dos artistas menores, "vendidos" ao gosto do público, depende da condição social – burguesa – de sua família. Segundo, para manter a ilusão de ter feito uma renúncia romântica aos bens materiais em favor da arte, é preciso negar que nem sempre o artista escolheu seu isolamento. Ao contrário, frequentemente foi o público burguês que, "mantendo-o à distância, [permitiu] ao escritor tomar suas distâncias com relação a ele"[67].

Uma carta de Flaubert a George Sand nos mostra que o escritor se dava conta perfeitamente da ambiguidade de sua posição. "Quando não nos dirigimos à multidão, é justo que a multidão não nos pague [...], sustento que uma obra de arte digna desse nome e feita com consciência é inapreciável, não tem valor comercial, não pode ser paga." A conclusão, como sempre, é sarcástica: se o artista não tem rendas, está condenado a morrer de fome. "Acha-se que o escritor, porque não recebe mais pensões dos grandes, é muito mais livre, mais nobre. Toda a sua nobreza social agora consiste em ser o igual de um vendeiro. Que progresso!"[68] Nesse universo em que o artista está no polo "economicamente dominado e simbolicamente dominante", é a posição de herdeiro que confere a Flaubert a liberdade necessária: "A fortuna confere a audácia para a qual sorri a fortuna"[69].

Para Bourdieu, a invenção de uma "estética pura" é inseparável do surgimento deste novo personagem social – o grande artista profissional –, que concilia traços de transgressão e liberdade com outros, de conformismo, isolamento e disciplina de trabalho. Para isso, no entanto, certa abastança burguesa faz-se imprescindível, mas suas evidências devem ser recalcadas em nome da superioridade do artista em relação aos "filisteus" dos quais ele pretende se afastar.

A análise desenvolvida por Erich Auerbach apresenta uma abertura maior que a de Bourdieu para os aspectos psicológicos dessa mesma questão. Depois de examinar as condições do campo literário e da vida social que produziram os escritores da geração de Flaubert (o texto em questão é sobre os irmãos Goncourt), Auerbach conclui que a recusa do mundo burguês e o isolamento no campo estético não garantiram que a literatura e a arte do século XIX tivessem se nutrido em um solo diferente daquele em que se nutria a burguesia. O mundo de Flaubert, para Auerbach, foi mais mesquinho que o de Stendhal ou o de Balzac – estes foram escritores

67 Idem.

68 Citado em ibidem, p. 101.

69 Gustave Flaubert, carta a Ernest Feydeau, 15 maio 1859, citado em idem.

mais interessados nos movimentos sociais que agitavam a França pós-revolucionária. "O puramente literário, mesmo no grau mais elevado da compreensão artística e em meio à maior riqueza das impressões, limita o juízo, empobrece a vida e distorce, por vezes, a visão dos fenômenos."[70] Para ele, o afastamento do burburinho mundano não garante que a mesquinhez da vida prática não penetre nas obras, através de brigas com editores, ódio aos leitores, questões de dinheiro e, muito frequentemente, preocupações com a saúde, que o isolamento só faz agravar.

É interessante observar a semelhança entre a vida do escritor retirado, descrita por Auerbach, e a vida da mulher de família burguesa – sem vínculo profissional ou político com o mundo externo, sem responsabilidade direta pelo próprio sustento, vivendo isolada, entre questões mesquinhas da vida prática. São homens que levam vida de burgueses remediados, moram e comem bem

> e se entregam ao gozo de todos os deleites da sensibilidade mais elevada; como a sua existência nunca se vê ameaçada por grandes estremecimentos e perigos, o que surge é, não obstante todo o gênio e toda a insubornabilidade artística, um quadro de conjunto singularmente mesquinho, o do grão-burguês egocêntrico, preocupado com conforto estético, nervoso, torturado pelos aborrecimentos, maníaco enfim – só que a sua mania chama-se, no seu caso, "literatura".[71]

Será indiferente que sua mania se chame "literatura" ou qualquer outra coisa? Embora considere o quadro descrito por Auerbach muito sugestivo para elaborar uma analogia entre a posição de Flaubert, como escritor, e a posição feminina (que farei ao final deste capítulo), penso que faz toda a diferença que sua mania tenha sido literária. Escrever não garante, mas permite, uma elaboração do vivido para além do plano puramente imaginário. A leitura de *Madame Bovary* nos possibilita pensar que Flaubert fez de sua personagem uma escritora frustrada, tentando superar a insuficiência da posição feminina ao tornar-se autora de sua própria história, como se pudesse fazer de sua vida medíocre um grande romance.

Também para Flaubert, a literatura, mais que uma "mania", foi uma necessidade subjetiva; embora sua obra não tenha nada de confessional, a elaboração de todas as grandes questões de sua vida passou pela criação de um estilo literário. Assim, vemos que o "ódio à realidade" professado por Flaubert e sua recusa a

---

[70] Erich Auerbach, "Germinie Lacerteux", em *Mimesis* (trad. George Bernard Sperber, 5. ed., São Paulo, Perspectiva, 2010), p. 454.

[71] Ibidem, p. 455.

alinhar sua obra entre os romances da escola realista não expressam uma oposição política aos valores do mundo burguês, mas sua dificuldade subjetiva em sustentar a posição que ocupava neste mundo ao mesmo tempo desprezado e cortejado pelo grupo de artistas a que pertencia. Incapaz de idealizar sua situação, Flaubert sentia-se ao mesmo tempo incapaz de identificar-se plenamente a ela. Por isso, quando o sucesso de *Madame Bovary* fez com que a crítica literária da época o situasse entre os grandes escritores realistas, ele recusou terminantemente tal alinhamento. "Acreditam-me apaixonado pelo real, enquanto o execro; foi por ódio ao realismo que empreendi este romance. Mas não detesto menos a falsa idealidade, pela qual somos logrados nos tempos que correm."[72] Para Pierre Bourdieu, essa carta a Emma R. de Genettes, datada do mesmo ano de publicação de *Madame Bovary*, é exemplar da posição paradoxal, "quase impossível", em que Flaubert tentava se manter e cuja única resolução possível se dá através do desenvolvimento de um estilo único – a contribuição do sujeito (do inconsciente) na constituição do campo, eu diria, utilizando os termos de Bourdieu. Ou a saída da alienação *absoluta* do sujeito em relação ao discurso do Outro, o furo produzido no muro da linguagem pelo uso criativo da língua, se pensarmos nos termos da psicanálise contemporânea; a criação de uma narrativa singular, em um estilo próprio, capaz de inserir definitivamente novos significantes na estrutura, de modo a modificar a rigidez de sua trama.

A leitura das análises de Sartre e Bourdieu sugere que a operação "irrealizante" efetuada por Flaubert, tanto na produção de uma forma de gozo privada que ele chamava *devenir imaginaire* [devir imaginário] quanto na produção de um estilo que mantém a narrativa tangenciando o tempo todo a realidade sob um ponto de vista que nunca se pretende objetivo ("realista"), mas revelador do imaginário dos personagens em cena, foi o resultado possível da elaboração dessa posição paradoxal do escritor em relação a seu campo. De fato, não se pode pretender que a escrita de Flaubert "represente" o mundo social e material de sua época. Seus heróis não estão, como os de Balzac, "profundamente mergulhados na temporalidade", no dizer de Auerbach, e seu texto não expressa a fé em uma realidade externa ao sujeito, da qual o escritor pudesse se apropriar pelas palavras. No entanto, as duas principais características do realismo moderno estão presentes nos textos de Flaubert, tanto quanto nos de Stendhal e Balzac. São elas: a ênfase nos pequenos acontecimentos cotidianos dos pequenos personagens da

[72] Gustave Flaubert, carta a Emma R. de Genettes, out. 1856, em *Cartas exemplares*, cit.

baixa burguesia e a inscrição desses acontecimentos em uma época muito bem determinada, contemporânea à dos autores – no caso, o período da monarquia burguesa.

O que diferencia Flaubert dos outros dois romancistas é a falta de uma posição "neutra" diante dos fatos narrados; o narrador flaubertiano não ocupa a posição de consciência externa à de seus personagens, que "saiba" mais do que eles sabem a respeito de si mesmos e coloque o leitor em posição semelhante. O texto flaubertiano parece sempre "colado na inconsciência dos personagens, que não são capazes de analisar ou descrever o que lhes ocorre"[73]. Auerbach cita o exemplo de uma cena, em *Madame Bovary*, em que o tédio conjugal de Emma se revela na descrição de uma refeição corriqueira do casal. "De forma imediata, o leitor vê apenas o estado interno de Emma; de forma mediata, a partir desse estado, à luz da sua sensação, vê o processo da refeição à mesa."[74] A diferença entre esse procedimento e o de uma descrição realista é que Flaubert exprime o que Emma sente, mas escreve de modo a fazer o leitor perceber que ela, a própria personagem, não seria capaz de expressar o que se passa com ela. Assim como o narrador também não; à diferença do narrador onisciente de Balzac, por exemplo, o narrador de *Madame Bovary* não explica o que se passa. A técnica é diversa, "não é de modo algum a existência de Flaubert, mas a de Emma, a única que se apresenta nestas palavras", acrescenta Auerbach. Emma não percebe a situação, mas é vista (pelo leitor, *através* da narrativa) como alguém que vê e, por meio disso, pela mera designação nítida de sua existência subjetiva, a partir de suas próprias sensações, é julgada. "A única coisa que aparece com contornos nítidos é a repugnância que sente [por Charles] e que deve ocultar [...]. Isso, evidentemente, não é uma reprodução naturalista da consciência."[75]

Flaubert não pretende representar o real, mas o engano. Seus personagens são prisioneiros do imaginário, no qual a obra toda fica mergulhada – não há uma terceira consciência que diga ao leitor o que "é" verdadeiramente a realidade fora desse engano. Mas – aqui volto a Bourdieu –, para Flaubert, a realidade é efeito de uma ilusão compartilhada. A diferença entre um personagem como Homais, cuja relação com a vida passa por uma forma de ilusão que chamaríamos de realista, e os outros, os personagens verdadeiramente dramáticos (como Emma e Frédéric

---

[73] Erich Auerbach, "Na mansão de La Molle", em *Mimesis*, cit, p. 435.

[74] Ibidem, p. 433.

[75] Ibidem, p. 434.

Moreau), é que, para estes, a iniciação foi feita por meio da "verdadeira forma de ilusão", a ilusão romanesca. Os personagens centrais de *Madame Bovary* e de *A educação sentimental* não conseguem levar a realidade a sério porque levam a sério a ficção, tal como o próprio Gustave Flaubert – o que lhes confere, eu diria, certa grandeza, uma pequena dimensão de transcendência percebida por Baudelaire quando escreveu que Emma possui, a sua maneira, "o Ideal".

Entre a ilusão compartilhada a que chamamos realidade e a ilusão romanesca que alimenta os anseios de seus heróis, o mundo nos romances de Flaubert é feito de mera estupidez, e o escritor não se coloca em posição de revelar o *que* é a realidade, embora seu estilo desmascare continuamente a estupidez. É a linguagem em Flaubert que, tendo "uma escala para a estupidez", contém em si mesma alguma forma de saber a respeito da realidade. Auerbach cita Flaubert: "*Le style étant à lui seul une manière absolue de voir les choses*" [O estilo sendo, por si só, uma maneira absoluta de ver as coisas][76].

Por fim, é necessário lembrar que, se Flaubert foi um mestre da ironia, a ironia não nasceu com o estilo de Flaubert. Na opinião de Arthur Nestrovski, a ironia perpassa toda a literatura moderna como expressão da "consciência de um intervalo entre o homem e o mundo natural" que a linguagem é incapaz de preencher[77]. O escritor moderno, pensa Nestrovski – ao questionar se isso não é o que se passa com todas as formas literárias de todos os tempos –, sabe, desde Kant, que a palavra não é representação exata da coisa. Essa ingenuidade tornou-se impossível na modernidade, e não existe escritor que não problematize a relação da linguagem com o real enquanto escreve. Nesse sentido, o realismo de Balzac não é radicalmente outro em relação ao "realismo" problematizado de Flaubert – a diferença entre eles seria antes de grau que de qualidade.

> Numa cultura tão tardia, o peso da linguagem parece cada vez maior e todo poeta luta, sem esperança, para conciliar sua experiência da linguagem com a existência empírica. A luta é sem esperança porque, no mesmo movimento que cancela a mistificação do homem comum, o escritor só alcança, afinal, o conhecimento desta mistificação. A linguagem irônica divide o sujeito em um homem autêntico e um outro homem, cuja existência só se dá pela linguagem – uma linguagem, porém, que reconhece sua própria inautenticidade. Como nos ensina Paul de Man em seu grande ensaio "A retórica

[76] Ibidem, p. 439.

[77] Arthur Nestrovski, "Ironia e modernidade", em *Ironias da modernidade: ensaios sobre literatura e música* (São Paulo, Ática, 1996), p. 7.

> da temporalidade", o autor moderno, ao reconhecer a tentação do mundo natural, não pode nunca retornar a ele, mas, pelo contrário, permanece consciente para sempre da diferença que separa a ficção do mundo.[78]

Podemos pensar, a partir da proposta de Nestrovski, que a ironia enquanto expressão da consciência de um hiato entre a palavra e a coisa é a própria condição do sujeito de que trata a psicanálise; desde sempre desgarrado de um "estado de natureza" impossível, dividido por sua condição fundamental de ser de linguagem, o sujeito da psicanálise vive mergulhado na ironia – ainda que não queira "saber" disso.

Nesse contexto, que é o de toda a literatura moderna, a singularidade de Flaubert consiste na obsessão em criar um estilo que dê conta perfeitamente da tensão entre a palavra e o real, que ele percebe ser apenas um desdobramento da tensão entre o imaginário e o literário, entre o "homem autêntico", integrado ao mundo natural e para sempre perdido, a que se refere Nestrovski, e o ser de linguagem em que todos fomos forçados a nos transformar. O homem Flaubert, dividido como todo sujeito moderno, teria sido um "nostálgico do ser"[79]. A julgar pela interpretação de Sartre, podemos pensar que a literatura representou para Flaubert uma solução de compromisso entre a tentação do imaginário, do patético, e a necessidade de se resgatar dessa fusão delirante com o mundo sensível por meio da palavra. Como todo escritor/poeta moderno, Flaubert escreveu na esperança de romper com a ironia[80]. Ou, no dizer de Sartre, "para fixar, por certo uso das palavras, aquilo que, por definição, lhes escapa"[81].

Os personagens dos romances de Flaubert são imbecis na medida em que vivem inteiramente mergulhados em uma ilusão que o próprio Flaubert admitiu compartilhar e contra a qual têm que lutar a cada página escrita: eles acreditam que as palavras podem comunicar o vivido. Acreditam na ficção e, com isso, fazem da própria vida uma ficção barata.

É com amargura que Flaubert descobre que "o estilo transmite o indizível pela irrealização da linguagem"[82]. Com amargura, cria personagens que são imbecis

---

78 Ibidem, p. 11.

79 A expressão é de Joel Dör para caracterizar o neurótico obssessivo. Ver, do autor, *Estruturas clínicas e psicanálise* (Campinas, Taurus, 1992).

80 Cf. Arthur Nestrovski, "Ironia e modernidade", cit.

81 Jean-Paul Sartre, *L'Idiot de la famille*, cit., p. 1.980.

82 Ibidem, p. 1.987.

porque ignoram o que ele sabe, mas gostaria de esquecer. Se Flaubert é um nostálgico do ser, sua Emma Bovary passa a vida mergulhada na ilusão de ser. É incapaz de manipular a linguagem a seu favor porque acredita nela, assim como acredita que os romances que leu falam da "vida como ela é" ou, ao menos, como deveria vir a ser.

A alienação de Emma não é estranha a Flaubert, e a violência de sua derrocada nos faz pensar quanto esforço custou ao escritor, desde o primeiro romance, dar sua própria inocência por definitivamente perdida.

Madame Bovary: o estilo de Flaubert e a elaboração da posição feminina

> Quanto ao amor, foi o grande tema de reflexão de toda minha vida. O que não dediquei à arte pura, ao ofício em si, ia para esse lado; e o coração que eu estudava era o meu.
>
> GUSTAVE FLAUBERT, *Cartas exemplares*

Finalmente, vamos nos debruçar um pouco sobre o texto de *Madame Bovary* para estudar como se constrói o estilo de Flaubert e qual é a relação do estilo com a posição subjetiva do autor, uma posição que tomo a liberdade de chamar de feminina. A seguir, tentarei explicar o que quero dizer com isso.

O modo como Emma Rouault, futura Emma Bovary, é introduzida ao leitor diz muito sobre como vai ser conduzido o romance – cuja particularidade, nas palavras de Inge Crosman Winners, é mobilizar no leitor não à clássica pergunta "o que vai acontecer em seguida"?, mas sim "por que as coisas estão sendo contadas dessa maneira?"[83]. É uma pergunta sobre o estilo, portanto, não sobre os "fatos" narrados, que conduz a atenção do leitor. Para Winners, Flaubert escreve com a intenção de destruir o *effet de réel* [efeito de real], introduzindo o leitor em um processo de leitura multidirecional, no qual justapõe narrativa e descrição, mas deixa as conclusões para o leitor. De fato, os personagens de *Madame Bovary* nunca refletem sobre o que lhes acontece – o leitor é induzido a fazê-lo. Ao nos apresentar Emma como uma leitora feroz de tudo o que lhe cai nas mãos, uma sonhadora em estado de contínuo devaneio, cortejada por Charles, cuja platitude já nos foi introduzida desde o primeiro capítulo, Flaubert possibilita ao leitor antecipar o que vai ser o casamento

[83] Inge Crosman Winners, *Poetics of Reading*, cit., p. 133. Aqui em tradução livre.

dos dois: "O leitor não pode evitar perceber a situação irônica e antecipar consequências irônicas, quando pessoas tão diferentes e incompatíveis quanto Charles e Emma se unem"[84].

O termo "*misreadings*", cujos perigos nos aponta Inge Crosman Winners, pode ser (mal) traduzido por "má leitura", não no sentido do conteúdo condenável do que se lê, mas da forma equivocada com que o sujeito toma o que lê: "*to misread = read incorrectly*; *misinterpret*", de acordo com o *Penguin English Dictionary*. De fato, Emma, como a maioria das mulheres de seu tempo, extremamente limitada em sua experiência de vida, era uma típica "*misreader*" que tomava os romances que lia como guias para o que deveria esperar da vida. O foco narrativo dos primeiros capítulos de *Madame Bovary* centra-se nos tipos de leitura que Emma faz; o narrador não se limita a descrever o que ela lê, mas *como* lê. Os hábitos de leitura de Emma são atacados pelo narrador, ao tratar como paródia o tipo de novelas de sua predileção: *amours*, *amants*, *amantes*. Logo ao nos apresentar Emma, o narrador informa o leitor sobre as limitações da *éducation sentimentale* de sua heroína. As leituras de Emma não suprem apenas sua necessidade sensual de prazeres – também conduzem a personagem a ilusões perigosas. O leitor é levado pelo autor a se distanciar das ilusões de Emma pelo recurso do uso de duas vozes alternadas, a do narrador e a da personagem; mas a ênfase do narrador no modo como Emma lia seus romances funciona como uma advertência ou um modelo negativo para o leitor. "Nós não somos autorizados a nos deixar levar pelo afeto: não há transportes imaginários satisfatórios nem *excitations passionelles* para o leitor de *Madame Bovary*."[85]

O que não impediu, acrescento eu, que *Madame Bovary* tenha sido lido, ao longo dos 150 anos de existência, de maneiras muito diferentes do que pretendia Flaubert: reproduzido em versões reduzidas, vendido em bancas de jornais de todos os países do Ocidente e consumido por mocinhas sonhadoras como mais uma triste história de amor... Mocinhas que, como Emma, talvez não tenham sido capazes de fazer uma leitura "distanciada" do romance de Flaubert pela falta absoluta de outro referencial simbólico. Como vimos pela própria técnica narrativa empregada por Gustave Flaubert, a leitura distanciada é sempre resultado do confronto entre *duas leituras incompatíveis*. Assim como Emma, as leitoras românticas de *Madame Bovary* só dispunham do referencial produzido pelas

[84] Ibidem, p. 60.

[85] Ibidem, p. 78.

próprias "novelas para moças", uma invenção do século XIX que, como as telenovelas da nossa época, ainda provê a "educação sentimental" das massas até hoje.

O recurso das duas vozes alternadas, que promove o distanciamento do leitor em relação a Emma Bovary, se combina, no estilo do autor, com uma *discriminação* entre as vozes da fantasia de Emma e as descrições supostamente realistas do autor, o que produz no leitor a impressão de que, subjetivamente, Emma estava sempre mergulhada numa espécie de estado onírico. As viagens imaginárias de Emma não nos são nem mais nem menos imaginárias que sua vida real em Yonville, escreve Gérard Genette[86], comentando que a capacidade de perder-se em devaneios que Flaubert atribui a sua "mulherzinha" (como ele se refere a Emma em muitas cartas) seria uma característica da subjetividade do próprio Flaubert – o "monstro sonhador e passivo", no dizer de Jean-Paul Sartre. A capacidade perceptiva/alucinatória de Flaubert equivale, para Genette, a traços de recordações perdidas, à maneira proustiana. Ele cita um trecho da correspondência de Flaubert em que o autor descreve sua própria sensibilidade (a mesma que ele empresta a Emma Bovary): "Para quem olha as coisas com um pouco de atenção, nós reencontramos muito mais do que encontramos. Mil noções que conservamos embrionárias, se avolumam e se precisam, como uma recordação renovada"[87].

Genette acrescenta que talvez essas experiências recordadas/revividas não se situem num passado vivido, mas na "surda reserva de experiências vagas, que constitui o passado onírico". Nesse sentido, poderíamos pensar a escrita flaubertiana como uma escrita produzida a partir de um gozo que só a fantasia é capaz de proporcionar. No entanto, a leitura dos inúmeros trechos das cartas em que Flaubert dá notícias de seu trabalho nos faz entender que sua escrita é resultado da permanente tensão produzida na confluência entre os devaneios de um imaginário tremendamente excitado ("feminino", nos termos do ideário oitocentista) e o esforço literário, "masculino", de dominá-lo pelo rigor do estilo.

É por conta do trabalho com o estilo que o texto de Flaubert produz no leitor não o prazer de uma fantasia compartilhada, mas a experiência de distanciamento diante do estado onírico em que estão mergulhados, não o autor e o narrador, mas os personagens.

Proust escreveu a respeito do estilo flaubertiano:

---

[86] Gérard Genette, "Les Silences de Flaubert", em *Figures (Essais)* (Paris, Seuil, 1966), p. 223-43 [ed. bras.: *Figuras*, trad. Ivone F. Mantoanelli, São Paulo, Perspectiva, 1972].

[87] Ibidem, p. 233. Aqui em tradução livre.

> O que até Flaubert era ação torna-se impressão. As coisas têm tanto da vida quanto os homens [...]. O subjetivismo de Flaubert exprime-se por um novo emprego dos tempos dos verbos, das preposições, dos advérbios, os dois últimos não tendo quase nunca em sua frase senão um valor rítmico. Um estado que se prolonga é indicado pelo imperfeito.[88]

O ensaio de Proust é sobre *A educação sentimental*, considerado por ele o perfeito acabamento da revolução iniciada em *Madame Bovary*. "Este imperfeito eterno (que me seja permitido qualificar de eterno um passado indefinido, [...] eterno designa, e com razão, não um amor, mas um lenço ou um guarda-chuva)." A função dos objetos tratados com "tanta da vida como os homens" é justamente provocar uma ruptura em relação ao subjetivismo em que estão mergulhados os personagens[89].

Os objetos estruturam o campo do bovarismo, escreve Claude Duehet. Por meio deles, Emma busca transcender seu cotidiano banal; cortinas para a sala!, lenços de seda!, uma poltrona! Os objetos são uma língua, e o romancista fala deles – mas, antes do romancista, a sociedade fala por meio do objeto. Para Duchet, Flaubert é o primeiro escritor que leva esse estatuto social do objeto a sério. Com Flaubert, mais claramente do que com Balzac, o romance ingressa na era industrial, enquanto os produtos dessa era adentram o romance. Os objetos dão materialidade também ao desejo de Emma Bovary, conferindo-lhe a ilusão de "ser uma outra"[90]. No mínimo, eles lhe fornecem elementos para compor o *semblant* da outra em que ela quer se transformar.

Como entender esse subjetivismo que se expressa não na descrição minuciosa de estados de alma, mas num modo de passar pelas coisas, e cujo produto final é considerado o exemplo mais bem-acabado da literatura realista? O estilo de Flaubert parece tão refratário à interiorização quanto a imagem cinematográfica, escreve Gérard Genette. "A escritura flaubertiana joga através da tela da representação verbal, sobre todos os modos sensíveis [...] da presença material."[91]

O pretérito imperfeito, que prolonga o estado das coisas e os devaneios de Emma sobre as coisas, é um recurso – tão irônico quanto contemplar as próprias

---

88 Marcel Proust, "A propósito do 'estilo' de Flaubert" (1920), em *Nas trilhas da crítica* (trad. Plínio Augusto Coelho, São Paulo, Edusp, 1994), p. 69.

89 Ibidem, p. 71 e 69.

90 Claude Duchet, "Roman et objets: l'exemple de *Madame Bovary*", em Gérard Genette e Tzvetan Todorov (orgs.), *Travail de Flaubert* (Paris, Seuil, 1983), p. 14. Aqui em tradução livre.

91 Gérard Genette, "Les Silences de Flaubert", cit., p. 229. Aqui em tradução livre.

emoções no espelho – cujo efeito é tornar indistintas a ordem da fantasia e a da realidade. "Intoxicação flaubertiana" é como Proust denomina os efeitos sobre o leitor desse modo de percepção – e, consequentemente, desse estilo – que faz com que Emma, em seu *spleen*, no exíguo espaço de seu quarto de província, passe da gôndola imaginária em que ela viajaria por Veneza à lâmpada de cabeceira, da visão de Yonville através da janela à fantasia de Orientes sensuais e cheios de mistério: "Porque em certo sentido, a gôndola, a rede, o quarto, a lâmpada, o copo, Emma Bovary, não passam, da mesma maneira e no mesmo grau, de palavras impressas sobre o papel"[92].

O efeito é um senso de irrealidade que parte da perspectiva de Emma diante de sua vida e contagia o leitor com a melancolia dos desejos impossíveis. "É esse tipo de tristeza", escreve Proust, "nascida de uma ruptura com os hábitos e da irrealidade do cenário, que dá o tom de Flaubert [...]. Esse imperfeito serve para relacionar não somente as palavras, mas toda a vida das pessoas"[93].

Emma precisa ver-se no espelho para confirmar o que sente – quando chora, quando ama, quando está arrebatada – e, nesse caso, "confirmar" significa representar-se em outra cena, romanesca, ficcional, que o espelho recorta do restante de sua vida. É o que ela faz quando diz a si mesma – "tenho um amante!" – diante de sua imagem refletida, depois de entregar-se a Rodolphe pela primeira vez. Leda Tenório da Motta explica a operação de desrealização levada a cabo por Flaubert por meio de sua adesão ao imaginário; "há pessoas que nunca se apaixonariam se não tivessem ouvido falar de amor", escreveu Flaubert em sua correspondência, numa opinião bem à maneira de Stendhal. A realidade literária parece, para ele, mais real que a outra, a sólida realidade dos acontecimentos e das coisas. Leda Tenório da Motta observa uma espécie de "irrealismo cético" na postura de Flaubert, cujo melhor exemplo é a decepção dos personagens Bouvard e Pécuchet quando chegam ao campo com o qual haviam sonhado durante tanto tempo: o campo que encontram não é bem o que deveria ser. O "verdadeiro" campo é o que eles imaginaram por meio de suas leituras[94].

Nos encontros dos personagens com o real, produz-se um vazio, uma ausência de sentido. "Por onde quer que se tome o Flaubert realista, [...] há a percepção

---

[92] Idem.

[93] Marcel Proust, "A propósito do 'estilo' de Flaubert", cit., p. 71.

[94] Leda Tenório da Motta, "Flaubert", em *Lições de literatura francesa* (Rio de Janeiro, Imago, 1997), p. 99.

fáustica do abismo."[95] Emma contempla a paisagem ao redor de Yonville através da janela, esperando "alguma coisa" acontecer. "Alguma coisa" parecida com o que leu nos romances – pois, do contrário, nada acontece. Vazio. Diante desse vazio, que corresponde à experiência do próprio Flaubert, Emma tenta um acertamento compulsivo da realidade. Leda Tenório chama atenção para o caráter de pesquisador incansável de Flaubert, que culmina com a autoironia de sua última obra, *Bouvard e Pécuchet*.

Ironia, em termos. Para escrevê-la, Flaubert relata em suas cartas ter "consumido" mais de 1.500 livros sobre os mais diversos assuntos: medicina, astronomia, ciências naturais, geografia... com uma "faina de bastidor digna da escola realista que arrebata o século"[96]. O que pretendia Flaubert? Esgotar o real pela escrita? "Fazer o real escrito", ele diria, tentar aproximar-se dele "como os míopes [...] que veem até o poro das coisas"[97], o que produz, necessariamente, um efeito de distorção. Ao mesmo tempo a obsessão de ver, estudar, chegar perto, viajar até os lugares onde pretendia situar seus personagens – o Oriente, o norte da África, a Itália – revela a falta de confiança de Flaubert no real. Só a linguagem tem o poder de criar realidade, é isso que seu método de trabalho parece dizer. Só a literatura, a ficção, *faz o real existir*.

A vida de Emma, suspensa entre a dureza do real e a imaterialidade de suas fantasias, é o fio condutor desse romance que não poderia deixar de ser realista pela crueldade de seus pressupostos. "A Bovary, em certa medida, na medida burguesa, tanto quanto pude, para que fosse mais geral e humana, será, sob esse aspecto, a suma de minha ciência psicológica e só terá um valor original deste ângulo", escreveu Flaubert a Louise Colet. "Se meu livro for bom, ele despertará docemente muita ferida feminina", prossegue em carta do mesmo ano. "Mais de uma sorrirá ao se reconhecer."[98] Mas esse sorriso de reconhecimento não deveria revelar, na relação entre as leitoras e a obra, nada parecido com o incentivo ao devaneio que as leituras de Emma produziam nela. Ao contrário, quando o romance já estava sendo publicado na *Revue de Paris*, Flaubert escreveu a Louis Bonnenfant:

> A Bovary prossegue acima de minhas esperanças. Somente as mulheres me olham como um homem horrível: acham que sou verdadeiro demais. [...] Creio ter posto na pintura

[95] Ibidem, p. 96.

[96] Ibidem, p. 87.

[97] Gustave Flaubert, carta a Louise Colet, 16 jan. 1852, citado em ibidem, p. 88.

[98] Gustave Flaubert, carta a Louise Colet, jun. e set. 1852, em *Cartas exemplares*, cit.

dos costumes burgueses e na exposição de um caráter de mulher naturalmente corrompido tanta literatura e conveniência quanto era possível, dado o tema, bem entendido.[99]

"Tanta literatura e conveniência" são os recursos utilizados por Gustave Flaubert para separar-se de sua Bovary, com tanta consciência do que faz que mesmo essa separação entre autor, narrador e personagem tem um efeito irônico. Se por um lado ele escreveu que "Bovary [...] é um grande e inaudito esforço de que só eu posso ter consciência: tema, personagem, efeito etc., tudo isso está fora de mim"[100], por outro confessou à amante que escrevia para "circular em toda criação de que se fala". Foi assim que ele descreveu, na mesma carta, a experiência do que hoje chamaríamos "identificação projetiva" no ato de criação da cena em que Rodolphe se declara a Emma, durante um longo passeio a cavalo:

> Hoje, por exemplo, homem e mulher, tudo junto, um e outro amante ao mesmo tempo, eu passeei a cavalo, numa floresta, por uma tarde de outono, sob folhas amarelas, e eu era os cavalos, as folhas, o vento, as palavras que eles diziam e o sol vermelho que fazia entrecerrar as pálpebras afogueadas de amor.[101]

O efeito realista da escrita flaubertiana resulta talvez da contínua consciência do autor de que esse estado de fusão com a natureza, ou com a fantasia de uma natureza encantada, é ridículo por ser romanesco e vulgar. Para compensar sua intensa adesão ao ambiente que criou para os amantes ou para recalcar sua identificação aos arrebatamentos femininos de sua personagem, Flaubert faz da declaração de amor de Rodolphe um conjunto tão perfeito de clichês que nenhum leitor minimamente habituado à literatura levaria a sério. "Sua pessoa está em minha alma como uma madona sobre um pedestal, num lugar elevado, sólida e imaculada"[102], diz o conquistador canastrão, por cuja fala Flaubert assinala seu distanciamento, sua consciência do ridículo da cena criada. A ironia pode ser interpretada como o modo de Flaubert tomar distância da própria feminilidade. A tentação do patético, do sentimental, o sentimento oceânico de identificação com as coisas e as paisagens, a tendência à *rêverie* – tudo isso Flaubert põe em ação em seu romance e, *simultaneamente*, recusa e afasta pelo uso da voz irônica.

---

99 Idem, carta a Louis Bonnenfant, dez. 1856, em *Cartas exemplares*, cit.

100 Ibidem, 27 jul. 1852, em *Cartas exemplares*, cit.

101 Idem, carta a Louise Colet, dez. 1853, em *Cartas exemplares*, cit.

102 Gustave Flaubert, *Madame Bovary*, cit., p. 147. ("*Vous êtes dans mon âme comme une madone sur un piédestal, à une place haute, solide et immaculée.*")

Nesse sentido, Emma é melhor que Gustave Flaubert, por não ter consciência nenhuma disso – na opinião de Harold Bloom[103], Flaubert assassina sua personagem por "autopunição" e também "por inveja" dessa criatura capaz de dar vazão "a um modo muito diverso de fantasia do que o do narrador, ou do próprio Flaubert", já que "a despeito de sua histeria" (*sic.* Bloom), Emma possui "toda a grandeza de sua vitalidade". Nesse breve texto, Bloom aponta para o recurso estilístico que separa Gustave Flaubert, sempre ameaçado de identificação com sua personagem, da própria Emma Bovary, de modo a conseguir o efeito realista por meio do subjetivismo de sua escrita: este consiste na posição do narrador. O narrador não leva a sério os sonhos de Emma (como Rodolphe não consegue levar a sério seu amor). "O narrador", escreve Bloom, "não tem muito menos afeto por Emma Bovary [...]; no entanto, o assassino é Flaubert, e não ele." O narrador é distante, indiferente, usa o mesmo passado imperfeito para todos os momentos importantes do romance (o que produz um efeito claramente desdramatizante), passa indistintamente dos fatos para as fantasias e delas de volta aos fatos sem se preocupar em assinalar as passagens, já que não leva a sério nem as fantasias nem os fatos da vida de Emma Bovary. Mas a crueldade e o "assassinato" a que se refere Bloom são de responsabilidade do próprio Flaubert, apaixonadamente envolvido com sua "mulherzinha".

A "vingança" de Flaubert consiste na frustração e no amesquinhamento de todos os sonhos de Emma, até aqueles que ela consegue realizar – ou melhor, principalmente aqueles.

> Essa transcendência frustrada, esta evasão do sentido na agitação indefinida das coisas, é a escritura de Flaubert naquilo que ela tem de mais específico, e é talvez o que deve ter sido tão duramente conquistado sobre a facilidade verborrágica de suas primeiras obras.[104]

O "assassinato", nesse caso, não consiste apenas no desfecho trágico do romance, mas na destruição de toda a pretensão de Emma Bovary, de todas as suas tentativas desesperadas, enérgicas, ousadas, de "ser uma outra".

Podemos ler tais tentativas, entretanto, como uma enorme necessidade de mudança de posição subjetiva da personagem, de modo a viabilizar a realização

---

[103] Harold Bloom, "O assassinato de Madame Bovary", trad. Arthur Nestrovski, *Folha de S.Paulo*, "Mais!", 9 abr. 1995.

[104] Gérard Genette, "Les Silences de Flaubert", cit., p. 242.

de desejos incompatíveis com o que teria sido, na época em que Flaubert escreveu *Madame Bovary*, uma posição feminina. É verdade que primeiro Emma precisa constituir essa posição, o que ela tenta fazer por meio das três "personagens" que representa antes de ser abandonada por Rodolphe: a adolescente mística, a esposa devota e a amante arrebatada. É somente quando Rodolphe a abandona e ela se vê quase ameaçada de morte que uma espécie de mudança *na posição feminina* se esboça. Se até esse ponto do romance a posição de Emma como puro objeto de discurso ou desejo de outros lhe cabia bem, quando descobre que pode possuir os objetos que lhe vende Lheureux, ela começa a dar sinais de que seu gozo extravasa a posição passiva. A seguir, na cena da conversão (religiosa, não histérica – mas nesse caso as coisas se confundem), Emma toma a cruz e *faz de Cristo seu amante*, como um dia Rodolphe fez dela sua amante. A saída do masoquismo da amante abandonada que se entrega a uma prostração mortífera só é possível porque ela assume, perante Deus – para grande escândalo dos acusadores de *Madame Bovary* –, uma posição ativa.

Mas é com Léon, seu segundo amante, que Emma experimenta verdadeiramente uma saída da passividade característica da posição feminina. A mudança de posições – agora Emma assume a posição masculina que um dia foi de Rodolphe – não ocorre só na relação erótica. Para a ensaísta Naomi Schor, há uma evolução, durante toda a história amorosa de Emma, que se dá no plano de suas fantasias literárias: ela, que começa a vida como leitora passiva de romances, sonhadora como as outras mocinhas no convento, evolui, ao se tornar amante de Rodolphe, para a escritora ativa de cartas e heroína dos romances que lia. Agora, com Léon, ela passa de heroína para si mesma a heroína para os outros e faz do amante um personagem, criação que ela manipula, e do *affaire*, sua obra de ficção em cartas e versos. "O que falta a Emma não é um amante, mas um receptor – um pretexto para a fama literária!"[105]

Como a Aimée de Lacan, o sonho secreto de Emma Bovary é ser uma escritora – mas a censura resultante de seu sexo a impede de levar o projeto publicamente. O que Emma invejava nos homens não era sua liberdade de amar ou viajar, pensa Naomi Sehor, mas de escrever. "Ela não tinha necessidade de palavras nem de uma caneta, mas de um falo."[106]

---

[105] Naomi Schor, "Writing, Speech and Difference in *Madame Bovary*", em Harold Bloom (org.), *Modern Critical Interpretations*, cit., p. 71. Aqui em tradução livre.

[106] Ibidem, p. 72.

Para isso, Emma se vale dos amantes; ao se tornar amante de Rodolphe, ela se transforma na autora de um romance epistolar. Como amante de Léon, ela o "re-cria" em versos delirantes. "O prazer que Emma experimenta ao reescrever Léon, ao dar a si mesma um amante três vezes hiperbólico, é intensamente erótico."[107] A paixão literária de Emma poderia realizar-se caso algum amante suportasse (à maneira do analista na transferência, como pensa Phillipe Sollers)[108] os excessos de que ela precisava para criar o clima propício a sua inspiração. Mas se ela consegue, com Léon, inverter a passividade da posição feminina e constituir uma espécie de posição autoral, ainda que mergulhada no lugar-comum, como pode ter sido tomada pelo vazio que a levou, algumas páginas depois, ao suicídio?

Nesse ponto, penso que é possível estabelecer um paralelo entre Emma Bovary e uma histérica em função de sua completa dependência em relação ao outro – no caso, um homem; mais ainda, o homem da relação amorosa. Toda a sua produção é dirigida aos amantes – Rodolphe, depois Léon. A eles cabe (mais uma vez como o que a histérica demanda ao analista) confirmar quem ela é. Emma inverte a passividade, mas não se liberta da demanda dirigida aos homens: se ela é capaz de manejar o falo, não é capaz de reconhecer que o faz. Mas a exuberância do "estilo" de Emma Bovary – a mesma que seu criador trabalhou tão arduamente para conter – assustava todos os homens que a amaram, com exceção talvez do marido, que nem sequer a percebeu. Ao ser abandonada por eles, atingida em pleno *ser*, Emma depara com um vazio que também não consegue preencher no registro do *ter*: os objetos que havia adquirido em seu delírio de "tornar-se outra" deixaram dívidas que ela é incapaz de saldar, ficando à beira de tudo perder.

Os excessos de Emma são idênticos aos excessos que seu autor relata em várias cartas e que tenta sublimar na disciplina do estilo. Comentando *Madame Bovary*, Baudelaire escreve que, para criar Emma, Flaubert despojou-se de seu sexo e fez-se mulher, transmutação que resultou na criação de "uma maravilha", pois, apesar de todo o cuidado e a distância tomados, não evitou "infundir seu sangue viril nas veias de sua criatura, e a sra. Bovary, para o que há nela de mais enérgico e mais ambicioso, e também de mais sonhador, a sra. Bovary permaneceu um homem"[109].

---

[107] Ibidem, p. 73.

[108] Citado em Philippe Willemart, "O bovarismo e o realismo em xeque?", *Revista da USP*, n. 23, set.-nov. 1994.

[109] Charles Baudelaire, "Madame Bovary por Gustave Flaubert", em Gustave Flaubert, *Madame Bovary* (trad. Mario Laranjeira, São Paulo, Penguin Companhia, 2011), p. 13.

Mas não um homem acabado, ou uma mulher sem encantos: "Como Palas armada, saída do cérebro de Zeus". Baudelaire nos faz ver que a maravilha criada por Flaubert, "esse andrógino bizarro manteve todas as seduções de uma alma viril em um encantador corpo feminino"[110].

Baudelaire concede grandeza a Emma, apesar de todos os seus fracassos: ela possui "o Ideal!". Ela, a mulher adúltera, a vítima desonrada, possui todas as graças do herói e todas as qualidades viris. A primeira delas é a imaginação: "Faculdade suprema e tirânica, substituindo o coração [...], de onde o raciocínio é normalmente excluído". A seguir, a energia para a ação e a rapidez de decisão, "fusão mística do raciocínio e da paixão"; e, então, "gosto imoderado pela sedução [...], dandismo, amor exclusivo pela dominação". Desde o convento, lembra Baudelaire, "as boas freiras perceberam na menina uma aptidão espantosa para a vida, para aproveitar a vida, conjecturar sobre suas alegrias – eis o homem de ação!". A fusão de qualidades viris e femininas faz dela uma mulher "muito sublime para sua espécie, em seu pequeno meio e diante de seu pequeno horizonte". Por fim, o poeta reconhece em Emma Bovary traços de histeria; referindo-se aos delírios místicos da adolescência, explica que ela substituiu o Deus verdadeiro pelo Deus de sua fantasia, um Deus "do futuro e do acaso, um Deus de ilustração, com esporas e bigodes – eis o poeta histérico"[111].

A vocação criativa e poética de Emma aproxima sua forma de histeria não de suas manifestações femininas (que Baudelaire associa a sintomas físicos: faltas de ar, palpitações etc.), mas do modo como ela "se traduz nos homens nervosos", ou seja, nas manifestações de impotência, aliadas à aptidão para os excessos. Como não pensar que essas "manifestações de histeria masculina", de acordo com a nosografia pré-freudiana, eram intimamente conhecidas de Gustave Flaubert? Victor Brombert[112] considera que escrever sobre Emma Bovary foi para Flaubert uma espécie de terapia necessária para curá-lo de um "romantismo descabelado" – o mesmo que produziu a primeira versão de *A tentação de santo Antônio*, rejeitada por Louis Bouilhet e Maxime du Camp.

A tentativa autoral (fracassada) de Emma busca uma última solução no suicídio. Como se viu, a decisão mais dramática da vida da personagem foi tomada

[110] Ibidem, p. 13.

[111] Ibidem, p. 14-5.

[112] Victor Brombert, "The Tragedy of Dreams", em Harold Bloom, *Modern Critical Interpretations*, cit., p. 5-26.

sem passar por reflexão ou conflito, em um rompante "heroico" tão fantasioso quanto seus impulsos amorosos. Brombert, que assim como Harold Bloom compara Emma a Quixote, comenta que, em *Madame Bovary* como em Cervantes, a literatura é um dos determinantes mais fortes. A ironia, tanto em Flaubert como em Cervantes, diante do destino de seus personagens sonhadores, está na vitória da vida corriqueira sobre a tragédia: depois de tudo, a vida simplesmente continua, medíocre e indiferente. Vitória que se torna ainda mais evidente no caso de Emma Bovary por sua condição de mulher, presa ao ambiente doméstico e à mediocridade do cotidiano. O estado de confusão mental que precede a decisão do suicídio, em que "a luxúria de Emma, seu anseio por dinheiro e suas aspirações sentimentais, tudo se confunde em uma única, vaga e apreensiva sensação de sofrimento"[113], consiste, segundo Brombert, em um sintoma crônico do bovarismo. Seu desejo de morte seria o único possível, depois que ela gastou todo o resto, consumindo-se toda nas aventuras de sua imaginação.

A opinião de Naomi Schor sobre o suicídio de Emma Bovary vai na mesma direção da análise desenvolvida por Victor Brombert, mas a autora lhe acrescenta sentido literário; para Schor, o suicídio de Emma ainda é uma tentativa de produzir um significante que a represente, depois do fracasso das outras etapas de seu "aprendizado de virilização". Sua morte, uma "morte exemplar", à semelhança da morte da presidenta de Tourvel, de Laclos, e da de Anna Kariênina, de Tolstói, é a conclusão inevitável do aprendizado da "artista heroína"[114]. O suicídio é a única atuação eficiente por parte de Emma, depois de fracassar diante de todas as outras tentativas de reverter seu destino.

O que faz de Bovary uma versão feminina do Cavaleiro da Triste Figura, de Cervantes, é que, para ambos, a vida se apresenta como paródia dos romances que leram. Não é indiferente, entretanto, que o delírio romanesco daquele que foi considerado personagem do primeiro grande romance moderno ressurja, no século XIX, em uma personagem feminina. Entre Quixote e Bovary, a produção literária no Ocidente sofreu uma significativa mudança de eixo. A saga do valente cavaleiro errante, que em *Dom Quixote* já se revelava anacrônica, perdeu de vez o lugar na sociedade industrializada. A literatura burguesa teve que mudar do eixo das narrativas de grandes conquistas, das epopeias de aventuras e lutas em que os homens eram protagonistas, para as aventuras amorosas, domésticas, ou mesmo

[113] Ibidem, p. 24.

[114] Naomi Schor, "Writing, Speech and Difference in *Madame Bovary*", cit., p. 75.

psicológicas, protagonizadas por mulheres ou, quando muito (como em Proust), por homens de condição feminina. Não me refiro aqui à orientação sexual dos escritores, mas à domesticidade, ao isolamento e à delicadeza de sentimentos daquele que é ao mesmo tempo o poeta e o "herói" do romance burguês.

Neste aspecto, vale a pena compararmos a trajetória de Emma Bovary com a de Frédéric Moreau, protagonista de *A educação sentimental*, cuja primeira edição data de 1870, mas cujo projeto fora iniciado por Flaubert em 1843, ou seja, antes de começar a escrever *Madame Bovary*. Em muitos sentidos, Frédéric se parece com Emma; eu diria que é um personagem tão *bovarista* quanto ela. Desde as primeiras páginas de *A educação sentimental*, Flaubert nos apresenta seu personagem como um jovem sonhador, cujos projetos de vida parecem inspirados em leituras de romances, dramas medievais e memórias de grandes homens, compartilhadas desde os tempos de escola com seu grande amigo Deslauriers: "As imagens que essas leituras suscitavam no seu espírito obcecavam-no de tal maneira que sentia a necessidade de as reproduzir. Ambicionava um dia vir a ser o Walter Scott da França"[115].

Bovarista, sim – mas, à diferença de Emma, Frédéric não sonha viver como um herói de romance, e sim tornar-se escritor, uma possibilidade mais ao alcance de um homem do século XIX do que de uma mulher. O projeto não tem consistência, como veremos ao longo do romance. Apaixonado pela sra. Arnoux, Frédéric tem "um desses arrepios da alma em que nos sentimos transportados a um mundo superior"[116] e imagina-se dotado de uma faculdade extraordinária, mas cujo objeto propriamente ele desconhecia. Ele se pergunta seriamente se seria um grande pintor ou um grande poeta – decide-se, então, pela pintura, que o aproximaria do casal Arnoux (o marido é *marchand*) e sente-se em êxtase: havia finalmente encontrado sua vocação! Nesse momento, escreve Flaubert, mantendo os mesmos recursos de ironia que analisamos em *Madame Bovary* (o emprego contínuo do imperfeito, a passagem sem sinalização de descrições objetivas para estados subjetivos do personagem etc.), a finalidade da existência de Frédéric lhe parece clara, e seu futuro, infalível. Evidentemente, o leitor é levado a não compartilhar do otimismo do personagem. Mais uma vez, em *A educação sentimental*, Flaubert dedica um longo romance ao tema da impossibilidade da vida do espírito em uma sociedade obcecada pelo dinheiro e pela ascensão social.

---

[115] Gustave Flaubert, *A educação sentimental* (trad. Adolfo Casais Monteiro, São Paulo, Nova Alexandria, 2009), p. 31.

[116] Ibidem, p. 65.

Mais tarde, Frédéric vai se imaginar um talentoso arquiteto, a construir nada menos que um esplendoroso palácio. Um pouco adiante, lemos que o banqueiro Dambreuse tenta repetidas vezes convencê-lo a participar do negócio de compra e venda de ações, e Frédéric, sem perder a respeitabilidade que lhe é conferida *a priori* por sua posição social e pelas aparências que sabe manejar razoavelmente, não comparece a nenhuma das reuniões a que é convocado. O leitor é informado da futilidade das razões dessas ausências: encontros amorosos, esquecimentos, idas ao alfaiate etc.

As convulsões de 1848 em Paris levam seus amigos, alguns seriamente engajados na política, a sugerir que Frédéric faça uso de sua boa formação escolar e candidate-se a uma vaga na Assembleia dos Deputados, projeto com o qual ele se entusiasma, mas não a ponto de mobilizar suas ações: "Passaram-lhe diante dos olhos as grandes figuras da Convenção. Pareceu-lhe que uma aurora magnífica ia surgir [...]; além disso, seduzia-o o traje que, segundo se dizia, seria usado pelos deputados"[117].

É interessante notar que, assim como Emma pensava mudar sua vida por meio dos objetos que adquiria, Frédéric pretendia "ser um outro" à custa das roupas que vestia. A certa altura, esse herói à deriva rememora uma *soirée* passada na mansão dos Dambreuse entre outros convidados ilustres; seu grande interesse se concentra na lembrança dos detalhes de sua própria toalete. Durante a noitada, escreve Flaubert, Frédéric havia se observado nos espelhos do salão diversas vezes, e agora pensava, com prazer, que "desde o corte da casaca até o laço dos escarpins, nada deixava a desejar"[118].

No que depende de características de personalidade, o protagonista do segundo mais importante romance de Flaubert é tão feminino e bovarista quanto Emma. Seus projetos de vida são completamente fantasiosos, ele vive do imaginário e goza assim. Quando Frédéric pensa em realizar algo, o que aflige o leitor de *A educação sentimental* é sua completa passividade diante dos fatos: estamos diante de um personagem à deriva, levado pelos amigos e pelos amores a uma vida banal da qual ele não toma o comando nem em defesa de interesses imediatos. Assim, até mesmo um casamento de conveniência na província, que o faria dono de uma fortuna bem maior do que a de sua mãe, ele permite escapar; o filho que vem a ter, à revelia, com a prostituta Rosanette, Frédéric deixa morrer, distraído por outros amores.

---

[117] Ibidem, p. 294-5.

[118] Ibidem, p. 168.

Predomínio da fantasia sobre a realidade, passividade, falta de ousadia e de capacidade empreendedora, leviandade, investimento no amor como objeto privilegiado da existência e como arremedo de uma vida do espírito, propensão à identificação com o objeto amado (Frédéric atravessa o romance tentando ser tão chique e mundano quanto sua adorada sra. Arnoux), todos esses traços compõem um personagem feminino segundo os padrões do século XIX, como vimos no capítulo 1, e bem de acordo com a fenomenologia freudiana que analisarei no capítulo 3. O que faz com que Frédéric Moreau tenha um destino tão diferente do destino de Emma Bovary (enquanto esta tem um fim trágico, Frédéric chega ao fim do romance com um gracejo sobre a inocência perdida de sua juventude) não é o predomínio de algum traço identificatório nitidamente masculino, mas seu modo de inscrição no simbólico. A diferença entre Emma e Frédéric consiste na posição que cada um deles ocupa no discurso do Outro. O fato de Frédéric ter nascido homem faz a grande diferença. A miragem da "identidade masculina", sustentada pelo significante fálico, é que lhe garante um lugar no *laço social* e algumas convicções imaginárias a respeito do *ser*, muito diferentes de Emma Bovary.

Assim, nas passagens de *A educação sentimental* em que Frédéric aparece em conflito ou em crise, a questão que o mobiliza se resume ao *que fazer agora*. Apesar de sua trajetória completamente errática e da polivalência nas identificações do personagem, Frédéric nunca se vê perdido a ponto de ter que se indagar "quem sou eu?". A pergunta também não está explicitada no texto de *Madame Bovary*. Mas o desfecho trágico do romance indica que, ao perder a sustentação que lhe conferem o desejo de seus amantes e/ou a posse dos objetos através dos quais tenta conquistar alguma consistência subjetiva, Emma encontra no suicídio o último recurso para dizer quem ela é; fracassada como heroína de uma grande aventura amorosa, esposa devotada e burguesa em ascensão, Emma se inscreve ainda na ordem simbólica como suicida apaixonada, arrependida, exemplar.

Enumero a seguir as condições que diferenciam radicalmente o destino de Emma e o de Frédéric, apesar da coincidência de traços femininos dos dois personagens apontada nos parágrafos anteriores. Essas condições são dadas pelos diferentes modos de inscrição da "mulher" e do "homem" na cultura oitocentista[119].

Em primeiro lugar, enquanto a vida de Emma é sempre submetida à tutela de alguém (o pai e, a seguir, o marido), Frédéric dispõe por lei de seus bens, o que lhe permite uma livre circulação pela sociedade francesa a despeito de toda

[119] Ver o capítulo 1 deste livro.

a sua alienação e a sua irresponsabilidade. A liberdade de viajar e "conhecer mundos", que Emma tanto invejava nos homens, é garantida a Frédéric sem que ele jamais tivesse tido que lutar por ela (e sem que ele lhe dê grande valor). Em segundo lugar, a condição de homem solteiro não lhe retira nada dessa liberdade (ao contrário, lhe acrescenta) nem da respeitabilidade social, condicionada a seu patrimônio, não a seu estado civil. O casamento não é condição para que Frédéric seja reconhecido como sujeito, emancipado da condição infantil. Além disso, a diversidade de suas aventuras eróticas – nas quais, diga-se de passagem, Frédéric é bem menos imaginativo do que Emma Bovary – também não compromete sua reputação.

Enfim, o que é mais importante: embora não seja um burguês arrivista como Homais, Frédéric conhece a lógica que rege o campo simbólico tão bem quanto o farmacêutico de *Madame Bovary* e, mesmo que não se interesse em realizar nenhum empreendimento a partir dessa vantagem, sabe manejar o discurso de maneira a se colocar sempre onde mais lhe convém.

Essas condições garantem a Frédéric uma posição de sujeito, diferente do que chamo de posição feminina, que seria a de objeto do discurso – e isso, repito mais uma vez, apesar da proliferação de traços femininos que compõem esse personagem. Embora Frédéric frequentemente se deixe usar em função de seus interesses amorosos – empresta grandes quantias de dinheiro a fundo perdido ao sr. Arnoux, sustenta Rosanette, quase se compromete com a viúva sra. Dambreuse etc. –, não se pode dizer que se aliene inteiramente como objeto do outro, como acontece com Emma Bovary.

As ressonâncias subjetivas dessa posição no simbólico são suficientes, a meu ver, para determinar dois personagens fundamentalmente diferentes, a despeito de todas as semelhanças no plano das identificações imaginárias. Masculinidade e feminilidade, em Emma e Frédéric, se misturam e se combinam formando mosaicos bastante impuros. A diferença fundamental entre eles é dada pelas inscrições simbólicas, que também se alteram quando outros dados da cultura se deslocam – o que pretendo colocar em discussão no último capítulo.

Se a trajetória de Emma Bovary na tentativa de "ser uma outra" a conduz desastradamente ao lugar de mulher decaída, a de Frédéric Moreau, tão fantasiosa e confusa quanto a de sua colega literária, termina não na decadência, mas na frustração. Nas últimas páginas do romance, Frédéric conversa com Deslauriers, companheiro dos grandes projetos não realizados de sua juventude. Frédéric, depois de esgotar dois terços de sua pequena fortuna, *vivait en petit bourgeois.*

Deslauriers havia se casado com a filha do sr. Roque, a mesma de quem Frédéric fora noivo por algum tempo pensando em aumentar o patrimônio da mãe. Os dois amigos, reconciliados depois de vários desentendimentos, recordam o episódio em que foram visitar *la turque*, nos idos de 1837: intimidados, os jovens teriam fugido dos aposentos exóticos da prostituta, diante dos risos das outras mulheres e dos cavalheiros frequentadores do *rendez-vous*. Eles se recordam com carinho de sua antiga timidez diante das mulheres: "'Afinal foi o que tivemos de melhor!', disse Frédéric. 'Sim, quem sabe? Foi o que tivemos de melhor', diz Deslauriers"[120]. Assim termina a história de Frédéric Moreau. Não com uma explosão, mas com um suspiro.

As novas configurações que redesenharam o mapa das relações sociais na Europa depois de 1789 não deslocaram apenas as mulheres de suas antigas posições. Se a relação entre as mulheres e a feminilidade teve que ser "recosturada" à força de uma enorme produção discursiva que insistia em reafirmar com argumentos científicos, filosóficos e morais o vínculo entre a mulher e a natureza, é porque a relação entre os homens e a masculinidade também foi abalada pelo modo de vida burguês. Nisso, o discurso de Rousseau é explícito: a feminilidade é um conjunto de atributos que a mulher precisa oferecer ao homem para sustentar, *nele*, a virilidade. Doçura, passividade, pudor sexual, certa inocência, uma disposição a servir e uma boa dose de espírito maternal são características que a educação precisa *desenvolver* nas mulheres, a fim de que elas se transformem em parceiras que não ameacem a masculinidade dos homens, tornando-se capazes de, ao mesmo tempo, domesticar e incentivar a sexualidade masculina.

Se a masculinidade precisa ser sustentada pelo trabalho ativo de produção da passividade feminina, é porque as mudanças no modo de vida da nova classe emergente abalavam as posições em que os homens estavam instalados. Clifford Siskin, ao comentar a feminização do escritor no período do romantismo inglês, faz lembrar que desde o fim do século XVIII a cisão entre as esferas pública e privada criou, no ambiente doméstico, um espaço de poder para as mulheres a que o homem, soberano na esfera pública, ficava submetido.

> Na medida em que o espaço se fechava fisicamente e conceitualmente através da cultura, produzindo a propriedade privada, a sociedade era reorganizada em partes que faziam tal mudança fazer sentido. A reescrita da diferença sexual, em outras palavras,

[120] Gustave Flaubert, *A educação sentimental*, cit., p. 413.

naturalizou o advento da cultura de classe média. Mulheres "sensíveis" daquela classe aceitavam seu isolamento dentro da casa como o preço de sua dominação sobre o lar.[121]

Se esse tipo de negociação propunha para a mulher a vantagem de dominar a esfera familiar, por outro lado fazia dela uma escrava dos limites de seu próprio reinado. A preocupação de Siskin, no entanto, não é só com as mulheres – ele está escrevendo sobre o efeito da dominação feminina em relação aos homens, que na sociedade burguesa passam a viver grande parte do tempo neste território chamado lar, onde as mulheres reinam por meio da produção de confortos, cuidados, proteção, carinho. Embora nos séculos XVIII e XIX o poeta continue visto como um homem que escreve para outros homens, essas funções eram simultaneamente consideradas femininas. Siskin refere-se à feminização da figura do escritor, principalmente no caso das formas "menores" (folhetins e novelas), dominadas desde o século anterior por mulheres escritoras ou por homens que escreviam como mulheres. Ao mesmo tempo que a novela crescia como uma forma feminina, a feminilidade era domesticada por ela. O resultado foi a criação, pela escrita, de novas formas de "comportamento natural"[122], nas novelas domésticas de escritoras como Jane Austen e George Eliot. Para Siskin, a criação de valores domésticos não afetou apenas as mulheres – afetou os homens também. Valores como emotividade, sensibilidade, delicadeza de espírito tornavam os homens (Siskin refere-se aos poetas românticos) muito femininos.

Adiante, Siskin argumenta que para as mulheres existe uma possibilidade de desenvolvimento para fora da domesticidade: a mulher com independência econômica está livre para se desenvolver "como um homem". Talvez essa seja a razão pela qual personagens femininas tomaram o lugar dos personagens masculinos como protagonistas do grande romance oitocentista: existem, em seu horizonte, uma crise e uma perspectiva de desenvolvimento. A literatura romântica, para Siskin, centra-se na narrativa das "interrupções patológicas" do desenvolvimento dos sujeitos. A questão que o autor coloca em seguida – neste contexto, como se dá o desenvolvimento para os homens? – é igualmente relevante, mas não pretendo desenvolvê-la aqui.

A feminização dos homens é produzida, portanto, pela própria tentativa de isolamento de um território para as mulheres, no qual os homens também

---

[121] Clifford Siskin, "Great Sex and Great Decades", em *The History of Romantic Discourse* (Nova York, Oxford University Press, 1988), p. 171. Aqui em tradução livre.

[122] Ibidem, p. 172.

acabam por se encerrar. Michele Perrot escreve que entre os séculos XVIII e XIX proliferaram discursos sobre o poder das mulheres, revelando o medo dos homens diante dele. "O sentimento angustiante da alteridade feminina [...] foi reforçado no século XIX pela própria vontade da divisão acentuada de papéis, tarefas, espaços, pela rejeição da mistura que acabou numa segregação sexual mais intensa."[123] Tanto o discurso erudito quanto o popular daquele período apoiam-se na distinção entre os atributos daqueles que dominam a esfera pública (razão, inteligência, habilidade) e os daquelas a quem "a sombra da casa pertence" – coração, natureza, sensibilidade. Com esses atributos envolventes, a mulher domestica o homem que, no modo de vida burguês, também passa grande parte do tempo recolhido ao isolamento e ao aconchego do lar. Em um de seus poemas em prosa, Baudelaire faz um comentário sarcástico sobre o estilo de vida burguês em Paris, dizendo que toda aventura que restou ao homem contemporâneo consiste em fumar cigarros e cometer adultério[124]. E comprar coisas bonitas, diriam as mulheres.

Emma Bovary, nesse sentido, apesar de provinciana, pode ser considerada uma típica representante de sua época. Foi adúltera, sonhou confusamente com uma espécie de ascensão social que a colocasse em posição semelhante à das heroínas dos romances que lia, endividou-se comprando coisas bonitas, fumou cigarros, dançou nas ruas de Rouen fantasiada de homem.

Como mulher de seu tempo, Emma continuou sendo objeto de um discurso que ela não dominava e fracassou na tentativa de tornar-se autora de seu próprio destino. Emma foi objeto de todos os homens a sua volta, desde Charles, Léon e Rodolphe até Flaubert, Pinard e Sénard, advogados de acusação e defesa no julgamento do romance. Cada um desses homens, personagens ou leitores, fez dela o que quis, enquanto Emma ingenuamente tentava usá-los para seus objetivos.

---

[123] Michele Perrot, "Poder dos homens, potência das mulheres", *Vozes*, Rio de Janeiro, Vozes, v. 89, n. 1, 1995, p. 6.

[124] A recusa a participar do sistema de pequenas vantagens e pequenos confortos da vida moderna fez de Baudelaire, no dizer de Walter Benjamin, um "herói da modernidade". O Baudelaire de Walter Benjamin é um personagem viril, ao contrário do burguês domesticado do ensaio de Siskin. A marginalidade, o dandismo ("último brilho do heroico em tempos de decadência") e a *flânerie* eram recursos utilizados pelo poeta para recortar, no espaço urbano, um percurso e uma *temporalidade* na contramão do fluxo moderno. A modernidade, "tragédia cujo papel de herói não está disponível", é acolhida como um choque pelo poeta, cuja tarefa hercúlea é dar forma a esse tempo informe. Ver Walter Benjamin, "Sobre alguns temas em Baudelaire", em *Obras escolhidas*, v. 3: *Charles Baudelaire, um lírico no auge do capitalismo* (trad. J. C. M. Barbosa e H. A. Baptista, São Paulo, Brasiliense, 1989), p. 103-50.

Ironicamente, só na morte – máxima representação da passividade, do masoquismo primário – Emma conseguiu alguma maestria sobre seu destino. Somente ao decidir sobre sua própria morte, ela escapou à posição de objeto dos homens em geral. Seu suicídio transgrediu as ordens de Homais, as leis da Igreja, o desejo de Charles, as decisões de Lheureux e do agiota, mas não deixou de revelar a alienação da personagem em relação a um discurso que ela pensava dominar – o da literatura romanesca, no qual a morte trágica de heroínas infelizes funcionava como garantia contra a mediocridade do cotidiano. O suicídio de Emma, do qual ela se arrepende *in extremis* quando percebe que foi para valer (então ela imaginava que seria só mais uma encenação?), não garantiu a vitória da tragédia contra a banalidade da existência nem significou sucesso em seu "aprendizado de virilização". Foi apenas mais uma tentativa desastrada da personagem de Flaubert de fazer-se sujeito. A última. Dessas que servem de argumento aos analistas, quando se trata de tentar estabelecer uma afinidade estrutural entre as mulheres e a morte.

3.
Freud, a feminilidade e as mulheres

> Olha, eu tenho uma resistência a falar sobre estes assuntos de sexo, penetração, pênis, porque eu já fico achando que você vai me encaixar numa teoria. Eu não estudei psicanálise, mas sempre ouço falarem de inveja do pênis, e tal; eu quero falar, mas não quero que você me encaixe numa teoria.

Histeria, a "salvação das mulheres"

Meu interesse por Emma Bovary surgiu quando percebi, na criação de Flaubert, uma descrição ficcional da mulher freudiana, elaborada a partir de um conjunto de circunstâncias sociais muito semelhante ao que determinou o surgimento do pensamento psicanalítico, com uma diferença de apenas quarenta anos. Considerando a arte em geral e a literatura, em particular, como tentativas de atribuir voz ao emergente, ao que ainda não está incorporado aos discursos correntes que tentam dar consistência aos fatos sociais, penso que o romance do século XIX teria algo a nos dizer a respeito do que aconteceu às mulheres, deslocadas, pelas injunções da modernidade, de seu lugar no discurso tradicional sobre a feminilidade.

Foi com mulheres assim que Freud deparou em seu consultório nos anos 1890; foi o sofrimento de outras Emmas mais discretas, substituindo as passagens ao ato de sua colega ficcional pela sintomatologia da conversão, que levou Freud a lançar a pedra fundamental do método e do pensamento psicanalítico em seus "Estudos sobre a histeria".

O percurso que fiz até aqui, a fim de esboçar um retrato da mulher freudiana e entender a posição tomada pelo criador da psicanálise diante de suas queixas, foi tentar responder por que Gustave Flaubert, querendo escrever um romance que dissecasse o modo de vida e o ideário burguês desde a fonte, acabou por criar uma das personagens femininas mais fortes da história da literatura moderna. Dito de outra forma, por que Flaubert decidiu se valer da biografia imaginária de uma mulher e fazer fracassar sua empreitada para "tornar-se uma outra", a fim de denunciar em seu primeiro romance tolices e ilusões que alimentam (ainda hoje) o modo de vida burguês.

Flaubert criou o retrato da feminilidade ao modo burguês; a mesma feminilidade que entrou em crise no século XIX e produziu a histeria como modo dominante de expressão de sofrimento psíquico. "A histeria é a salvação das mulheres", escreveu Dostoiévski em *Os irmãos Karamázov*. "Nós, surrealistas, fazemos questão de celebrar aqui o cinquentenário da histeria, a maior descoberta poética do século XIX"[1], escreveria mais tarde André Breton em um de seus manifestos, elevando a sintomatologia histérica à qualidade de uma "forma de expressão".

A histeria é a "salvação das mulheres" justamente porque é a expressão (possível) da experiência delas, em um período em que os ideais tradicionais de feminilidade (ideais produzidos a partir das necessidades da nova ordem familiar burguesa) entraram em profundo desacordo com as recentes aspirações de algumas dessas mulheres enquanto sujeitos.

Embora não goste de pensar na literatura como sintoma, não deixo de ver na produção literária em geral uma tentativa de dar voz e sentido a fenômenos emergentes de seu tempo. Ora, no caso do século XIX, com muita frequência são as personagens femininas que aparecem como protagonistas do grande romance realista. Para evocar apenas os escritores mais conhecidos: Balzac (*A mulher de trinta anos*), Tolstói (*Anna Kariênina*), Flaubert (*Madame Bovary*), George Eliot (*Middlemarch*), Charlotte Brontë (*Jane Eyre*), entre tantos outros, parecem ter percebido e sentido necessidade de dar expressão literária ao que venho chamando de crise vivida pelas mulheres, entre os anseios de tornarem-se sujeitos de um discurso e seu lugar preestabelecido como objetos do discurso formado pelos ideais de feminilidade de seu tempo.

Na vertente dita científica, Freud foi um dos primeiros a perceber – ou melhor, a escutar – a crise ainda inominada que suas pacientes atravessavam. Que tenha adotado para isso o nome de histeria, apoiado nas evidências de uma sintomatologia já classificada pelo discurso psiquiátrico, não significa que tenha sido

---

1 Citado em Elisabeth Roudinesco, *Jacques Lacan: esboço de uma vida, história de um sistema de pensamento* (trad. Paulo Neves, São Paulo, Companhia das Letras, 1994).

incapaz de ouvir *outras coisas*, que a psiquiatria, até mesmo na voz de seu mestre Charcot, raramente mencionava. A recusa das histéricas em aceitar a feminilidade como modelo de subjetivação e de sexuação deve ter criado uma crise para o próprio Freud, uma vez que – como veremos na leitura de suas cartas à noiva Martha Bernays – também ele compartilhava do "ideal admirável a que a natureza destinou as mulheres".

Ao longo da vida e à medida que desenvolvia, com base na observação clínica, sua teoria sobre a feminilidade e a sexualidade feminina, Freud não reformulou fundamentalmente sua concepção sobre o que deveria ser uma mulher. É verdade que foi ele quem nos alertou para o fato de que não existe alguém que seja, desde a origem, homem ou mulher. Na teoria freudiana, se todo homem deve alguma coisa ao falo que, espera-se, seja capaz de sustentar, também não existe mulher para quem a "condição feminina" não signifique uma derrota de outras pretensões.

Mesmo assim, Freud parece ter recusado as evidências de que nenhuma mulher é capaz de encarnar A Mulher. Seus textos do fim da vida oscilam entre a decepção – a psicanálise seria incapaz de curar as mulheres, desajustadas dos ideais de feminilidade? – e a perplexidade – afinal, quem pode saber o que quer uma mulher? A insistência nesse não saber sugere, a meu ver, o funcionamento de um mecanismo de negação por parte do criador da psicanálise.

Em seu livro *Pourquoi les femmes aiment-elles les hommes?* [Por que as mulheres amam os homens?], Marie-Christine Hamon chama atenção para a insistência de Freud, ao longo de toda a obra, em manter-se ignorante a respeito de alguma verdade última, sempre obscura, sobre as mulheres. Embora Freud tenha inaugurado suas investigações escutando as histéricas para, a partir delas, desvelar o sexual na neurose e, a seguir, o infantil na sexualidade, ele sempre esteve pouco disposto a tirar todas as consequências de suas descobertas. A autora pergunta: "O que é, então, em todos os casos de mulheres aos quais Freud dá atenção, sem interrupção, desde antes dos 'Estudos sobre a histeria' até os anos 1920, que pode cegá-lo a ponto de ele lhes recusar todo valor de descoberta ou de verdade?"[2].

Afinal, nunca lhe faltaram nem materiais nem descobertas, já que foram os sintomas das histéricas que lhe permitiram inferir uma fase fálica ou viril nas fantasias masturbatórias das mulheres. Também não lhe faltaram contribuições por parte de suas colegas psicanalistas – por que Freud teria aproveitado tão pouco delas? A

---

[2] Marie-Christine Hamon, *Pourquoi les femmes aiment-elles les hommes? (et non pas plutôt leur mère)* (Paris, Seuil, 1992), p. 17.

respeito da relação protetora e encorajadora de Freud para com o trabalho de Hélène Deutsch e Ruth Mack-Brunswiek, Hamon afirma que ele o fez por assumir a responsabilidade pelos enunciados daquelas que ajudou a formar, ao preço de negligenciar a propriedade das ideias e o "narcisismo das pequenas diferenças"[3].

A manutenção de um ponto enigmático sobre o querer feminino, a representação da mulher como o continente negro da psicanálise seriam, a meu ver, recursos a que Freud recorreu para manter-se ignorante a respeito do que *ele mesmo não queria saber*, embora já tivesse revelado ao resto do mundo: a diferença fundamental entre homens e mulheres é tão mínima que não há mistério sobre o "outro" sexo a que um cavalheiro não pudesse responder indagando a si próprio. O que fez Freud, aliás – mas, como bom neurótico, não podia saber o que estava fazendo.

As mulheres têm cura?

> Como eu vou fazer pra ser mulher? Mulher, como? Feminina. Mas feminina, como? Dócil. O tempo todo dócil, como a minha avó, que ele adorava. Não, agressiva como minha mãe, que meu pai abandonou. Você já deve ter percebido que eu não sou nada dócil. Mas eu me faço de dócil, se precisar; boazinha, bobinha... Eles adoram.

Já se tornou clichê nas discussões sobre o fim de uma análise citar o trecho de "Análise terminável e interminável"[4], em que Freud, no fim da vida, confessou-se incapaz de contornar os dois grandes obstáculos a uma conclusão satisfatória do processo analítico. Para os homens, parecia-lhe quase impossível atravessar "a rocha da castração", expressa nas formas da angústia e da rivalidade fálica, que impediam seus analisandos de sujeitar-se ao poder do analista e deixar-se curar por ele. Para as mulheres, a mesma rivalidade fálica com o analista resultaria da inveja do pênis, que as impediria de renunciar a suas pretensões masculinas em troca das compensações que a feminilidade lhes poderia oferecer: não um falo, mas um filho. Não um pênis em seu próprio corpo, mas o desejo dos homens dotados de pênis, para cuja conquista as mulheres deveriam aprender a tirar vantagens da condição de castradas.

---

[3] Ibidem, p. 53.

[4] Sigmund Freud, "Analisis terminable e interminable" (1937), em *Obras completas*, v. 3 (Madri, Biblioteca Nueva, 1973), p. 3.339-64.

Embora as dificuldades existam tanto para os homens quanto para as mulheres, Freud reconhece que elas não são simétricas (como, aliás, tudo o que se refere a homens e mulheres na teoria psicanalítica). Nos homens, a aspiração a manter-se em uma posição masculina e disputar o falo com o analista está de acordo com o conjunto de ideais que estruturam sua identificação ao gênero, desde o Édipo. As disposições passivas, às quais o analista tenta convencer o analisando a se render em benefício da análise, deveriam mesmo ter sido "energicamente recalcadas" naquele período. Já nas mulheres, a masculinidade só está em sintonia com os ideais do *eu* na chamada fase fálica do complexo de Édipo quando a menininha, segundo Freud, "ainda é um homenzinho".

Neste ponto, o criador da psicanálise voltou a enfrentar, com a costumeira coragem, uma das questões mais contraditórias de sua teoria. A masculinidade nas mulheres deve, sim, ser recalcada para dar lugar à feminilidade. No entanto, a feminilidade só se sustenta na teoria freudiana enquanto estratégia para a (re)conquista do falo. No árduo caminho que a menina deve percorrer para se constituir como mulher – leia-se, em Freud, como mulher *feminina* –, "muitas coisas dependem de que uma quantidade suficiente de masculinidade escape ao recalque e exerça uma influência permanente sobre seu caráter". Assim, escreve Freud, a masculinidade – que nos termos da psicanálise freudiana equivalia à posse de uma das versões imaginárias do falo – continua sendo a grande aspiração de homens e mulheres, cabendo à feminilidade, enquanto representação (infantil) da castração, a *parte maldita.* Tanto nos homens quanto nas mulheres, o repúdio à posição feminina constitui o grande obstáculo a um fim de análise satisfatório. Mas, para um homem, a feminização exigida pelo processo analítico é transitória, e o analista pode lhe pedir que não tema a castração – ao menos em sua dimensão imaginária, que incide sobre o próprio corpo –, já que essa seguramente não virá.

No caso de uma analisanda mulher, a castração está dada desde o ponto de partida, e o analista só lhe pede que se conforme com ela e abra mão de suas pretensões fálicas. No entanto,

> sabemos que a motivação mais forte para o tratamento (analítico) era a esperança de que, depois de tudo, (a mulher) poderia obter um órgão masculino, cuja ausência era tão penosa para ela.[5]

[5] Ibidem, p. 3.364.

Em nota ao final desse texto, Freud discute a posição de Ferenczi apresentada em um encontro de psicanalistas em 1927, assim resumida:

> Para um final de análise satisfatório, todo paciente homem deve obter o sentimento de igualdade em relação ao médico como um sinal de ter vencido seu temor à castração; toda paciente mulher, para se considerar sua neurose totalmente vencida, deve haver-se livrado de seu complexo de masculinidade e emocionalmente há de aceitar sem traços de ressentimento as consequências de seu papel feminino.[6]

Freud responde ao modelo de cura ferencziano dizendo que seria exigir demais de seus analisandos e lembrando o sentimento opressivo que sofre o analista quando se vê "pregando no deserto" ao tentar convencer uma analisanda que abandone o desejo de um pênis "porque é irrealizável" ou a um analisando que se permita certa passividade diante de seu analista.

As indagações propostas por Freud em "Análise terminável e interminável" concluem com uma espécie de rendição do autor, que mais uma vez se detém diante do "grande enigma da sexualidade", renunciando, assim, a explicar o repúdio à feminilidade generalizado entre homens e mulheres[7].

Devemos a Lacan, entre outros avanços em relação ao legado freudiano, a distinção decisiva entre os planos imaginário e simbólico de representação psíquica. O primeiro corresponde ao plano das imagens, calcado na dimensão do corpo, organizador dos limites narcísicos do *eu* (*moi*); o segundo, ao plano do significante, à dimensão do Outro e do inconsciente, de onde o *je* se manifesta como sujeito do desejo. A distinção lacaniana não corresponde exatamente à maneira

---

6 Ibidem, p. 3.363-64, nota 1.505.

7 Em seminário apresentado na Sociedade Psicanalítica da Cidade do Rio de Janeiro, em novembro de 1997, quando tive a oportunidade de discutir este capítulo, fui indagada sobre as representações terríveis e mortíferas do feminino, analisadas por Freud em textos como "A cabeça de Medusa" (1922), em *Obras completas*, v. 15 (trad. Paulo César de Souza, São Paulo, Companhia das Letras, 2011), p. 326, e "O tema da escolha do cofrezinho" (1913), em *Obras completas*, v. 10 (trad. Paulo César de Souza, São Paulo, Companhia das Letras, 2010), p. 326, em que ele sugere que as associações entre o feminino e a morte – ou entre a mulher e o perigo mortal – se explicam pelo horror à castração. Penso, no entanto, que, se existe algo de irrepresentável no feminino, isso não se deve à castração, mas à impossibilidade de representar a Mãe enquanto "toda", isto é, a mãe não castrada da criança pré-edipiana. A castração é condição da representabilidade: o significante vem nomear o que falta no Outro. A angústia de castração, que pode-se manifestar, entre outras coisas, diante da visão do corpo da mulher, não é a mesma coisa que o aniquilamento e o terror mortífero que sentimos diante da Mãe primordial, que guarda uma relação com a morte e com o real – ou seja, com o irrepresentável.

pela qual Freud pensou os conceitos de imaginário e simbólico. Na parte final de "O inconsciente", um dos textos fundamentais da metapsicologia, Freud também se refere ao simbólico como campo da palavra e ao imaginário como, evidentemente, o campo das imagens, mas com uma diferença: na metapsicologia freudiana, o inconsciente corresponde ao imaginário, ao acervo das "representações de coisas", os "primeiros investimentos objetais propriamente ditos" da experiência psíquica[8]. A dimensão simbólica, das "representações de palavras", deveria ser acrescentada à dimensão imaginária para que as representações do sistema *Ics* pudessem advir à consciência.

Não pretendo discutir aqui se é possível uma transposição exata do sistema freudiano original para o lacaniano[9]. Meu interesse é chamar atenção para certa indiscriminação, nos textos de Freud, entre a dimensão imaginária e a dimensão simbólica do falo – indiscriminação que produz um efeito muito particular no que diz respeito ao lugar da mulher nessa teoria, já que, portadora da evidência *imaginária* da falta, todos os desdobramentos posteriores dos efeitos da castração sobre o sujeito permanecem, no caso da mulher freudiana, atados à representação do corpo.

É verdade que, quando Freud estabelece, a partir da escuta do imaginário infantil na fala de seus pacientes, adultos ou não, a equação pênis = bebê = falo (= seio = fezes etc.), está automaticamente estabelecendo que o falo é algo que se pode simbolizar, que não está colado a objeto nenhum. Mas bebê, seio e fezes são ainda prolongamentos do corpo, ao qual a criança atribui estatuto fálico na medida em que parecem obturar a falta no corpo materno: o bebê que o pai lhe dá/as fezes que a criança lhe dá/o seio que ela oferece à criança, completando-a no ato da amamentação e, assim, completando-se do filho que mama. Por outro lado, que o pênis constitua o símbolo fálico por excelência nas teorias sexuais infantis não impede que os homens, que o possuem no corpo, se vejam continuamente diante da necessidade de ultrapassar a dimensão imaginária do falo e passem a vida tentando conquistar outros atributos que a cultura valoriza e oferece no campo simbólico. A posse de um pênis, para um homem, não garante muita coisa a respeito de sua falicidade.

---

8 Sigmund Freud, "O inconsciente" (1915), em *Obras completas*, v. 12 (trad. Paulo César de Souza, São Paulo, Companhia das Letras, 2010), p. 147.

9 Projeto que esbocei em "O inconsciente é estruturado como uma linguagem?" (inédito), texto escrito para o curso do professor Manoel Tosta Berlinck, Pensamento Freudiano II, na PUC-SP, 2º sem. 1993-1º sem. 1994.

Por que, então, na teoria freudiana, as possibilidades fálicas para as mulheres permanecem atadas aos limites do corpo? Penso que essa limitação se deve ainda aos desdobramentos, no pensamento científico do século XX, das crenças instituídas desde o fim do século XVIII sobre a condição das mulheres como determinadas fundamentalmente por sua pertinência ao estado de natureza.

Emilce Dio Bleichmar, ao comentar as metamorfoses percorridas pelo falo nas teorias sexuais infantis, aponta o aspecto do que, na teoria lacaniana, é denominado *dimensão real do fantasma.*

> Se a primazia do falo [aqui = pênis] permanece no seu [da criança] inconsciente, é porque o fantasma encontra um limite à sua metamorfose [...]: seu aspecto mais profundo, o que os lacanianos chamam de dimensão real do fantasma. Este aspecto de invariabilidade e, ao mesmo tempo, de organizador da subjetividade, surpreendentemente não consiste em complexas e primitivas fantasias de objetos parciais despedaçados, mas em fantasias "bobas", que são as mais difíceis de serem confessadas aos homens e às mulheres. O caráter primitivo e irredutível do fantasma está dado pela *convalidação social que tais fantasias encontram.*[10]

Bleichmar aponta as crenças naturalistas a respeito da vocação materna das mulheres como exemplo dessa convalidação social do fantasma, que "conduzem a axiomas inquestionáveis de nosso universo simbólico". Para ela, a crença na inferioridade "natural" das mulheres também produz um sério obstáculo para a superação da inveja do pênis nas meninas: como é possível abandonar as fantasias de masculinidade e identificar-se a um gênero que toda cultura aponta como inferior ao outro?

Até aqui, estamos nos movendo a partir das repercussões imaginárias do falo e suas consequências no plano simbólico, isto é, no inconsciente; se a teoria não se descolar delas, é impossível pensar não só numa perspectiva de cura para as mulheres – que fazer da empreitada de "tornar-se uma mulher", uma a uma, como diz Lacan –, mas também para os homens.

Hoje, o leitor de Freud perceberá sem dificuldades que o impasse dos fins de análise, já discutido, não tem solução nos termos em que está colocado, isto é, nos termos do imaginário da diferença sexual. A castração, afinal, é condição não apenas do estabelecimento de uma análise, mas de *todo estabelecimento de*

---

[10] Emilce Dio Bleichmar, *O feminismo espontâneo da histeria* (trad. Francisco Vidal, Porto Alegre, Artes Médicas, 1988), p. 28; grifo meu.

vínculos, transferenciais ou não. É condição de nossa humanidade, que Lacan não nos deixa esquecer ao representar todo sujeito como barrado. Exatamente porque a castração – no homem, na mulher, no Outro – está na base de todo o laço social e de toda fala dirigida a alguém, ela é condição da relação analítica – a começar do próprio analista, já que a castração no Outro (cujo saber o analista encarna no início de uma análise) é condição da castração no sujeito. Por outro lado, exatamente pela mesma razão, o falo, simbolizável a partir de qualquer objeto ao qual uma cultura atribua valor, não pertence a sujeito nenhum, mas está ao alcance de todos.

Então por que o pênis é o órgão fálico por excelência? Exatamente porque a criança descobre, em dado momento da vida, que o corpo da mãe é desprovido de pênis e que ela faz do pênis (paterno) o falo *número um* da série das representações imaginárias. Em contrapartida, exatamente porque essa parte do corpo é convocada a obturar a falta materna, que a criança (assim como o adulto) está condenada a saber da falta sempre que estiver em presença do falo. Assim, a posse do pênis no menino não o garante contra a castração, embora seja central na estruturação da dimensão imaginária do *eu*, dimensão do narcisismo secundário em torno da qual devem se organizar os ideais e as identificações. Do mesmo modo, a ausência do pênis na menina não resulta imediatamente na completa disposição fálica; o próprio Freud reconheceu que uma das dimensões da feminilidade é esta: produzir falicidade por meio dos efeitos fascinatórios da beleza e da sedução. No entanto, a dimensão imaginária do *eu*, na mulher, fica marcada pela impressão infantil da ausência de um detalhe no corpo. A maneira como a menina dispõe dos ideais e organiza o conjunto das identificações que lhe facilitarão a "dissolução do complexo de Édipo" diz muito sobre os destinos dessa primeira impressão.

Esse é um ponto ao qual ainda devo voltar. Por enquanto, quero lembrar que, quando Freud fala em cura, no texto citado, está se referindo explicitamente à mobilidade com que podemos dispor do destino das pulsões. No contexto repressivo que se estendeu do século XIX até a primeira metade do XX, é compreensível que Freud pense, antes de mais nada, no *controle* da força pulsional como condição para viver fora do sintoma; no entanto, como vemos em "A pulsão e seus destinos", Freud nunca aposta no recalque como único recurso para o domínio da exigência passional. A reintegração ao *eu* das pulsões, cuja satisfação direta foi negada, assim como o estabelecimento de outros objetos de satisfação, é essencial para pensar a vida humana fora da repetição neurótica – o que nos remete às identificações, à sublimação, à diversificação das trocas eróticas – para homens e mulheres.

Devo fazer agora, como algumas centenas de autores já fizeram, uma rápida passagem pelos textos em que Freud analisa a constituição da diferença sexual. Isso porque, a cada nova leitura do pensamento freudiano, somos levados a retomar o sentido de sua descoberta mais revolucionária: a ideia de que o *funcionamento psíquico* é sexual. Vejamos como se articulam, nesses textos, os conceitos fundamentais da teoria psicanalítica – o falo, a falta, o desejo e suas expressões no inconsciente – a fim de discutir se e até que ponto, além de sexual, o funcionamento psíquico seria também *sexuado* – o que pode parecer a mesma coisa, mas não é.

A feminilidade no pensamento de Freud

> Ser a filha mulher na minha casa era: fazer mais que os meninos, mas receber a mesma coisa. Meu pai prometia dinheiro a quem tirasse nota dez. Eu tirava, ele me dava o dinheiro diante de toda a família. Mas depois eu sabia que ele dava a mesma coisa, em particular, aos meus irmãos, porque era chato pra eles terem menos do que eu. Eles vinham me contar, claro. Eu era a trouxa, que dava duro pra ganhar o que eles ganhariam de qualquer jeito.

Em 1923, Freud escreve uma adição aos *Três ensaios sobre a teoria da sexualidade* propondo três modificações ao enfoque original, de 1905: a diferença entre a vida sexual das crianças e dos adultos; a importância da organização pré-genital (a teoria das "etapas da libido" infantil até a genialidade adulta); a importância das teorias sexuais infantis e seus efeitos sobre a sexualidade do adulto[11].

Interessa aqui o terceiro ponto discutido em "A organização genital infantil", pela radicalidade de suas consequências para o pensamento psicanalítico. Freud diz que não só o psiquismo humano é sexual, como a sexualidade humana é toda ela permeada pelo psíquico. A realidade última, biológica, da vida sexual, não é acessível à psicanálise; a verdade última, vital, do desejo sexual, não é acessível a nossas representações – não pertence à dimensão psíquica. Dito de outra forma: faz parte do "real impossível" nomeado mais tarde por Lacan. O sexo, para os seres de linguagem, será sempre o sexo pensado, representado, fantasmado;

[11] Sigmund Freud, "A organização genital infantil (um acréscimo à teoria da sexualidade)" (1923), em *Obras completas*, v. 16 (trad. Paulo César de Souza, São Paulo, Companhia das Letras, 2011), p. 168-75.

organizado pela dimensão imaginária do falo e barrado, delimitado, pelo falo simbólico. Não foi isso o que Freud escreveu, evidentemente, mas foi o que Lacan fez avançar a partir de uma mudança de orientação no pensamento freudiano proposta no texto citado: a substituição do conceito de primazia dos genitais pelo de primazia do falo.

Assim, a passagem da sexualidade infantil para a adulta deixa de ter uma determinação puramente orgânica – baseada na maturação dos órgãos genitais – e passa a ser marcada por uma mudança na *interpretação da diferença sexual*. Se a criança só reconhece um órgão sexual – o pênis – e interpreta a diferença entre homens e mulheres como uma oposição entre fálicos e castradas, o desenvolvimento da sexualidade infantil para a adulta depende de que se repense essa oposição como entre *dois sexos diferentes*, o masculino e o feminino. Do contrário, o sexo da mulher será sempre intolerável, tanto para os homens quanto para as próprias mulheres.

Nesse texto, Freud começa a estabelecer as coordenadas de seu modelo teórico para a sexualidade, calcado na interpretação das fantasias infantis de seus analisandos e suas analisandas; nesse modelo, o órgão genital masculino e as representações a ele associadas (fálico/ativo/sádico) ocupam o lugar de *grau zero da sexualidade*, em relação ao qual o outro polo, correspondente ao genital feminino (castrado/passivo/masoquista) estará sempre no lugar do *menos um*: o lugar do desconhecimento, do eterno mistério. Um desconhecimento, segundo Freud, ativamente mantido mesmo depois que a criança toma conhecimento do órgão sexual da mulher; as teorias infantis sobre a castração da mãe pelo pai sádico ou da menininha má por sua mãe em favor do irmãozinho têm a função de manter a crença de que só existe um sexo e um órgão genital, o masculino.

Freud termina "A organização genital infantil" estabelecendo que o masculino, nas teorias sexuais das crianças, compreende: o sujeito/a atividade/a posse do pênis (= falo). O feminino fica com a posição de objeto/a passividade/a castração. Mas agrega que o *reconhecimento* da vagina como órgão sexual das mulheres (o que não é o mesmo que a descoberta aterrorizante da *ausência* de um órgão sexual em "algumas mulheres moralmente inferiores") pode substituir o imaginário infantil da castração feminina. A vagina como abrigo do pênis e herdeira do seio materno pode ter o estatuto de um órgão sexual *diferente* do que a criança conhecia até então. No entanto, algum obstáculo poderoso dificulta que esse reconhecimento se estabeleça, e, na teoria freudiana, a oposição entre fálico e castrado parece sempre encobrir, tanto na criança como no adulto, o entendimento da diferença sexual[12]. Note-se que o que Freud discute aqui – ou ao menos o que nos interessa nessa discussão – não é se a menina conhece as sensações vaginais e a existência da vagina em seu corpo, mas se a reconhece como órgão sexual diferente do pênis e equivalente a ele.

Em 1924, em "A dissolução do complexo de Édipo" e, no ano seguinte, em "Algumas consequências psíquicas da diferença anatômica entre os sexos"[13], Freud volta a desenvolver o tema da descoberta da "realidade sexual das mulheres" pela criança que vive a fase do primado do falo. O complexo de castração, que se inaugura com essa descoberta, embora tenha ressonâncias diferentes para meninos e meninas, indica que a percepção de alguma coisa faltando no corpo da mulher fez a criança ressignificar as experiências de perda vividas até então (o útero materno, o seio, as fezes). Freud é explícito e claro: é porque a descoberta da falta no corpo feminino coincide com o primado do falo que ela faz ressignificar todas as perdas anteriores sob o signo da castração.

Essa descoberta é fundamental para desatar o conjunto dos investimentos libidinais característicos do complexo de Édipo no menino: ele renuncia à posse da mãe pelo temor ao pai, que nesse momento lhe parece o responsável pela castração materna; e recalca ao mesmo tempo as representações de seu amor pelo mesmo pai, junto com suas identificações com a posição da mãe, amada (e castrada) pelo pai. O processo se conclui com a substituição das cargas de objeto pelas identificações e a formação de ideais, com a constituição do *supereu* e a introjeção da Lei que proíbe o incesto, mantendo recalcadas e *ativas no inconsciente* as representações e as moções de desejo do amor edípico.

A pergunta que Freud se coloca em seguida vai se repetir em outros momentos de sua obra no que diz respeito à psicanálise das mulheres: se o complexo de Édipo no menino sucumbe diante da angústia de castração, o que vai acontecer com a menina, cujo corpo já porta a *mesma falta* que a criança percebe, com horror, na mulher adulta? O Édipo no menino é dado por resolvido quando ele "desiste" da mãe e se identifica com o pai. Na menina, essa identificação é

---

12 Para acompanhar uma discussão detalhada sobre o desconhecimento da vagina nas meninas, que envolveu psicanalistas homens e mulheres, a partir dos textos de Freud sobre as teorias sexuais infantis, ver Jacques André, "La Sexualité féminine: retour aux sources", *Revue* de *Psychanalyse à l'Université*, Paris, PUF, v. 16, n. 62, p. 5-49.

13 Sigmund Freud, "A dissolução do complexo de Édipo" (1924) e "Algumas consequências psíquicas da diferença anatômica entre os sexos" (1925), em *Obras completas*, v. 16, cit., p. 203-13 e 283-99.

impossível: "Anatomia é destino", escreve Freud parafraseando Napoleão Bonaparte. Ao constatar que "seu pequeno pênis" (o clitóris) nunca há de crescer, a menina vê fracassar sua ilusão de masculinidade e, com isso, seu amor pela mãe, que lhe parecerá inferior ao pai e aos homens em geral, sofre um abalo irreparável. Diante da castração consumada, escreve Freud, a menina volta seu amor para o pai, portador do órgão fálico, na esperança de algum dia receber dele o que a mãe foi incapaz de lhe legar: um pênis (ou um falo?) ou outro substituto à altura, na forma de um bebê. É a esperança da maternidade que lança a menina na segunda fase do Édipo, a do amor (passivo? feminino?) pelo pai, que poderá conduzi-la à descoberta da vagina e de sua função sexual; ao mesmo tempo, inaugura-se a série de empreendimentos por meio dos quais ela vai tentar se identificar com o único atributo que ainda lhe interessa da figura materna: a feminilidade.

Observe-se aqui que, para Freud, é a decepção com a masculinidade imaginária que lança a menina na posição feminina, associada à passividade sexual e ao abandono da masturbação (fálica) clitoridiana; mas a passividade, assim como os recursos sedutores e encobridores (da castração) que ela constrói ao identificar-se com a mãe, e que constituem a feminilidade, revelam não uma desistência, mas apenas um *adiamento* da posse fálica. A feminilidade é um truque, e a posição feminina, um sacrifício temporário oferecido pela mulher freudiana ao homem em troca de um único interesse verdadeiro: o filho-falo. "A mulher freudiana é aquela que diz 'obrigada' ao homem", escreveu certa vez Colette Soller.

As consequências desse adiamento, que não chega a constituir-se nunca como aceitação completa da falta fálica, serão mais bem desenvolvidas por Freud nos textos de 1931, "Sobre a sexualidade feminina", e de 1932-1933, "A feminilidade"[14], mas ele já adianta aqui que, na ausência da principal força motivadora do recalque no Édipo – a angústia de castração –, a menina, que já parte do fato consumado de sua falha anatômica, nunca abandonará por completo suas posições infantis e suas pretensões incestuosas.

Na adição ao texto de 1925, Freud se interroga um pouco mais sobre a importância da "pré-história" do Édipo nas meninas ao constatar que a força primitiva do amor pela mãe nunca é toda transferida para o pai da menina. Acrescenta também, a seu sempre "incompleto" conhecimento dos avatares da feminilidade,

---

[14] Idem, "Sobre a sexualidade feminina" (1931) e "Novas conferências introdutórias à psicanálise: 33. A feminilidade" (1933), em *Obras completas*, v. 18 (trad. Paulo César de Souza, São Paulo, Companhia das Letras, 2010), p. 371-98 e 263-93.

a ideia de que, se a descoberta da castração produz no menino uma ignorância *ativamente mantida* a respeito do sexo das mulheres, nas meninas produz fascínio e inveja pelo órgão sexual masculino. Aqui, em comparação com o texto de 1924, não fica claro se a descoberta da castração extermina ou reinaugura a masculinidade na menina, pois Freud escreve que as consequências da inveja fálica seriam o ciúme (que no inconsciente da mulher será sempre ciúme de quem porta o falo), a hostilidade contra a mãe até então adorada, o abandono da masturbação clitoridiana por *decepção*, não por angústia/recalque, e o complexo de masculinidade, como tentativa de negar a inferioridade percebida.

Nesse texto, escrito antes de desenvolver o conceito de denegação, Freud escreve que a tentativa de ignorar a falta de pênis é um mecanismo perigoso para a menina e pode levar ao desenvolvimento de uma psicose na vida adulta. A recusa das evidências da castração no corpo feminino é comum a meninos e meninas; mas, se nos meninos a operação incide sobre outro corpo e tem como consequência aplacar sua angústia ante a ameaça de uma perda equivalente, nas meninas a própria imagem corporal é atingida. Penso que, quando Freud sugere o perigo desse mecanismo de defesa para as mulheres, ele está se referindo à ausência de um traço identificatório no qual a menina possa apoiar sua certeza (uma certeza sempre imaginária, para ambos os sexos) sobre a questão do *ser*. A denegação facilita que o menino possa dizer "eu sou aquele que tem [o falo]". No caso da menina, a afirmativa – "sou aquela que não tem" – gera a impossibilidade de identificar-se a partir de um atributo *ausente*. Produz-se, então, uma identificação incerta – "acaso serei aquela que tem o que pareço não ter"? "A menina se recusa a admitir o fato de sua castração", escreve Freud, "aferra-se à convicção de que possui um pênis, e se vê compelida, subsequentemente, a agir como se fosse um homem"[15].

Por fim, Freud escreve uma das conclusões mais paradoxais de "Algumas consequências psíquicas da diferença anatômica entre os sexos": o complexo de castração, para homens e mulheres, tem o efeito de inibir a masculinidade e estimular a feminilidade. No menino, a angústia inibe a rivalidade fálica com o pai pela posse da mãe; na menina, a decepção abala um pouco a crença de que de seu clitóris diminuto um pênis se desenvolverá. Mas a diferença entre meninos e meninas equivale à diferença entre um castigo ameaçado e outro consumado.

[15] Idem, "Algumas consequências psíquicas da diferença anatômica entre os sexos" (1925), cit., p. 291-2.

"Na garota, falta o motivo para a destruição do complexo de Édipo", conclui Freud, apontando como um dos principais efeitos dessa passagem incompleta, nas mulheres, um sentido ético muito menos desenvolvido, e a formação de um superego que nunca chegará a ser tão impessoal, inflexível e independente de suas origens afetivas como o dos homens[16]. Ou seja, para Freud a simbolização da castração, nas que já nasceram marcadas por ela, está fadada a não se completar.

Em 1927, Freud se apropria da ideia de fetiche para analisar a perversão, lançando com isso um conceito fundamental para que finalmente se estabeleça, na teoria psicanalítica, o *caráter simbólico do falo*. "O fetiche é o substituto para o falo da mulher (da mãe), no qual o menino acreditou e ao qual sabemos por quê."[17] O fetiche é o significante que obtura o lugar de uma falta percebida *e* recusada (isto é, denegada). A partir dessa nova inflexão teórica, a crença no falo feminino não fica idêntica ao que era antes da descoberta da castração materna. É uma crença ativamente mantida por uma operação psíquica que cria um objeto-fetiche para ocupar o lugar do que falta no corpo da mãe.

Se levarmos às últimas consequências o pensamento de Freud, podemos propor que, a partir do momento em que se funda o fetiche, também o estatuto fálico do pênis deixa de estar garantido tanto na teoria psicanalítica quanto no imaginário infantil: o pênis só é o falo quando se constitui como objeto do desejo materno, isto é, objeto capaz de obturar a falta. Já não basta portar um pênis para ter um falo, o que deveria lançar o menino, na teoria psicanalítica, a uma condição tão incerta quanto a da menina. Mas Freud tira poucas consequências dessa descoberta, mantendo nos textos posteriores a "O fetichismo" o mesmo discurso sobre as diferenças psicossexuais entre homens e mulheres.

No fim desse texto, Freud chama atenção para o fato de que a constituição do objeto-fetiche se dá através de cadeias associativas inconscientes, singulares para cada

---

16 Idem. Abordei a relação entre a especificidade na formação do supereu nas mulheres e seu suposto menor senso ético no artigo "A mulher e a lei", em Adauto Novaes (org.), *A ética* (São Paulo, Companhia das Letras, 1991). A respeito da relação entre o supereu e a ética, ver também Ricardo Goldenberg, *Ensaio sobre a moral em Freud* (Salvador, Ágalma, 1994), em que o autor retoma o conceito freudiano do supereu sádico, motivador do masoquismo do *eu*, que produz antes os "delinquentes por sentimento de culpa" do que o sujeito moral. Assim, podemos pensar que um supereu menos rígido não implica necessariamente a falta de ética do sujeito; ao contrário, pode ser a condição para a formação de um sentido moral menos rígido, menos movido pelo sadismo inconsciente de algumas formações sintomáticas na neurose.

17 Sigmund Freud, "O fetichismo" (1927), em *Obras completas*, v. 17 (trad. Paulo César de Souza, São Paulo, Companhia das Letras, 2014), p. 304.

sujeito, criando para o próprio sujeito o efeito de um mistério a respeito do objeto que move seu interesse sexual. Além disso, o fetichista mantém uma dupla atitude ante a castração no corpo da mulher: ele sabe, mas não quer saber. O próprio objeto-fetiche é alvo de um investimento ambivalente: amado e odiado, já que por sua constituição ele tanto confirma quanto nega a castração do sujeito. Assim, podemos concluir que o mistério da feminilidade não está *na* mulher (que manipula os recursos da beleza e da sedução a fim de produzir o efeito de fetiche para o homem), mas na própria natureza da operação psíquica que constitui o fetiche e organiza o desejo. Desse ponto em diante, quando Freud se referir aos mistérios da mulher, deveremos sempre nos indagar se ele fala do lugar do observador analítico ou se se identifica com o fetichista, aquele que sabe, mas não quer saber.

Voltando alguns anos, novamente a 1924, em "O problema econômico do masoquismo"[18], Freud retoma a tentativa de definir masculino e feminino mantendo a associação: feminino = passivo; masculino = ativo, mas já deixa claro que a posição feminino = passivo não precisa estar necessariamente do lado das mulheres (e vice-versa, no que se refere à posição masculina). A prova clínica dessa afirmação são os casos do que ele chama de "masoquismo feminino", que consistem na identificação com a suposta posição de passividade feminina, estruturante da vida erótica de certos homens. O "masoquismo feminino" é chamado assim, escreve Freud, quando a disposição à passividade e a deixar-se punir, maltratar etc., na cena erótica, aparece no homem. O que não equivale a dizer que na mulher o masoquismo seja "normal", mas que é desse modo que certos homens representam, em seu fantasma, a posição feminina no coito e identificam-se com ela.

Por que o masoquismo, para certos homens, associa-se ao feminino?, pergunta Freud. Ele responde: "O masoquista deseja ser tratado como uma criança pequena, desamparada e dependente, mas especialmente como uma criança malcomportada". Essa criança objeto, desamparada e castigável, equivale, nas associações inconscientes, a uma mulher? Por que Freud não denominou essa fantasia erótica masculina como "masoquismo infantil", por exemplo? Aqui, ele reafirma a *superposição imaginária* entre o infantil e o feminino: o sujeito se transfere, em suas fantasias, a uma situação "caracteristicamente feminina, [...] ser castrado, ser possuído ou dar à luz. [...] Nas teorias sexuais infantis vemos que a mãe, passiva na representação da cena primária, é castrada (punida) pelo pai no coito. A representação do sofrimento

---

[18] Idem, "O problema econômico do masoquismo" (1924), em *Obras completas*, v. 16, cit., p. 184-202.

erótico como feminino deve-se também ao conhecimento de que a mulher sofre ao dar à luz", ou seja, (acréscimo meu): *sofre* em consequência de seu desejo sexual[19].

O ponto em comum entre o masoquismo feminino e o masoquismo moral é o sofrimento do *eu*, sempre culpado, diante do sadismo do *supereu*. Quando a criança descobre a falta do pênis no corpo da menina, imagina que ele ainda está pequeno, mas deverá crescer. Quando descobre a mesma falta na mulher adulta, a criança a relaciona com as ameaças de castração que ela própria teme, em consequência das fantasias incestuosas que acompanham a masturbação infantil. Assim, o menino se safa pensando que, se a mãe é castrada, é porque foi culpada, enquanto a menina mantém sempre a esperança de que, se for amada pelo pai, receberá o órgão do qual ele privou a mãe.

Segundo essa linha de interpretação, proveniente dos desdobramentos das teorias sexuais infantis, a mulher aparece como *moralmente inferior*: a castração consumada seria interpretada pela criança como confirmação da culpa por um desejo sexual proibido pela Lei, pelo pai. O mesmo desejo que o menino também conhece e vem a recalcar, "bem a tempo", antes que a ameaça também se consume sobre ele. A superposição do feminino e do infantil se dá por essa via. Mulheres e crianças se equivalem não apenas pela condição inferior de seus órgãos genitais em comparação ao pênis paterno, mas por sua condição de culpadas e punidas por sua sexualidade proibida.

O pai é sempre o agente da flagelação/punição no imaginário. No entanto, nem sempre a violência paterna tem o sentido de reprovação e desamor. Vamos mais uma vez recuar até 1919, com o texto "'Batem numa criança': contribuição ao conhecimento da gênese das perversões sexuais"[20]. O pensamento freudiano, como se sabe, não se desenvolveu em um sentido cronológico linear; suas intuições e suas observações vão e vêm, associam-se a conclusões anteriores, desmontam certezas já adquiridas, voltam a se impor mais tarde etc. O pensamento de Freud forma antes uma rede, com pontos firmes e outros esgarçados, do que uma linha reta, o que me autoriza a não tomar a cronologia como critério ordenador de meu pensamento.

Nesse texto de 1919, anterior a "O problema econômico do masoquismo" e "O fetichismo", Freud já havia considerado a possibilidade do intercâmbio, nas

---

[19] Ibidem, p. 189.

[20] Idem, "'Batem numa criança': contribuição ao conhecimento da gênese das perversões sexuais" (1919), em *Obras completas*, v. 14 (trad. Paulo César de Souza, São Paulo, Companhia das Letras, 2010), p. 293-327.

fantasias de um mesmo sujeito, de posições feminino/passivas para posições masculino/ ativas, independente do sexo biológico.

A cena fantasiada em "'Batem numa criança'", carregada de excitação sexual, é a do pai batendo em "uma criança"; ela foi revelada à escuta de Freud a partir de análises de homens e mulheres e pode ser desdobrada em três fases, cada uma delas encobrindo a anterior, de origem mais próxima do conflito edípico. Na primeira, o sujeito é observador da cena de flagelação na qual o pai castiga uma criança mais nova, menino ou menina, "em geral um irmão menor, quando existe". Essa cena encobre outra, a que Freud atribui caráter masoquista e se resume assim: "Sou castigada por meu pai". Essa é a cena propriamente inconsciente, construída em análise, mas nunca recordada pelo sujeito. Na terceira cena, o flagelador é um substituto do pai, e o sujeito não está representado, mas a representação de uma ou mais crianças sendo espancadas desperta uma intensa excitação sexual. O sentido fundamental dessa terceira etapa está no fato de que, para a criança que representa a cena primária entre os pais, há uma equivalência entre o desejo paterno e a violência: o pai que espanca equivale ao pai que, no coito, "castra" a mãe. Assim, a segunda cena, recalcada, nos fornece a chave das outras duas; a criança espancada é o próprio sujeito da fantasia, que condensa o sentido de "ser castigada" com o de "ser amada" (sexualmente) pelo pai. "Ser golpeado é agora uma convergência de consciência de culpa e erotismo; *é não só o castigo pela relação genital proibida, mas também o substituto regressivo para ela*, e desta última fonte retira a excitação libidinal [...]. Essa é, enfim, a essência do masoquismo."[21]

Vale observar que nesse texto, ao acompanhar as associações livres de seus analisandos em torno da cena de flagelação, Freud percebeu que cada sujeito pode se colocar-se no lugar de um menino ou de uma menina. O gozo masoquista (ser amado na flagelação) não ocorre só do lado das mulheres, a posição ativa (identificar-se com o pai que bate) não é ocupada apenas pelos homens, e a posição passiva (ocupada por sujeitos de ambos os sexos na segunda etapa) "não é todo o masoquismo". O masoquismo, nesse ponto do pensamento de Freud, não é manifestação pulsional primária (como será pensado no texto de 1924), e sim a consequência de um retorno do sadismo sobre o *eu*, produto da consciência de culpa, que "ofende tanto o sadismo como a escolha de objeto incestuosa entendida genitalmente"[22].

[21] Ibidem, p. 307-8. Sobre a convergência entre a cena primária e a cena de flagelação, é interessante ler, ainda, "História de uma neurose infantil ('O homem dos lobos')" (1918), em Sigmund Freud, *Obras completas*, v. 14, cit., p. 13-160.

[22] Idem, "'Batem numa criança'", cit., p. 315.

Freud conclui que o paralelismo entre as fantasias em meninos e meninas não é completo, pois, se na terceira cena as pacientes mulheres reconhecem que os meninos em que o pai bate podem ser elas mesmas, no caso de pacientes homens "a pessoa do menino não é substituída por meninas indeterminadas". É mais difícil que um menino se represente como menina em uma fantasia como essa, assim como a posição passivo amorosa diante do pai precisa ser camuflada: nas fantasias dos homens, a mãe substitui o pai na segunda fase, e o pai só aparece como agente direto da flagelação do sujeito nas associações produzidas em análise.

Para Freud, nesse caso, o recalque

> atingiu seu propósito apenas de forma bastante incompleta. O menino, que quis escapar à escolha homossexual de objeto e não mudou seu sexo, sente-se como mulher em suas fantasias conscientes e dota de atributos e características masculinas as mulheres que nele batem. A menina, que até abandonou seu sexo e, no todo, efetuou um trabalho de repressão mais radical, não se livra do pai, não ousa ela mesma bater e, como se tornou ela mesma um garoto, faz com que sobretudo garotos apanhem.[23]

A radicalidade da proposta freudiana se confirma aqui: o inconsciente, de onde se manifesta o sujeito, *é sexual, mas não é sexuado*. A sexuação se dá por força do recalque que inibe as disposições edípicas de amor pelos dois genitores, organizando o *eu* e a constituição dos objetos do desejo à medida que promove, para a criança, tanto as identificações com o genitor do mesmo sexo quanto os desdobramentos simbólicos do falo, aos quais ela deverá se dirigir tentando, ao longo da vida, reapoderar-se do que imagina ter perdido. O que nos impõe a necessidade de diferenciar mais uma vez: 1) a posição a partir da qual o sujeito goza – e que, ao que se constata pela dança das posições nessa fantasia, pode oscilar entre o masculino e o feminino; 2) a representação que cada um faz de si identificando-se como "homem" ou "mulher"; 3) a constituição do objeto que deverá funcionar como causa de seu desejo.

Em "Sobre a psicogênese de um caso de homossexualidade feminina"[24], de 1920, Freud se referiu justamente a uma moça para quem a identificação aos ideais de feminilidade concentrados sobre a figura materna parecia insuficiente para dar conta de sua transformação em mulher. A "dama" por quem a jovem se apaixona, por quem tenta se fazer amar e com a qual prefere se identificar portava, além

---

[23] Ibidem, p. 322.

[24] Idem, "Sobre a psicogênese de um caso de homossexualidade feminina" (1920), em *Obras completas*, v. 15 (trad. Paulo César de Souza, São Paulo, Companhia das Letras, 2011), p. 114-49.

de traços feminino-maternos, alguns traços em comum com o irmão, substituto do pai no amor da jovem. Reunia, portanto, "as duas tendências amorosas da jovem", mas também, acrescento aqui, duas possibilidades identificatórias: amando a "dama" e fazendo dela seu ideal de mulher, a jovem "homossexual" buscaria, a meu ver, identificar-se a uma mulher que sintetizasse, para ela, traços da mãe sedutora e do irmão viril. Lembremos também o traço que, apesar de feminino, diferenciava radicalmente a "dama" da mãe, no caso dessa jovem: a marca de outra sexualidade, exercida com uma finalidade muito diferente daquelas do casamento e da maternidade. Uma dama "decaída", portadora de uma sexualidade fácil, atraente para os homens embora moralmente condenável; uma mulher portadora de um segredo: não um segredo sobre o *ser* da mulher, mas sobre o prazer.

Estaria a jovem "homossexual" de Freud em busca de outro significante para transformar-se em mulher, um significante que deslocasse o da maternidade e apontasse diretamente para o usufruto que uma mulher pode ter com seu sexo? A leitura de Lacan[25], centrada sobre o esforço da jovem de atrair para si o olhar do pai por meio da transgressão do amor homossexual, não considera a sobredeterminação da questão amorosa e identificatória para o sujeito que, já no fim da adolescência, lançou mão do amor pela "dama" em busca de uma via para tornar-se *outra mulher*, diferente da mãe.

Na teoria freudiana, a questão dos destinos das pulsões para as mulheres parece resolver-se em torno de um único investimento: fazer-se mulher como a mãe, a fim de algum dia poder receber (do pai) um bebê/falo como os que a mãe possuiu. Fazer-se "feminina" é, portanto, apostar todas as fichas da existência nessa cartada, a única possível no caso da mulher.

A feminilidade fracassa

> Todas as minhas amigas, no final da tese, ficavam doentes. Deve ser um preço muito alto para uma mulher produzir um negócio deste tamanho. Eu fui vendo elas somatizando: tonturas, taquicardias, vômitos... a [...] teve câncer! É culpa pela ousadia ou é um jeito de ficar frágil, infantil, precisando de cuidados? Juro que eu ando com medo.

---

25 Ver Jacques Lacan, *O seminário*, livro 4: *A relação de objeto* (1956-1957) (trad. Dulce Duque Estrada, Rio de Janeiro, Jorge Zahar, 1995).

A constituição ou a conquista da feminilidade para as mulheres, em Freud, custa mais do que a da masculinidade para os homens. Mesmo assim, a feminilidade nas mulheres fica sempre incompleta e ameaçada, tanto pelas fantasias quanto pelos traços de identificação, antitéticos e insuficientemente recalcados, da masculinidade. Em "Sobre a sexualidade feminina" (1931)[26], Freud investigou as consequências da intensa ligação pré-edípica com a mãe na vida da mulher adulta. Esse amor, do qual a menina pode gozar (como o menino) nas duas posições – a passiva, como bebê aos cuidados da mãe, e a ativa, nas tentativas de conquistá-la falicamente – não sucumbe nunca perfeitamente ao recalque que acompanha a saída do Édipo, já que lhe falta sua motivação mais poderosa, a angústia de castração. A bissexualidade fica, assim, sempre mais acessível para a menina do que para o menino – o que não implica necessariamente o investimento erótico sobre objetos de ambos os sexos, mas o trânsito mais livre entre essas duas posições: passiva e ativa, "feminina" e "masculina", vividas originalmente na relação com a mãe.

A passividade, que angustia os homens por trazer com ela a ameaça da castração, é uma possibilidade de gozo acessível às mulheres; por outro lado, a decepção com a insuficiência fálica, na menina, não tem a mesma força da ameaça de castração para o menino. Assim, espera-se que a menina *abandone* a masturbação clitoridiana e as atividades fálicas de conquista materna – por decepção, por inveja do pênis, por fracasso – e aceite a posição feminina e as vicissitudes da feminilidade para entrar, afinal, no "verdadeiro complexo de Édipo". Com que ganho? Não se abandona facilmente um caminho de prazer já trilhado, como sabemos pelo próprio Freud. Se uma mulher possui, inscritas em seu corpo, as duas modalidades de prazer, clitoridiano e vaginal, seriam a decepção e a inveja motivações suficientes para que ela recuse uma delas em favor da esperança longínqua de um dia obter o bebê/falo concedido pelo pai?

No texto de 1931-1932, Freud sustenta também que o desligamento da relação entre a menina e a mãe é fundamental não só para que aquela se torne mulher, mas para que se torne sujeito, conquistando independência em relação àquela que lhe deu a vida e com a qual é impossível seguir misturada. Ele interpreta a independência precoce das meninas como motivada pelo terror de se fundir à mãe, que se expressa em fantasias de serem mortas, devoradas etc. por ela. Ao mesmo tempo, Freud afirma que a separação da mãe constitui mais do que uma mudança

[26] Sigmund Freud, "Sobre a sexualidade feminina" (1931), cit., p. 371-98.

de objeto amoroso – é a própria sexualidade que se transforma de masculina em feminina quando a menina, identificada agora com a mãe, volta seu amor para o pai. Essa passagem aparentemente lógica no pensamento freudiano só se sustentaria sobre o pressuposto normatizado de que a masculinidade estivesse toda do lado do pai (o qual, por sua vez, só investiria amor numa filha "perfeitamente" feminina), e a feminilidade, toda do lado da mãe, de modo que, separada dela e identificada a ela, a menina só pudesse se constituir como mulher feminina.

No entanto, a própria teoria psicanalítica nos ensina que um pai pode perfeitamente se encantar pela atividade fálica de uma menina, assim como nada garante que a mãe das identificações pós-edípicas seja um paradigma de feminilidade. A própria psicanálise nos fornece os parâmetros teóricos para relativizar a relação entre a sexuação dos sujeitos e os ideais de gênero.

Se, para a mulher, toda conquista fálica depende de ela ser capaz de *substituir* o pênis impossível da fantasia infantil por outra modalidade imaginária do falo, por que estaria ela condenada a renunciar a todas as outras possibilidades, uma das quais inscrita em seu próprio corpo (o prazer clitoridiano), em troca da longínqua conquista de um bebê? Além disso, sabemos desde "O fetichismo"[27] que toda forma imaginária do falo leva consigo uma face negativa, a denunciar, por sua própria presença, a falta que tenta encobrir. O filho/falo não é, portanto, menos decepcionante para uma mulher do que o clitóris da menininha pré-edípica ou todos os outros recursos fálicos com que ela, tanto quanto o menino, tentará encobrir a castração. Assim como a fixação à mãe estará sempre mal encoberta pelo amor ao pai e aos outros homens, o gozo vaginal não eliminará necessariamente a via de prazer clitoridiana já conhecida. Mais ainda: a aposta na feminilidade, com todas as renúncias que ela exige, não será jamais suficiente para que cada mulher se convença a ser "só" o que a cultura designou como sendo uma mulher. Principalmente porque também para os homens, e toda mulher sabe disso, o objeto do desejo é sempre o falo.

Se uma mulher, segundo o modelo freudiano, deve identificar-se plenamente com a falta fálica à espera de um homem que venha constituí-la como mãe, por outro lado ela terá que jogar sempre com algum traço fálico que a constitua, no mínimo, como objeto do desejo para ele. *Que o único traço aceito como "normal" pela psicanálise seja a feminilidade – o investimento na beleza corporal, de modo a fazer do corpo todo um falo – explica por que, entre os psicanalistas, a feminilidade seja tão frequentemente associada à histeria.*

---

[27] Idem, "O fetichismo", cit.

No último texto de sua vida dedicado especificamente à sexuação nas mulheres[28], Freud reafirmou a dificuldade em definir masculinidade e feminilidade, sobretudo em considerar que homens e mulheres sejam "naturalmente" estruturados como masculinos e femininos. Depois de reduzir o que se sabe sobre a polaridade masculino/feminino a sua dimensão mais simples, biológica, de oposição entre atividade e passividade, Freud desaconselha o leitor a confiar nessa definição e aponta seus limites: primeiro, é preciso uma grande dose de atividade para obter uma satisfação de finalidade passiva. Segundo, a passividade que se observa nas mulheres, expressão de sua baixa agressividade, pode muito bem ser fruto da educação e dos costumes sociais. O masoquismo e a passividade nas mulheres, sugere Freud em 1933, podem muito bem ser resultado do recalque da agressividade e seu consequente retorno sobre o *eu*. O que não impede que ele escreva: "O masoquismo é, como se diz, realmente feminino. No entanto, se vocês encontrarem o masoquismo em homens, como é frequente, não lhes resta senão dizer que esses homens mostram nítidos traços femininos"[29].

No parágrafo seguinte a esse, Freud afirma que não cabe à psicanálise dizer o que é a mulher, mas investigar "como, da disposição bissexual infantil, surge a mulher". Ele retoma as observações sobre as diferenças no percurso edípico em meninas e meninos, que estão em "A dissolução do complexo de Édipo"[30], e sustenta ainda que as consequências da renúncia fálica na menina seriam as passagens da atividade à passividade, da masturbação clitoridiana à vaginal e do amor pela mãe ao amor pelo pai.

Mas logo começa a relativizar esse paradigma, apontando alguns paradoxos no modelo. Por exemplo, na questão da passividade feminina, quando a menina brinca com sua boneca, identificada à mãe, não está sendo feminina, e sim... masculina, ativa e sedutora, como sua mãe ainda é, para ela. Além disso, "o velho desejo masculino de possuir o pênis ainda transparece na feminilidade consumada. Mas deveríamos talvez reconhecer tal desejo de pênis como um desejo apuradamente feminino"[31]. Ou seja, *a mulher é tanto mais feminina quanto mais deseja ser outra coisa.*

---

[28] Idem, "Novas conferências introdutórias à psicanálise: 33. A feminilidade" (1933), cit., p. 263-93.

[29] Ibidem, p. 268.

[30] Idem, "A dissolução do complexo de Édipo" (1924), cit., p. 203-13.

[31] Idem, "Novas conferências introdutórias à psicanálise: 33. A feminilidade", cit., p. 285.

O mais interessante de observar em "A feminilidade" é um detalhe que parece refletir a ambivalência do próprio Freud diante das mulheres: se ele é capaz de sustentar, na argumentação, paradoxos como os escritos citados, que contrariam todas as estereotipias sobre o gênero, ao mesmo tempo volta a recriar os estereótipos quando descreve, mais ou menos empiricamente, o que é uma mulher (ou como ela se constitui) depois do árduo percurso edípico e suas inevitáveis decepções.

Ao descrever no que se transforma a mulher que renuncia, primeiro à masculinidade, depois ao amor incestuoso pelo pai, em consequência não da angústia, mas da decepção, Freud se refere ao "alto grau de narcisismo", à vaidade excessiva (já que a beleza é uma das poucas compensações fálicas da mulher), ao pudor, que seria por excelência feminino (aqui me parece que Freud tentou dar consistência científica à tradição fundada pelo pensamento de Rousseau), em função do horror que a castração produz. Ele se refere também às "baixas aquisições sublimatórias" das mulheres, que só contribuíram para a civilização com as atividades de tecer e fiar panos para esconder sua falta; a "preponderância da inveja na vida anímica", herdeira da inveja do pênis; o "pouco senso de justiça" e os "interesses sociais fracos", consequência da falha na formação do *supereu* nas mulheres, menos rigoroso e menos abstrato do que nos homens em função da ausência da angústia de castração[32].

Esse é o retrato final da feminilidade em Freud, que tantos protestos e tanta revolta provocou nas feministas do século XX. Ainda assim, esse retrato foi problematizado por seu autor. Todos conhecem a passagem que se segue a essa exposição, em que Freud compara os resultados da evolução da libido nos homens e nas mulheres.

> Um homem de seus trinta anos aparece como um indivíduo juvenil, não inteiramente formado, do qual esperamos que venha a explorar vigorosamente as possibilidades de desenvolvimento que a psicanálise lhe oferece. Mas não é raro uma mulher da mesma idade nos assustar com sua fixidez e imutabilidade psíquica. Sua libido tomou posições definitivas, e parece incapaz de abandoná-las por outras. Não há trilhas para mais desenvolvimento, é como se todo o processo já estivesse decorrido [...], é como se a difícil evolução até a feminilidade tivesse esgotado as possibilidades da pessoa.[33]

---

[32] Ibidem, p. 289 e 292. Ver também meu artigo "A mulher e a lei", em Adauto Novaes (org.), *A ética* (São Paulo, Companhia das Letras, 1991).

[33] Sigmund Freud, "Novas conferências introdutórias à psicanálise: 33. A feminilidade", cit., p. 293.

Essa passagem revela mais um paradoxo apontado por Freud em relação ao destino da mulher, segundo o qual a conquista da feminilidade produziria, muito precocemente, seu contrário: enrijecimento, envelhecimento precoce, imutabilidade psíquica.

Há uma contradição entre os termos da análise freudiana sobre o Édipo feminino e suas observações posteriores sobre o enrijecimento precoce da personalidade das mulheres. Se a mulher se mantém sempre rebelde em relação à lei que interdita o incesto, se não renuncia inteiramente a suas pretensões infantis, se seu *supereu* é mais permissivo que o dos homens, era de esperar justamente que ela se mantivesse mais plástica, mais infantil, menos "definitivamente acabada", ao longo da vida. A infantilidade, aliás, é uma das características que Freud associa à feminilidade, em "Introdução ao narcisismo", de 1914[34].

Penso que, em sua observação sobre a "inexistência de caminhos para a evolução posterior" da libido da mulher de "cerca de trinta anos" (que corresponde, na primeira metade do século XX, à mulher casada mãe de vários filhos), Freud se esqueceu de levar em conta a inexistência de opções para uma "evolução posterior" das mulheres no campo social. Se por um lado a maternidade deveria realizar a pretensão edípica de finalmente obter um falo, por outro nada mais era solicitado à mulher que se tornava mãe, além de cuidado e dedicação aos filhos. Maternidade e casamento significariam uma espécie de ponto de chegada para a mulher, a partir do qual nada mais era esperado dela, nem no plano erótico nem no sublime; no erótico, é como se a feminilidade não tivesse outra função depois de ter cumprido seu único objetivo: a conquista de um homem que lhe desse um filho. Não que a mulher que se tornava mãe devesse deixar de ser feminina, sedutora, sensual etc. A deserotização da esposa/mãe pode ter sido uma imposição da moral vitoriana; mas para Freud parecia uma consequência inelutável do percurso de subjetivação feminino, já que em sua teoria todos os interesses libidinais das mulheres culminariam na posse do filho.

No plano das sublimações, espera-se, sim, que a mulher que se torna mãe seja capaz de sublimar uma parte dos componentes fortemente eróticos da ligação com os filhos. Mas quais eram as alternativas sublimatórias ao alcance da mulher que é dona de casa e mãe, pelo menos até a primeira metade do século XX? Que contribuições teria a mãe vitoriana, "mulher ociosa nos limites

[34] Idem, "Introdução ao narcisismo" (1914), em *Obras completas*, v. 12, cit., p. 203-13.

do mundo" a que se refere Foucault[35], a acrescentar à cultura, a partir de seu recolhimento e seu isolamento, além de "tecer os panos com que ocultar as evidências de sua castração"[36]?

Esse é o sentido das "posições definitivas" ocupadas pela libido da mulher de trinta anos: a própria feminilidade, tão arduamente constituída, já não tem nenhuma outra função a não ser satisfazer-se indiretamente por meio da maternidade. O que nos coloca a questão da produção social da fixação erótica dos filhos à mãe: se a mulher só produz (para a cultura) filhos, ela só se produz como mãe. Que outro significante representava a mulher na cultura ocidental até o advento da psicanálise? Hoje, devemos nos perguntar se o único significante que se pode acrescentar ao de "mãe", para as mulheres da cultura pós-freudiana, seria o de "histérica" – além do de "puta", como bem argumenta a psicanalista Eliana Calligaris[37].

O que está barrado para a mulher freudiana não é outra possibilidade de evolução nos destinos da libido a partir das dificuldades que ela tem que enfrentar no Édipo; o que a cultura ocidental dos séculos XVIII e XIX e do começo do século XX interditou às mulheres foram outras possibilidades identificatórias; a única identificação permitida para a menina, de acordo com os ideais de seu gênero, e que lhe promete alguma perspectiva de gratificação libidinal é a identificação à mãe, não enquanto mulher no sentido amplo (essa mulher ainda não existia), mas apenas na posição materna.

Vejamos como Freud presta contas da importância das identificações na constituição de novos destinos para as pulsões de modo a possibilitar ao sujeito superar as fixações edipianas que, do contrário, produzirão sempre o eterno retorno do recalcado. Em "O eu e o id", depois de apresentar as identificações como "uma espécie de sublimação" em que a libido objetal se transforma em libido narcisista e vem a constituir os Ideais, por meio de uma "reconstrução do objeto no *eu*", Freud escreve que o "caráter do *eu* é um precipitado dos investimentos objetais abandonados, que contém a história dessas escolhas de objeto". A riqueza dos recursos do *eu* depende da história das escolhas eróticas de cada sujeito, não só no Édipo, mas muito além, uma vez que toda história amorosa deixa atrás de si o traço de uma identificação. Dessa observação, Freud passa diretamente à

---

[35] Ver Michel Foucault, *A história da sexualidade*, v. 1: *A vontade de saber* (trad. M. T. da C. Albuquerque e J. A. G. de Albuquerque, Rio de Janeiro, Graal, 1988).

[36] Sigmund Freud, "Novas conferências introdutórias à psicanálise: 33. A feminilidade", cit., p. 290.

[37] Eliana dos Reis Calligaris, *Prostituição: o eterno feminino* (São Paulo, Escuta, 2005).

seguinte: "Em mulheres que tiveram muitas experiências amorosas, acreditamos poder mostrar facilmente, nos seus traços de caráter, os vestígios de seus investimentos objetais"[38].

Ora, é difícil imaginar que essa fosse a mesma mulher que aos trinta anos já parece incapaz de alterar as "posições definitivas" ocupadas por sua libido. O mais provável é que Freud, nesses dois textos, nos fale de dois destinos diferentes para as mulheres: um, que se conclui com a maternidade e que consiste na identificação à mãe e na realização do desejo inconsciente de obter um filho do pai. Outro, que se prolonga e se diversifica na medida em que ela pode efetuar, pela via das relações amorosas – a começar pelo amor ao pai –, outras identificações (por exemplo, com homens amados) que vão enriquecer os "traços de sua personalidade", constituir outros ideais e estruturar certa capacidade sublimatória indispensável para a invenção de novas modalidades de satisfação pulsional.

Mais uma vez, aqui, se coloca a questão da dificuldade para a menina, de sair do segundo período do Édipo pela clássica manobra da identificação, não mais à mãe, mas ao pai. Embora Freud privilegie em sua teoria uma saída normalizadora para o complexo de Édipo – identificação com o genitor do mesmo sexo e transformação do amor incestuoso pelo genitor do sexo oposto em uma "terna afeição" –, são muitas as possibilidades, contidas na própria teoria, de o sujeito se subjetivar através do percurso edípico. Freud chama atenção, por exemplo, para a importância das "disposições bissexuais" na construção dessas diferentes saídas. Por bissexual, aqui, leia-se: o que ainda não foi submetido ao recalque normalizador, produtor de uma sexuação estável para o sujeito.

Assim, nem sempre o naufrágio do complexo de Édipo faz por afirmar a masculinidade do menino por identificação com o pai. Ele pode intensificar a identificação deste com a mãe e afirmar seu caráter feminino, escreve Freud. Esse tipo de desenlace pode ser observado, com maior frequência, nas meninas que, depois de renunciar ao pai como objeto erótico, exteriorizam "os componentes masculinos de sua bissexualidade constitucional e se identifica(m) não com a mãe, e sim com o pai, ou seja, com o objeto perdido". O complexo de Édipo "completo", que passa pelo amor e depois pelas identificações com os objetos de ambos os sexos, parece a Freud bem mais frequente do que a forma dita por ele mesmo "normal" e simplificada. Essa complexidade problematiza e enriquece consideravelmente a questão da sexuação, impossibilitando que a psicanálise ofe-

---

[38] Sigmund Freud, "O eu e o id" (1923), em *Obras completas*, v. 16, cit., p. 36-7.

reça modelos para definir o que deve ser um homem ou uma mulher. O resultado mais geral da travessia edípica, conclui Freud, são "identificações enlaçadas entre si" com ambos os genitores.

É ao segundo grande herdeiro do Édipo, o *supereu*, que cabe decidir, de acordo com os ideais que a cultura organiza para os gêneros, os traços identificatórios que podem sobreviver e os que devem sucumbir ao recalque. O *supereu* é aquele que não se constitui apenas como herdeiro das pulsões do *Id*, mas também como "enérgica formação reativa a este"[39], sob efeito da angústia de castração. É o que deveria ser mais brando nas meninas; o que, atendendo à angústia de castração no menino, tenta fazer sucumbir nele todo traço de feminilidade, mas que, na menina, não possui nenhuma forte motivação para recalcar os traços de suas identificações com o pai.

Assim, o impasse em que se encontra a menina à saída do Édipo não se situa no plano das identificações, mas na constituição de uma *identidade* sexual, uma vez que não há nada que a obrigue a permanecer identificada apenas com os traços que compõem (na mãe ou em outras mulheres) o perfil ideal de seu gênero. Assim, também, é necessário incorporar à teoria as consequências do que Freud chama de "bissexualidade das mulheres": por um lado, esse é um destino mais plástico, aberto a uma maior diversidade de escolhas. Por outro, é um destino bem mais difícil de realizar nas sociedades do início do século XX, quando a "masculinidade" na mulher, mesmo nos casos em que não era recalcada, nem por isso encontrava um acervo significante a seu alcance de modo que essa *diferença em relação ao padrão* pudesse fazer sentido para o sujeito. A consequência disso era que muitas vezes, às mulheres, restava o recurso de representar-se ante o Outro por meio do sintoma histérico da demanda de falo.

Uma dificuldade adicional encontrada pela menina é que dificilmente o pai acolhe suas manobras identificatórias; dificilmente um pai aceita espelhar-se numa mulher, ainda que seja sua filha. A prova de que isso é possível está na própria história familiar de Freud, que, embora fizesse questão de manter sua Martha no lugar dos puros "ideais de feminilidade", aceitou e acolheu a identificação da filha Anna a seus próprios ideais. Que Anna Freud tenha "herdado" do pai a inteligência, a capacidade de investigação e o interesse pela psicanálise provam que a identificação com o falo (não com o pênis) paterno ajuda a estruturar, também para a menina, *recursos sublimatórios* e constituir novos destinos para a pulsão. A

[39] Ibidem, p. 42.

biografia de Anna[40] e sua correspondência com o pai atestam que o sucesso dessa manobra depende também da acolhida paterna ou de alguma figura que desempenhe essa função na vida da menina.

Não por acaso, Jacques Lacan dedicou um capítulo à questão da sublimação em *O seminário* sobre a ética. "A sublimação é, com efeito, a outra face da exploração que Freud efetua como pioneiro das raízes do sentimento ético", escreve Lacan, "a face psicológica dos valores"[41]. Lembrando ao leitor que a sublimação é uma transformação, tanto no objeto quanto na finalidade da pulsão, que escapa ao recalque, conforme Freud estabeleceu em *Três ensaios sobre a teoria da sexualidade*[42], e que, portanto, nem tudo pode ser sublimado para o sujeito (há uma exigência libidinal de satisfação direta que é imperiosa, sempre); Lacan chama atenção também para o valor *do objeto* na sublimação. A relação com o objeto na sublimação é herdeira da dimensão narcísica que se constituiu com o retorno da libido (deserotizada) ao *eu*, na manobra identificatória original que criou os ideais para o sujeito. Segundo essa ótica, nem tudo o que se produz por meio de um desvio da libido objetal tem o estatuto de uma sublimação: há também o sintoma. Daí o fato de Freud não conceder valor sublimatório ao trabalho doméstico da mulher, por exemplo.

"No nível da sublimação", escreve Lacan, "o objeto é inseparável de elaborações imaginárias e, muito especialmente, culturais", assim como o gozo que se obtém é inseparável da relação do sujeito com o objeto idealizado: "[A sublimação] eleva um objeto [...] à dignidade de Coisa"[43]. A relação do oleiro com o vaso de cerâmica que ele cria, para Lacan, é o equivalente, do ponto de vista da satisfação narcísica, ao ato mítico do qual Deus fez o mundo e viu que era bom.

Nesse texto, Lacan tira algumas consequências teóricas do pensamento de Freud, inconcluso, sobre a sublimação. Ele recorda que o reconhecimento simbólico do pai já é por si só um ato de sublimação, produzindo para o sujeito a possibilidade de uma identificação ao falo simbólico (não ao pênis, acrescento) paterno; um "recurso estruturante à potência paterna"[44] capaz de intervir na reo-

---

40 Ver Elisabeth Young-Bruehl, *Anna Freud: uma biografia* (trad. Henrique de Araújo Mesquita, Rio de Janeiro, Imago, 1992).

41 Jacques Lacan, *O seminário*, livro 7: *A ética da psicanálise* (Rio de Janeiro, Jorge Zahar, 1997), p. 111.

42 Sigmund Freud, "Tres ensayos para una teoria sexual" (1905), em *Obras completas*, v. 2 (Madri, Biblioteca Nueva, 1973), p. 1.169-236.

43 Jacques Lacan, *O seminário*, livro 7, cit., p. 125 e 140-1.

44 Ibidem, p. 178.

rientação das pulsões que podem ser utilizadas para as finalidades do *eu* em substituição às finalidades sexuais, tornando, nesse caso, desnecessário o recalque, lá mesmo onde incide a Lei.

Voltando a Freud, a sublimação, também nas mulheres, passaria pela intervenção da função paterna de modo a possibilitar a identificação, o "recurso estruturante" a sua potência. Sem essa manobra, na qual o pai está implicado, a mulher fica condenada à infantilidade de suas pretensões edípicas sempre insuficientemente recalcadas. Ou então, o que é pior, à fantasia de uma masculinidade que, à falta de outros significantes acessíveis a ela, permanece fixada ao desejo de obter não um falo, mas um pênis. É a fixação à fantasia de possuir, em seu corpo, um órgão masculino, que impede algumas mulheres de gozar das duas possibilidades de prazer contidas em seu próprio órgão (bi)sexual no qual duas inscrições serão sempre possíveis, e duas modalidades de gozo – "clitoridiano" e "vaginal", "ativo" e "passivo", "masculino" e "feminino" – convivem sem necessidade de exclusão, *a não ser quando um deles é percebido como uma evidência de que nenhum atributo fálico será acessível a ela*[45].

A sugestão de Freud sobre a riqueza dos traços de personalidade nas "mulheres de vida erótica diversificada" indica algo que podemos confirmar pela biografia de algumas mulheres que se destacaram na cultura dos séculos anteriores – George Sand, Lou Salomé, George Eliot, Harriet Taylor etc. Com alguma sorte, na falta da acolhida paterna, uma mulher pode constituir outros destinos pulsionais pela via amorosa ou mesmo pelo convívio de amizade com homens que ela admira. Essa versão sublimada das pretensões de "masculinidade" nas mulheres (escrevo entre aspas porque o que parecia de domínio exclusivamente masculino há pelo menos setenta anos hoje não é mais) aparece com frequência nas histórias de vida das primeiras pacientes de Freud, que forneceram material para seus "Estudos sobre a histeria"[46].

---

[45] Refiro, evidentemente, à face imaginária do falo, cujos desdobramentos metafóricos participam da série de atributos identificatórios contidos nos Ideais do Eu e nos quais o sujeito vai basear, pelo resto da vida, a miragem narcísica necessária para formar uma imagem minimamente coesa de si mesmo, a ponto de não ter que se perguntar continuamente quem ele é. A dupla inscrição, imaginária e simbólica, do falo, acarreta algumas dificuldades na utilização desse conceito – daí a necessidade do esclarecimento.

[46] Sigmund Freud, "Estudos sobre a histeria" (1893-1895), em *Edição standard brasileira das obras psicológicas completas de Sigmund Freud*, v. 2 (coord. trad. Jayme Salomão, Rio de Janeiro, Imago, 1996).

O que Freud não escutou de suas histéricas

> É que, além de ser meu pai, ele é um símbolo pra mim. Ele é símbolo de uma tradição, de uma herança judaica; desobedecer meu pai seria trair uma herança milenar. Eu tenho meu jeito de me apropriar da herança, tenho coisas a dizer a meu pai, mas você acha que ele quer trocar alguma coisa comigo? Eu não tenho nada que interesse a ele.

O interesse dos "Estudos sobre a histeria" de Freud não está apenas em seu caráter de documento histórico sobre as origens da psicanálise, mas principalmente, para mim, na agudeza das observações empíricas do médico investigador sobre suas primeiras pacientes. Na falta de uma teoria amadurecida que lhe pudesse fornecer alguma explicação sobre o sentido do que escutava e tomado da séria intenção de formular uma, Freud estava atento a tudo o que lhe pudessem dizer essas primeiras analisandas. A vantagem, para os leitores atuais, é que a teoria sobre a gênese sexual das neuroses ainda se encontrava em estado embrionário no pensamento de Freud, de modo que nenhum outro aspecto da vida, das fantasias nem dos pensamentos de suas pacientes deixava de interessá-lo.

É interessante notar que, naquele momento de suas elaborações, Freud ainda não tinha criado sua teoria sobre o processo da sexuação humana na travessia do complexo de Édipo. Para nós, leitores cem anos mais velhos, a imaturidade teórica de Freud na época dos "Estudos sobre a histeria" é um privilégio. Podemos ter acesso às primeiras observações empíricas da clínica freudiana, em uma época em que ele ainda não relacionava o sofrimento de suas analisandas a alguma forma de masoquismo nem interpretava sua frustração intelectual como revolta contra a falta de um pênis. Lemos, por exemplo:

> Nós tínhamos aprendido, a partir de nossas observações da sra. Caecilie M., que o tipo mais grave de histeria pode coexistir com dons da natureza mais rica e mais original – uma conclusão mais do que comprovada na biografia de mulheres eminentes na história e na literatura.[47]

Tomo, assim, algumas passagens desses primeiros relatos de Freud como elementos para entender a crise entre as mulheres recém-chegadas à modernidade e o padrão de feminilidade tido como normal desde meados do século XIX.

---

[47] Ibidem, p. 131.

Na "Comunicação preliminar" aos "Estudos sobre a histeria", Freud e Breuer já demonstravam ter observado que as mulheres de seu tempo pareciam mais suscetíveis a certo tipo de alteração mental delirante, que denominaram "estados hipnoides disposicionais".

> Nada temos de novo a dizer sobre a questão da origem desses estados hipnoides disposicionais. Ao que parece, eles frequentemente emergem dos devaneios que são tão comuns até mesmo nas pessoas sadias e aos quais os trabalhos de costura e ocupações semelhantes tornam as mulheres particularmente propensas.[48]

Essas ocupações femininas (as mesmas com as quais Emma Bovary tentava se entreter, contra o tédio da vida conjugal, e quanto mais costurava e bordava, mais "nervosa" se sentia) deveriam ser ideais, pensava-se, para manter as mãos e a mente ocupadas. "Cabeça vazia, oficina do diabo", diz o ditado. O devaneio, a fantasia e as disposições delirantes são modos de realização do desejo, tanto mais intensificados quanto mais são convocados a preencher os espaços vazios na vida das pessoas.

Freud e Breuer já haviam observado a capacidade intelectual e criativa de suas pacientes histéricas e a ausência completa de demanda para essas capacidades. Bertha Pappenheim, a Anna O. de Breuer "possuía um intelecto poderoso que teria sido capaz de assimilar um sólido acervo mental e que dele necessitava – embora não o recebesse desde que saíra da escola"[49].

Ao descrever as causas da predisposição para a histeria em Anna O., Breuer também não se mostra insensível para o fato de que "sua vida familiar monótona e a ausência de ocupação intelectual deixavam-na com um *excedente não utilizado* de vivacidade e energia mentais, tendo este excedente encontrado uma saída na atividade constante de sua imaginação"[50].

Não é difícil perceber que está em questão aqui a falta de perspectivas (não necessariamente de capacidade) sublimatórias, a ausência de demanda social para essa capacidade e a contribuição desses dois fatos conjugados para o agravamento das condições de produção de neurose ou outras formas de sofrimento psíquico. O que fazer desse *resto pulsional*, "excedente não utilizado" de energia mental que poderia, em outras condições, encontrar satisfação em alguma atividade criativa?

---

[48] Sigmund Freud, "Comunicação preliminar", em ibidem, p. 48.

[49] Ibidem, p. 57.

[50] Ibidem, p. 74; grifo meu.

Muitos anos depois dos "Estudos sobre a histeria", Lacan, ao escrever um extenso texto sobre o caso Marguerite Pantaine, camponesa internada no asilo de Saint-Anne em estado delirante depois de tentar assassinar uma atriz de teatro, havia se mostrado sensível às consequências do isolamento da mulher na sociedade moderna[51]. Ele se refere ao "importante contingente trazido à paranoia por aqueles chamados de (trabalhadores) primários: professores e professoras primárias, governantas, mulheres realizando tarefas subalternas, autodidatas de todo o tipo"[52], e sugere que, na falta de outras soluções, a integração desses sujeitos a qualquer tipo de comunidade poderia ser benéfica.

O drama de Aimée (pseudônimo escolhido por Marguerite Pantaine, baseado em personagem de um romance de sua autoria) tem em comum com o drama flaubertiano o fato de a psicose de Marguerite ter sido alimentada pela literatura. Escreve Roudinesco: "No dia seguinte (ao atentado), diversos jornais relatavam a triste história de MP, camponesa deslocada que perdera a cabeça à força de ler romances e querer publicar os seus"[53]. Em 1930, Marguerite Pantaine havia encaminhado dois romances à editora Flammarion, que rejeitou a publicação. O atentado contra Huguette Duflos, em 1931, teria sido uma vingança contra aquela recusa; a escolha de uma atriz explicava-se por associação às duas figuras femininas por quem Aimée se julgava perseguida, duas mulheres que haviam conseguido a posição que ela idealizava para si: Sarah Bernhardt e a escritora e ex-atriz Colette.

Adiante, pretendo retomar a questão da obsessão pela "outra mulher" na constituição não do delírio paranoico feminino nem nos ciúmes revelados pelas fantasias homossexuais na histeria, mas como uma passagem estruturante para todas as mulheres.

Voltemos aos "Estudos sobre a histeria": as primeiras pacientes de Freud eram em geral moças educadas, preparadas para uma vida intelectual ou criativa que não tinha lugar no mundo em que viviam. Esse desajuste produzia uma espécie de impasse em relação às possibilidades de cura. Não quero com isso reduzir as causas da histeria a uma questão de "inadaptação ao meio", mas, sim, lembrar que o funcionamento psíquico e a produção de neurose incluem as

---

51 Citado em Elisabeth Roudinesco, *Jacques Lacan: esboço de uma vida, história de um sistema de pensamento*, cit., cap. 2.

52 Sigmund Freud, "Comunicação preliminar", cit., p. 63.

53 Elisabeth Roudinesco, *Jacques Lacan*, cit., p. 49.

formações discursivas passíveis de transformação ao longo da história, mas que, em sua vigência, constituem o que Emilce Dio Bleichmar chamou de "convalidação social do fantasma". O pensamento de Freud nasceu na contramão das certezas estabelecidas; isso, porém, não impediu que, em alguns pontos que o tocavam muito de perto, ele não tivesse conseguido se afastar do discurso corrente de sua época.

Freud foi sensível à mediocridade da vida cultural e espiritual, *lato sensu*, de suas pacientes histéricas, e chamou atenção, em seus "Estudos sobre a histeria", para o papel das fantasias no sentido de oferecer alguma compensação a essa estreiteza de perspectivas, assim como para a relação entre a estagnação de libido e a produção de sofrimento psíquico. Acontece que a vida de Anna, Elizabeth, Lucy, Emmy ou Dora não era pura e simplesmente vida de perspectivas limitadas em que as moças pudessem se instalar, resignada e confortavelmente, convencidas da justeza de seu destino. Desde o fim do século anterior e durante todo o século XIX, as moças de família das grandes cidades europeias eram alvo de solicitações e expectativas bastante contraditórias. Se por um lado ainda vinham sendo educadas para o papel de esposas e mães, para uma vida sexual e doméstica em moldes muito parecidos aos da Sofia de Rousseau, por outro, o chamado "mundo masculino", o mundo das informações, da política, da ciência e dos negócios, já não era uma referência tão distante quanto se possa pensar hoje e estendia suas solicitações até o reduto aparentemente isolado das donas de casa e das moças solteiras – as quais, no entanto, continuavam dependentes judicialmente dos maridos e dos pais.

No relato do caso da sra. Emmy von N., por exemplo, Freud admite que "sua inteligência e energia [...] não eram inferiores às de um homem", mas admite que faltavam, na vida de sua paciente, destinos para essas qualidades que, empregadas assim na tentativa de suprimir "essa pulsão, que é de todas a mais poderosa, tinham-na exposto a seu grave esgotamento mental"[54]. Não nos esqueçamos de que a sra. Emmy, viúva desde muito jovem, recusou casar-se novamente com um pretendente com quem simpatizava, com medo de comprometer a herança das duas filhas e ser reprovada por elas. Um novo casamento tornaria a sra. Emmy novamente dependente do marido, cuja autorização era imprescindível para que ela despusesse livremente dos próprios bens. Ela preferiu lutar contra "a mais poderosa de todas as pulsões" a correr tal risco.

[54] Sigmund Freud, "Estudos sobre a histeria", cit., p. 82-133.

Em meados do século XIX, os pais de família burgueses eram muito mais presentes na vida familiar e muito mais ligados a seus filhos e suas filhas do que os de uma ou duas gerações anteriores. No caso das moças, Yvonne Knibiehler chama atenção para o que ela denominou "uma espécie de idílio entre pais e filhas" no seio da família nuclear burguesa.

> Tudo conduz [...] a que a menina procure a estima e o favor do dono da casa; é a melhor preparação para o casamento, dizem as educadoras. Mas parece que doravante certas adolescentes se deixam facilmente atrair, seduzir pela inteligência do pai. [...] Os exemplos não são raros no início do século: durante os momentos de lazer, os senhores falam com as filhas, guiam-lhes as leituras, cultivam os dotes eventuais para a arte ou a escrita.[55]

Nada disso significava que o destino dessas filhas ilustradas e identificadas com os recursos paternos fosse diferente do destino das mães. Quando uma delas tentava se "emancipar" e fazer uma vida independente, o conflito com o pai até então amoroso e compreensivo era inevitável, "porque mesmo os pais mais liberais (em política) renunciam com dificuldade ao compromisso de suas filhas. Victor Hugo, Karl Marx, pais venerados, pais déspotas, perseguiram assim as suas, com as melhores intenções"[56].

A proximidade, a intimidade, as conversas com o pai produziam para essas moças um campo de identificações muito mais vasto do que o que se descortinava na relação com as mães; mas o mesmo agente que estimulava nelas o gosto pela atividade intelectual, pela informação e pela arte exigia que renunciassem a tudo em favor do casamento, frequentemente no interesse dos negócios da família; nesse caso, o papel da esposa seria limitado às tarefas de dona de casa e mãe.

Já na década de 1930, a psicanalista Hélène Deutsch, tão impopular entre as feministas por suas teorias sobre o masoquismo "constitucional" das mulheres, escreveu sobre o duplo vínculo na ligação entre a menina e o pai. Para Deutsch, o pai funciona para meninas e meninos como representante da realidade e poderoso aliado na superação da ligação exclusiva com a mãe. Meninos e meninas identificam-se com traços da figura paterna para evitar a ameaçadora fusão com a mãe, até então uma figura fálica e poderosa. A primeira orientação da menina em

---

[55] Yvonne Knibiehler, "Corpos e corações", em Georges Duby e Michelle Perrot, *História das mulheres no Ocidente*, v. 4: *O século XIX* (trad. Claudia e Egito Gonçalves, Porto, Afrontamento, 1995), p. 389.

[56] Ibidem, p. 390.

direção ao pai, escreve Deutsch, tem um caráter ativo e não passivo, impulsionador do crescimento e da adaptação à realidade, que se deve repetir na passagem da pré-adolescência para a puberdade. Mas

> o *élan* da menina em direção à atividade encontra normalmente, junto ao pai, uma atitude que tende a inibi-lo. O pai representa, assim, o mundo externo que exercerá sem cessar, posteriormente, essa influência inibidora sobre a atividade da mulher e a remeterá a seu papel passivo constitucionalmente *predeterminado*.[57]

Hoje, podem soar ultrapassadas as convicções de Hélène Deutsch sobre a predisposição constitucional da menina à passividade e ao masoquismo, mas devemos reconhecer que suas observações a respeito da sobredeterminação da relação da futura mulher com o pai contribuem para entendermos por que, na histeria, os esforços de sublimação do amor edípico pela via das identificações parece sempre fracassar em favor do circuito primário incesto/culpa/*penisneid*. Nos relatos de caso das histéricas, Freud se refere frequentemente a um relacionamento de camaradagem entre a filha e o pai, e ficamos a nos perguntar por que o único destino desse amor já sublimado teria sido a regressão a uma solução de compromisso neurótica.

Meu interesse ao repassar rapidamente alguns dos relatos de Freud sobre suas primeiras pacientes não é questionar as hipóteses freudianas sobre as origens da histeria, mas apontar para o impasse que se produz *na cura*, em consequência da falta de *outras* escolhas, para aquelas mulheres, além de uma "escolha de neurose". Terá sido em função dessa falta de alternativas, dessa inexistência de outros destinos para as mulheres que se produziu, no discurso psicanalítico pós-freudiano, a *equivalência entre histeria e feminilidade*? Nesse caso, é como se a histeria fosse a única solução de compromisso, para as mulheres, entre a castração simbólica, a demanda imaginária de falo e o corpo Real desprovido de pênis.

Tenho especial simpatia, nos "Estudos sobre a histeria" freudianos, pela srta. Elisabeth von R., filha identificada ao pai, com o qual vivia em íntimo contato e que era "um amigo com quem podia trocar ideias". Elisabeth não tinha irmãos homens – era a mais nova de três filhas – e talvez por isso tenha sido aceita junto ao pai como uma interlocutora privilegiada. Mas Freud não deixou de observar os problemas acarretados por esse amor filial; problemas que, como se há de notar,

---

57 Hélène Deutsch, "Le Masochisme féminin", em *Psychologie des Femmes* (Paris, PUF, 1953), p. 218; grifo meu. Aqui em tradução livre.

não eram de ordem incestuosa, mas identificatória. "Embora a mente da moça encontrasse estímulo intelectual nessa relação com o pai, ele não deixava de observar que a constituição mental dela estava, por causa disso, afastando-se do ideal que as pessoas gostavam de ver concretizado numa moça."[58]

Para Elisabeth, aproximar-se do pai querido e identificar-se com os ideais intelectuais dele equivalia a afastar-se dos ideais propostos para uma moça. Ela, no entanto, "se sentia, de fato, muito descontente por ser mulher. Tinha muitos planos ambiciosos. Queria estudar ou receber educação musical e ficava indignada com a ideia de ter de sacrificar suas inclinações e sua liberdade de opinião pelo casamento"[59]. Adiante, ao discutir o caso, Freud escreve que Elisabeth possuía

> as características que são encontradas com tanta frequência nas pessoas histéricas e que não há nenhuma desculpa para se considerar como consequência da degenerescência: seus talentos variados, sua ambição, sua sensibilidade moral, sua excessiva exigência de amor, a princípio atendida pela família, e [mais] a independência de sua natureza, que *ia além do ideal feminino* e encontrava expressão numa dose considerável de obstinação, combatividade e reserva.[60]

Essas características poderiam perfeitamente ser interpretadas, de acordo com a moral sexual com que a psicanálise pós-freudiana compartilhava no início do século XX, como evidências de "masculinidade" nas histéricas; mas não quero me apressar em concluir que estejam estruturalmente implicadas nas formas de masculinidade sexual que representam, para Freud, uma das vias fracassadas da sexualidade nas mulheres.

Se as características (ditas) masculinas de Elisabeth não foram consideradas por Freud "consequência da degenerescência", no mínimo constituíam um forte obstáculo para a realização do que se apresentava diante dela como seu destino de mulher, segundo os padrões do fim do século XIX e do início do XX. Freud não só não questionou esse destino, como torceu abertamente para que ele se realizasse e, no fim do relato do caso de Elizabeth, escreveu: "Na primavera de 1894, soube que ela iria a um baile particular para o qual eu poderia obter um convite e não deixei escapar a oportunidade de ver minha ex-paciente passar por mim

---

58 Sigmund Freud, "Estudos sobre a histeria", cit.

59 Ibidem, p. 175.

60 Idem; grifo meu.

rodopiando numa dança animada. Depois dessa ocasião, por sua própria vontade, casou-se com alguém que não conheço"[61].

Voltemos um pouco mais às observações de Hélène Deutsch sobre o sentido da "masculinidade" nas mulheres. Deutsch buscava oferecer uma alternativa para a "predisposição constitucional" de suas analisandas ao masoquismo. Alternativa que Marie-Christine Hamon formula deste modo: antes a virilidade que o masoquismo (*plutôt la virilité que le masochisme*). Ela cita um trecho de "Le Masochisme féminin", em que Deutsch afirma que o ideal de um processo de análise bem-sucedido seria suprimir as inibições e possibilitar a satisfação sexual na mulher; nos casos em que a libido estivesse fortemente fixada numa posição masoquista, "o analista deve ter coragem de aplainar a via na direção dita 'masculina' e facilitar assim à paciente a renúncia à satisfação sexual"[62].

Mas por que, para Deutsch, a renúncia ao masoquismo implicaria soterrar toda a sexualidade de suas pacientes? Sua posição não é definitiva a esse respeito, pois adiante, ao se referir a outras configurações neuróticas derivadas do complexo de Édipo, ela afirma que há dois destinos possíveis na análise da inveja do pênis nas mulheres: ajudar a convertê-la em desejo de um filho ou encorajar essas pacientes a se realizar "na direção de suas tendências masculinas". São as duas tendências clássicas da cura freudiana; mais uma vez coloca-se a questão: serão essas duas possibilidades excludentes? A única via da realização das "tendências masculinas" seria a fantasia de possuir um pênis, incompatível com o prazer sexual na relação com um homem?

De modo inesperado, a própria Hélène Deutsch conclui que não: na clínica, a autora observou com frequência que, aberta a via da "realização das tendências masculinas", a sensibilidade sexual feminina se desenvolve automaticamente de maneira surpreendente. A conclusão de Marie-Christine Hamon, com a qual tendo a concordar, é que o importante na análise de mulheres é encontrar um destino para o *penisneid*, seja pela via do falo-bebê, seja pela via das sublimações – ou, por que não?, pelas duas. Assim como Deutsch, Hamon conclui que a superação da inveja não impede – ao contrário, favorece – a sexualidade feminina, "*ce changement de sexe dont parle Freud en 1931*". A frigidez e a masculinidade sexual nas mulheres (que no pensamento de Freud não se distinguem exatamente da homossexualidade feminina) só seriam as únicas saídas para a inveja e o sentimento de inferioridade

---

61 Ibidem, p. 172.

62 Marie-Christine Hamon, *Pourquoi les femmes aiment-elles les hommes?*, cit., p. 118.

diante dos homens nos casos em que a analisanda permanecesse fixada à primeira forma imaginária do falo, o pênis, da qual ela se sentiria injustamente privada.

Para Emilce Dio Bleichmar, a "dimensão conflitiva da feminilidade" em nossa cultura encontra sua máxima expressão na histeria.

> Quando a histérica produz a fantasia da mulher com pênis, não o faz nem por homossexual nem por transexual – ou seja, pelo desejo de ser homem –, mas porque, fechados os caminhos de hierarquização de seu gênero, tenta formas variáveis de narcização, *acrescentando* à feminilidade o falicismo, a masculinidade, um pênis fantasmático – ou dirigindo-se a um homem para que ele lhe diga quem ela é.[63]

Segundo o argumento de Bleichmar, a histérica tenta, em seu "feminismo espontâneo", equiparar ou inverter a valorização de seu gênero, não a direção de seu desejo sexual. Na linha de pensamento de Piera Aulagnier, ela sustenta que a frigidez histérica é uma vingança: "Cada vez que se sinta humilhada [a histérica] apelará à sua única arma na luta narcisista, o controle de seu gozo e de seu desejo para, desta maneira, inverter os termos"[64].

Essa inversão de valor não equivale, necessariamente, a uma inversão de orientação sexual, assim como nem sempre produz uma ignorância sobre seu querer, embora possa parecer assim *para o homem*, já que o que uma mulher quer é frequentemente o oposto do que *ele* quer dela. "Uma mulher objetiva precisamente ser reconhecida enquanto mulher, isto é, fazer reconhecer a existência de um sujeito feminino", escreve Serge André[65]. O que não é o mesmo que ser reconhecida como um sujeito-menos-alguma-coisa, já que a castração simbólica incide sobre homens e mulheres. Nem se resolve na construção fantasmática em que a mulher busca ser *desejo do desejo de um Outro*, pois essa é a posição de todo sujeito no fantasma. Ou então, na terceira e pior alternativa: instalar-se no lugar da senhora fulana de tal, impedindo-se voluntariamente de ocupar qualquer outra posição além dessa na vida.

---

[63] Emilce Dio Bleichmar, *O feminismo espontâneo da histeria*, cit., p. 26; grifo meu.

[64] Idem. Ver Piera Aulagnier, "Observações sobre a feminilidade e suas transformações", em Jean Clavreul (org.), *O desejo e a perversão* (trad. Marina Appenzeller, Campinas, Papirus, 1990).

[65] Serge André, *O que quer uma mulher?* (trad. Dulce Duque Estrada, Rio de Janeiro, Jorge Zahar, 1990), p. 249.

Afinal, o que Freud (não) quer saber?

> Ele está perplexo, ele faz de tudo para distorcer o que eu disse, que é muito simples: eu disse que desse jeito eu não quero mais. Mas ele ridiculariza, arremeda, ironiza – a única coisa que ele não consegue fazer é ouvir o que eu disse.

Como escrevi no começo deste capítulo – e aqui me apoio na argumentação de Marie-Christine Hamon –, a insistência com que Freud sustentou até o fim da vida sua ignorância sobre a confusa (mas não por isso misteriosa) relação que as mulheres estabelecem com a feminilidade, e isso apesar de tudo o que ouviu de suas analisandas e, mais tarde, de suas colaboradoras psicanalistas, só pode indicar algum impedimento da parte do próprio Freud. Impedimento decorrente não de alguma característica inexplicável, não simbolizável ou indizível nas mulheres, mas da posição subjetiva de Freud diante delas.

Em um artigo sobre a perplexidade de Freud diante dos conhecimentos sexuais bastante sofisticados da adolescente Dora, o ensaísta Neil Hertz comenta algumas limitações a que Freud não poderia escapar:

> Ou ele estava insuficientemente alerta para seus próprios sentimentos eróticos ou paternais ou erótico-paternais em relação a Dora; ou – para estender essa alusão à contratransferência até uma dimensão sociológica – as atitudes de Freud em relação às mulheres jovens, solteiras e infelizes partilhava a cegueira e a inclinação exploradora da cultura patriarcal dominante.[66]

Segundo a hipótese de Hertz, Freud não conseguia entender que Dora soubesse tantas coisas sobre as práticas sexuais – como as moças virgens descobrem a sexualidade dos adultos? – porque estava inconscientemente identificado a sua suposta ingenuidade. Freud também tinha passado pela experiência de, diante de colegas mais velhos e experientes, sentir-se chocado com o que eles diziam. O autor comenta as experiências relatadas por Freud no início do texto *Contribuição à história do movimento psicanalítico*[67].

Numa reunião em casa de Charcot, o jovem Freud teria ouvido o grande médico dizer a respeito de uma paciente histérica: "*Dans des cas pareils, c'est toujours*

---

[66] Neil Hertz, "Segredos de Dora, técnicas de Freud", em *O fim da linha: ensaios sobre a psicanálise e o sublime* (trad. Júlio Castañon Guimarães, Rio de Janeiro, Imago, 1994), p. 151.

[67] Sigmund Freud, "Contribuição à história do movimento psicanalítico" (1914), em *Obras completas*, v. 11 (trad. Paulo César de Souza, São Paulo, Companhia das Letras, 2010), p. 245-327.

la chose génitale, toujours... toujours... toujours [em casos como esse, é sempre a coisa genital, sempre... sempre... sempre]". Pensou: "Se ele sabe disso, por que não diz?". Outra vez, ficou perplexo ante o conhecimento secreto de seu colega Breuer, que, tendo encontrado na rua o marido de uma paciente, de quem pediu notícias, comentou com ares cúmplices que não se pode fazer nada num caso desses, já que o marido era impotente. Seriam "segredos de alcova", explicou Breuer a um jovem Freud estarrecido.

Por fim, Freud relata o comentário jocoso de Chrobach, que lhe disse: "A única receita para tal doença [...] não podemos prescrever [...] seria: Rx. Penis Normalis\ Dosim\Repetatur! 'Eu jamais ouvira tal receita', escreve Freud, 'e quase balancei a cabeça ante o cinismo de meu benfeitor'". A paciente de Crombach estava casada havia dezoito anos com um marido impotente, sendo portanto ainda virgem intacta. Freud confessa-se mais uma vez chocado quando Crombach lhe confidencia que, num caso como esse, "o médico não pode fazer nada a não ser resguardar essa infelicidade doméstica com sua própria reputação e resignar-se a que se dissesse dele [...]: 'Este também não conseguiu nada depois de tantos anos'"[68].

O ensaio de Hertz aponta para um jovem Freud tão assustado diante da sexualidade quanto suas próprias analisandas, tentando "subjugar através de uma técnica profissional conscientemente elaborada" as mesmas pulsões e representações que Dora recalcava. Ele conclui que a saída de Freud da posição da histérica ingênua e impressionável se dá pela investigação psicanalítica (o que representa, a meu ver, uma mudança de posição passiva para uma posição ativa), mas não chega a fazer o pacto de cinismo com seus colegas.

> É seu reconhecimento mais decidido de uma disposição de espírito que ele considera cínica, disposição em que os ginecologistas se alinham aos maridos impotentes, dispostos a arriscar sua reputação e "resguardar a felicidade doméstica", embora relutantes de incluir a infelicidade da mulher na avaliação. Freud não está assumindo uma atitude fortemente polêmica contra esses arranjos sexuais e médicos comuns, mas entrevê as estruturas de cumplicidade entre médicos e maridos, que mantêm a etiologia das neuroses como um segredo bem guardado, apenas para homens.[69]
>
> Freud sabia que o que suas analisandas lhe contavam era, pelo menos em parte, decorrente das vicissitudes e limitações impostas às mulheres pela cultura, que lhes restringiam o terreno da satisfação sexual, por um lado, e o das possibilidades

68 Ibidem, p. 255-6.

69 Neil Hertz, "Segredos de Dora, técnicas de Freud", cit., p. 162.

sublimatórias, por outro. A primeira restrição – à sexualidade – foi rapidamente percebida por Freud depois que ele passou de ingênuo a investigador e que sua relação com a etiologia das neuroses foi estabelecida, por mais inconveniente que pudesse ser essa constatação por parte de um médico cuja função (esperada) era apenas acalmar aquelas senhoras inquietas e readaptá-las a suas funções domésticas. Não que ele acreditasse que essas condições pudessem ser alteradas; mesmo assim, tornou-se um dos seus críticos mais contundentes.[70]

No último capítulo dos "Estudos sobre a histeria", Freud se questiona sobre que negociação teria a oferecer para que suas pacientes aceitassem abrir mão de suas satisfações sintomáticas. Respondendo à suposta objeção de uma paciente, que lhe diria que, se a doença é provocada por circunstâncias da vida, não há o que se possa fazer, Freud escreve a conhecida observação:

> Sem dúvida o destino acharia mais fácil do que eu aliviá-lo de sua doença. Mas você poderá convencer-se de que haverá muito a ganhar se conseguirmos transformar seu sofrimento histérico numa infelicidade comum. Com uma vida mental restituída à saúde, você estará bem armado contra essa infelicidade.[71]

Não creio que devamos considerar o fundador da psicanálise um conformista, mas sim alguém mergulhado nas condições de produção da moral burguesa de seu tempo e, por isso, incapaz de imaginar que elas pudessem ser alteradas – inclusive por efeito da "bomba moral" lançada pelo próprio discurso psicanalítico. Contudo, ainda que não visse saída para a moral familiar burguesa, Freud foi capaz de romper com o pacto de cinismo "entre cavalheiros", em função de seu compromisso tanto médico quanto ético com suas pacientes, que implicava também uma espécie de compromisso com a verdade. "O mecanismo que produz a histeria", comenta ele no fim da exposição do caso de Miss Lucy R., "representa, por um lado, um ato de covardia moral e, por outro, uma medida defensiva que se acha à disposição do ego."[72] A "covardia moral" que produz o sintoma parece ter sido, no caso dessas mulheres que procuraram se fazer escutar pelo médico disposto a isso, compensada por uma grande dose de coragem.

---

[70] Ver, por exemplo, Sigmund Freud, "A moral sexual 'cultural' e o nervosismo moderno" (1908), em *Obras completas*, v. 8 (trad. Paulo César de Souza, São Paulo, Companhia das Letras, 2015), p. 359-89.

[71] Idem, "Estudos sobre a histeria" (1893-1895), em *Edição standard brasileira das obras psicológicas completas de Sigmund Freud*, v. 2, cit., p. 294.

[72] Ibidem, p. 141.

Escrevi, algumas páginas atrás, que Freud percebeu e denunciou a primeira das limitações impostas às mulheres de seu tempo: a que concerne às possibilidades de satisfação sexual. Quanto à outra limitação, relativa ao espaço concedido às realizações sublimatórias da mulher, com a qual Freud mostrou preocupação nos "Estudos sobre a histeria", o desenvolvimento posterior de seu trabalho aponta para uma tentativa de justificá-la teoricamente, até o ponto de considerar, por exemplo, as "baixas realizações sublimatórias" legadas pelas mulheres à civilização ao longo da história da humanidade, como parte de uma *natureza feminina*.

Também nesse aspecto penso que algumas vicissitudes da posição subjetiva do criador da psicanálise devem ser consideradas.

Estelle Roith, em sua pesquisa sobre as relações de Freud com a cultura judaica – tanto a tradicional, que remonta à cultura de origem de seus pais, quanto a dos modernos judeus assimilados da Europa Central, grupo ao qual ele próprio pertencia –, indaga como foi possível que ele tivesse retratado as mulheres como socialmente castradas e sexualmente inferiores, se as mulheres judias no período da assimilação eram exatamente o oposto: socialmente muito mais ativas que os maridos e sexualmente bem mais livres do que as mulheres góis[73].

É verdade que no judaísmo ortodoxo o lugar reservado às mulheres é subalterno em relação ao dos homens e que uma mulher não tem praticamente nenhum status em sua comunidade até que se torne mãe. Mas Roith demonstra que, na prática, as jovens esposas e mães das famílias recém-imigradas para as cidades europeias desempenhavam um papel fundamental na adaptação à vida do gueto, no domínio da nova língua e no sustento da família – papéis bem mais ativos do que os desempenhados pelos homens. "Se alguém é protegido", escreve

---

[73] Estelle Roith, *The Riddle of Freud: Jewish Influences on his Theory of Female Sexuality* (Londres, Tavistock, 1987). Outra abordagem do judaísmo em Freud se encontra em Renato Mezan, *Psicanálise, judaísmo: ressonâncias* (São Paulo, Escuta, 1987). Mezan refere-se à assimilação dos judeus europeus, no século XIX, como o período em que deixa de existir uma única inscrição para "ser judeu", criando-se, com isso, a possibilidade de cada sujeito inscrever sua relação com o judaísmo como quiser. Além disso, lembra ao leitor que uma "identidade" (no caso, a identidade judaica) só se constrói à custa da exclusão de um outro (ver cap. 3, "Inversão em torno do antissemitismo"). Como não pensar, a partir de Mezan, na insistência e ao mesmo tempo na dificuldade de Freud em conceber uma "identidade feminina" em que coubessem todas as mulheres (à custa de serem radicalmente excluídas do grupo dos homens), como projeção dessa "identidade judaica" perdida e, ao mesmo tempo, como efeito de certa cegueira para o fato de que, assim como os judeus, as mulheres modernas estavam deixando de ser um grupo unificado para ser um conjunto de indivíduos que devem ser contados – como escreveu Lacan – um a um?

Roith, é o "*scholarly man*, eternamente dedicado aos estudos e à manutenção das tradições, atividades bem mais passivas e recolhidas, embora mais valorizadas"[74].

A hipótese de Estelle Roith é que o lugar reservado às mulheres na teoria psicanalítica equivale ao lugar *em que Freud se via*, como judeu, na cultura gói. A vergonha por alguns traços judaicos desprezados pelos não judeus era recalcada em favor de sentimentos de superioridade ética e cultural, assim como a atração e o fascínio por aspectos vistos como mais viris, da cultura e do comportamento dos góis. A hostilidade e o desprezo pelas mulheres, entre judeus, para Roith, derivam da mesma fonte inconsciente de rejeição pelas características "femininas" (sensibilidade/passividade/docilidade etc.) dos próprios homens judeus. O modelo de Freud para as mulheres seria "essencialmente uma caricatura do homem castrado e, como tal, estreitamente semelhante a uma das caricaturas do judeu exilado que tanto os gentios quanto, em certa medida crucial, os judeus emancipados haviam internalizado". A mulher na teoria freudiana representa, segundo a hipótese de Roith, a paródia de um homem castrado política, social e sexualmente. "Reduzida ao 'outro' castrado, a mulher torna-se uma garantia contra a angústia de castração do homem."[75]

Tantos autores já reescreveram a biografia de Freud, reinterpretaram suas motivações, autorizaram-se a analisá-lo a partir dos generosos documentos que ele nos deixou de sua precária autoanálise que simplesmente não vejo interesse em tentar retomar toda essa bibliografia aqui. Aponto as pesquisas de Neil Hertz e Estelle Roith porque ambas coincidem em um ponto que o próprio Freud admitiu a respeito de sua transferência dirigida a Fliess e que interessa a minha argumentação: a ideia de que Freud – assim como Flaubert! – teria ocupado, em certos momentos da vida, uma posição análoga à que ele mesmo descreveu como a posição feminina. Posição de alteridade e exclusão em relação a um discurso dominante, em que certa receptividade passiva pode-se constituir como única alternativa: como amigo fascinado diante da "ousadia" criativa de Fliess (cujas teorias chamaram sua atenção justamente para a bissexualidade), como judeu discriminado e mal aceito em uma cultura dominantemente não judaica e antissemita; ou como médico novato e ingênuo diante dos conhecimentos compartilhados um tanto cinicamente entre seus colegas mais velhos, como "segredos entre cavalheiros" dos quais se sentia excluído.

Que Freud tenha conhecido então, subjetivamente, uma posição feminina e que, como homem, não quisesse saber de nada disso; que tenha reservado em

[74] Estelle Roith, *The Riddle of Freud*, cit., p. 107 e 80-1.

[75] Ibidem, p. 85-6. Aqui em tradução livre.

sua teoria tudo o que diz respeito a essa condição, às mulheres (não todas, só as "normais") – essas não são coisas que tenhamos que afirmar entre dentes, com uma piscadela entre entendidos e um sorriso de "hum, então *até ele*?". Que Freud soubesse o que é se ver como mulherzinha desprezível e ingênua diante do macho dominante e experiente, isso não diz nada a respeito do criador da psicanálise que não se possa dizer a respeito de outro homem qualquer, Flaubert inclusive. Que Freud – assim como Flaubert ou outro homem qualquer – tenha recalcado as marcas dessa experiência para sustentar a virilidade que lhe era demandada e para isso se apoiasse em uma convicção imaginária sempre periclitante, isso só faz dele um homem, nada mais. E, como homem (isso, a psicanálise freudiana nos ajuda a saber), também ele fez por manter a alteridade absoluta da mulher, para que ela lhe fizesse o favor de representar esse "outro" castrado que o protegesse da angústia etc.

Operação que, para ser bem-sucedida, exige uma volta a mais do parafuso – volta esta iniciada por Freud e completada por Lacan – que os convença de que, vejam bem caros colegas, ocupar o lugar desse "outro" no desejo masculino é só isso o que quer uma mulher. De tal modo, desde Freud, os psicanalistas se convenceram de que ser desejo do desejo (dos homens) é só o que uma mulher quer, que cada vez que uma delas dá sinais de rebeldia ou desajuste em relação a esse lugar tão conveniente, eles ainda voltam a se perguntar: "Mas afinal, quem é que sabe *mesmo* o que quer uma mulher?".

A mulher no desejo de Freud

> Eu disse que ele não aguentava ser o pai de uma mulher que ia trabalhar aos quinze anos. Ele só aguentava ser o pai de uma menina que ia para a escola e obedecia à mãe, de modo que um dia eu estaria pronta para ele me dar de presente para alguém.

Na vida pessoal de Freud, o manejo da mulher como esse "outro" que deveria protegê-lo da angústia de castração aparece com bastante clareza em sua correspondência à noiva, Martha Bernays. Pouco depois de tê-la pedido em casamento, por exemplo, ele termina uma carta assim:

> Daqui em diante você é apenas uma hóspede em sua família, como uma joia que eu empenhei e vou resgatar logo que ficar rico. Porque já não foi prescrito, desde os tempos imemoriais, que a mulher deixará pai e mãe e seguirá o homem que escolheu?

> Você não deve amargurar-se com isso, Martinha, não pode lutar contra a situação; por mais que eles a amem, eu não a deixarei a ninguém, e ninguém a merece; o amor de ninguém se compara ao meu.[76]

Estelle Roith chama atenção, nessa carta, para o ato falho de Freud, que certamente não desconhecia a versão "prescrita desde os tempos imemoriais" nos textos da lei judaica: de que *o homem* deve deixar a família de origem e seguir junto à mulher que escolheu.

Em outra carta, Freud, como educador, prescreve à noiva não só suas futuras tarefas como esposa, mas também o lugar que ele esperava (e precisava) que ela ocupasse junto a ele.

> Estes tempos difíceis não me desanimarão enquanto continuarmos com saúde e não nos ocorrer nenhum infortúnio excepcional [...]. Sei, afinal, como você é terna, como você pode transformar uma casa em um paraíso, como participará de meus interesses, como você será alegre e incansável. Deixarei que você governe a casa quanto quiser e você me recompensará com o seu terno amor e sobrepondo-se a todas aquelas fraquezas pelas quais as mulheres com tanta frequência são desprezadas. Até onde permitirem minhas atividades, leremos juntos o que quisermos e eu a iniciarei em coisas que não poderiam interessar uma moça enquanto ela não se familiarizasse com seu futuro companheiro e a ocupação dele.[77]

A correspondência amorosa de Freud revela um amor cheio de ternura pela sua "doce princesa", uma obstinação em conquistar não só o afeto e a admiração da noiva, mas cada recanto de seus pensamentos. É comovente a insegurança de Freud em relação aos segredos que sua futura mulher pudesse lhe ocultar, sua insistência em pedir que ela lhe conte *tudo* o que pensa, sente ou quer e sua consciência de que, se a mulher se cala, é porque a educação e a sociedade sempre lhe exigiram silêncio. Às vezes, no entanto, é ele quem faz calar a noiva com sua insistente certeza sobre os próprios pontos de vista. Freud quer que Martha lhe confie seus pensamentos, quer saber sempre mais, satisfazendo na mesma exigência sua sede amorosa pelo ser da jovem noiva e sua necessidade de dominação – pois era frequente que, diante de um pensamento de Martha que lhe pareça inadequado, ele não sossegasse até tê-la

---

[76] Sigmund Freud, carta a Martha Bernays, 14 ago. 1892, em *Correspondência de amor e outras cartas (1873-1939)* (org. Ernst Freud, trad. A. S. dos Santos, Rio de Janeiro, Nova Fronteira, 1982), p. 42.

[77] Idem, carta a Martha Bernays, 23 out. 1883, em *Correspondência de amor e outras cartas*, cit., p. 92-4.

convencido de seu ponto de vista. Ou até que ela se calasse, fingindo concordar com ele. A suspeita de que isso pudesse acontecer deixava o jovem noivo sempre inseguro quanto à sinceridade do amor de sua amada e aos "mistérios" que ela lhe ocultava.

Peter Gay, em sua biografia de Freud[78], comenta o processo de "educação" a que Martha Bernays foi submetida por meio da insistente correspondência do noivo, até que ficasse bem claro quem deveria ser o chefe da casa e quais seriam as atribuições da futura esposa. Vejamos um longo trecho da carta de novembro de 1883:

> O que você disse em sua última carta sobre Mill e sua esposa devia ter-me dado imediatamente a inspiração de contar-lhe alguma coisa sobre ambos. [...] É bem possível que ele tenha sido, em todo o século, o homem em melhores condições para livrar-se da dominação dos preconceitos comuns. E, em consequência [...], falta-lhe o senso do absurdo sob vários aspectos: por exemplo, na emancipação das mulheres e na questão feminina em geral. [...] *Acho que estamos de acordo* em que cuidar da casa, criar e educar filhos exigem dedicação integral e praticamente excluem qualquer atividade remunerada [...]. Qualquer mulher, mesmo sem direito a voto ou sem direitos civis, cuja mão seja beijada por um homem disposto a arriscar tudo pelo seu amor, poderia tê-lo emendado a esse respeito.
>
> Parece uma ideia completamente irrealista mandar as mulheres à luta de forma idêntica à dos homens. Deverei eu pensar na minha delicada e terna menina como concorrente? [...] É possível que uma educação diferente anulasse todas as qualidades delicadas das mulheres [...] de modo que elas pudessem ganhar a vida como os homens. Também não é possível que, nesse caso, não seria justificável deplorar o desaparecimento da coisa mais linda que o mundo tem para oferecer-nos: nosso ideal de feminilidade. Mas acredito que todas as atividades reformistas [...] fracassarão diante do fato de que muito antes da era em que uma profissão possa ser estabelecida na nossa sociedade, a natureza terá designado a mulher, em virtude de sua beleza, encanto e bondade, para fazer outra coisa. Não, a este respeito sou antiquado, desejo a minha Marta como ela é, e *ela própria não há de querer que seja diferente*: ser uma namorada adorada na mocidade e uma esposa amada na maturidade.[79]

Essa certeza impositiva sobre o que "sua" Martha deveria querer só poderia se fazer acompanhar de sérias dúvidas, por parte de Freud, a respeito da legitimidade

---

[78] Peter Gay, *Freud, uma vida para o nosso tempo* (trad. Denise Bottmann, São Paulo, Companhia das Letras, 1989).

[79] Sigmund Freud, carta a Martha Bernays, 15 nov. 1883, em *Correspondência de amor e outras cartas*, cit., p. 97-9; grifos meus.

da diferença que ele tanto lutou para instituir, além da suspeita de que algo, no querer de sua futura esposa, lhe escapasse.

Volto a Peter Gay:

> Como outros burgueses convencionais de sua época, Freud dava grande importância à diferença entre os sexos, "a coisa mais significativa quanto a eles" [...]. Mandar as mulheres para a luta pela existência era uma ideia "abortada"; pensar em Martha Bernays, sua "meiga e querida garota", como uma concorrente, parecia a Freud uma pura estupidez.[80]

Freud podia admitir mudanças na educação que alterassem as relações entre homens e mulheres e aumentassem os direitos destas. "Mas a emancipação total significava o fim de um ideal admirável. Afinal [...], a 'natureza' destinou a mulher, 'através da beleza, do encanto e da doçura a algo mais'."[81]

Sabemos que era impensável para Freud que Martha fosse sua concorrente na profissão ou mesmo sua interlocutora para além dos limites da casa. Para isso, ele precisou eleger parceiros homens, a começar pelo tão amado Fliess. E quando sua filha Anna, à semelhança da antiga analisanda Elizabeth, revelou-se uma interlocutora à altura, identificada ao pai, Freud lamentou que o preço de tal destinação intelectual e profissional (não o preço de uma análise em condições impossíveis) tivesse sido o sacrifício total de sua vida amorosa. Martha, evidentemente, nunca pleiteou o lugar de interlocutora do marido. Depois de casada, "Martha Freud era a perfeita burguesa. Amorosa e eficiente com a família, ela se desdobrava sob um inflexível senso de responsabilidade pelos deveres domésticos, e era severa com seus deslizes em relação à moral da classe média"[82].

Totalmente dedicada a fazer do lar dos Freud a fortaleza e o refúgio requeridos pelo marido, Martha não se permitia quase nada além do cumprimento do dever. Até mesmo a leitura, um dos poucos prazeres que ela conservou a vida toda, só tinha lugar nos últimos minutos do dia, na cama, antes de adormecer. Resultado: em pouco tempo de casada, Martha mudou de aparência, "pouco fez para resistir ao estilo de envelhecimento então corrente, que convertia implacavelmente a jovem esposa numa imponente matrona"[83].

---

[80] Ibidem, p. 52.

[81] Idem.

[82] Ibidem, p. 71.

[83] Idem.

Como não pensar aqui que Martha pode ter sido o protótipo de que Freud se valeu quando observou a "fixidez e a imutabilidade" da mulher de trinta anos, transformada em uma matrona precocemente envelhecida, enquanto um homem de cerca de trinta anos ainda parece bastante jovem e inacabado, "como se a difícil evolução até a feminilidade tivesse esgotado as possibilidades da pessoa"[84]?

A "árdua evolução em direção à feminilidade" a que Freud se referia estaria ligada às vicissitudes do percurso edípico para a menina, obrigada a fazer duas renúncias em vez de uma só (como o menino) e alimentar seus progressos antes na base de decepções do que de promessas. Só pela esperança remota de algum dia recuperar sua posição fálica através da geração de uma criança – que, para o inconsciente, será sempre um filho *do pai* – é que a mulher freudiana aceita, enfim, a enigmática posição feminina. Enigmática, sim, inclusive para a mulher, na medida em que ela encara a feminilidade como uma rendição, um sacrifício oferecido como prova de amor ao pai e seus substitutos – portanto, uma posição constituída em nome do suposto desejo do Outro, cujo sentido escapa ao sujeito em sua alienação.

A limitação deste projeto nos deixa entrever todo o excedente que fica por simbolizar, produzindo sintomas, na vida das mulheres freudianas. Podemos pensar, assim, que o estancamento das possibilidades libidinais da mulher de trinta anos, a que Freud se referia, teria sido consequência do fato de ela chegar muito depressa, depois do casamento, a uma espécie de "fim da linha". Fim da linha que fez de Martha Freud uma matrona precoce, em função não da "árdua evolução em direção à feminilidade", mas da falta de escolha de novos destinos pulsionais depois que a maternidade tivesse se realizado. Que mais fazer da sexualidade, *lato sensu*, em um casamento convencional cujas limitações o próprio Freud compreendeu tão bem, a não ser dedicá-la obsessivamente às tarefas domésticas e, incestuosamente, aos filhos?

Foi com esse mesmo "fim de linha" que a personagem de Flaubert deparou no casamento e que a levou a percorrer sua trajetória estabanada, em busca de outra vida, de outro destino para sua sexualidade, tão arduamente constituída. Mas esse destino estava interditado para Emma – ou ainda não tinha sido inventado, na cultura oitocentista.

Emma teria sido uma histérica exemplar, em busca de um mestre que soubesse lhe responder o que é ser mulher. Não tenho interesse em tratar personagens literá-

[84] Sigmund Freud, "Novas conferências introdutórias à psicanálise: 33. A feminilidade" (1933), cit., p. 293.

rias como "casos" psicanalíticos, mesmo porque tudo o que se pode saber sobre elas está na letra do texto. O texto literário não produz inconsciente – a não ser no leitor. Como escreveu Lacan, "Hamlet não é um neurótico, ele nos demonstra uma neurose"[85]. Assim, se me valho de Emma, é antes pelo que a personagem me demonstra do que pela teoria que eu pudesse demonstrar por meio dela. Seu destino ficcional nos dá testemunho de que nenhum homem – o marido, o padre, os amantes, nem mesmo seu "semelhante" Homais – lhe poderia responder o que é ser uma mulher. No máximo, poderiam apontar o que desejavam dela; mas a mulher para a qual o desejo deles apontava não tinha nada a ver com os anseios e as fantasias desta que já havia entrado em crise com os "ideais admiráveis" da feminilidade doméstica e maternal.

Dora, a que ninguém quis escutar

> Como eu posso gostar de mim se eu vi minha mãe deprimida, prostrada por causa de cada fracasso amoroso dela? Como eu posso gostar de mim se eu me vejo tão fraca quanto ela?

Nenhuma das analisandas de Freud expressou tão bem o sentimento de humilhação decorrente de sua condição, e de nenhuma se tem registro de ter sido tão mal interpretada em seu desejo de tornar-se sujeito, quanto a jovem Dora, aquela que o criador da psicanálise admitiu que não soube escutar[86]. A investigação iniciada por Dora em suas conversas com a governanta, nos livros de ciência médica e nas conversas com a sra. K., investigação à qual ela tentou dar prosseguimento em análise, seria sobre os segredos do sexo? Não necessariamente. Dora já sabia – coisa que espantou e assustou Freud – tudo sobre o que fazem homens e mulheres no ato sexual, assim como sabia, pela via indireta dos sintomas, sobre seu próprio desejo sexual. O que ela tentava saber por meio de sua amizade idílica com a sra. K., substituta da mãe frígida e distante, era como *tornar-se uma mulher*. O que ela, Dora, poderia vir a ser, tendo nascido com o sexo de uma mulher? Pergunta que a histérica dirige a um homem, na relação amorosa, ou transferencialmente, ao analista, na tentativa de colocar-se em posição de objeto para o desejo deles:

---

85 Jacques Lacan, *Hamlet* (Campinas, Liublíu, 1988).

86 Sigmund Freud, "Analisis fragmentário de una histeria" (1901-1905-1925), em *Obras completas*, v. 1 (Madri, Biblioteca Nueva, 1973), p. 993-1.002.

"O que sou eu, para você?". Mas, ao final de um percurso analítico, espera-se que uma mulher seja capaz de destituir o homem/analista dessa posição de saber e construa para si mesma uma resposta, a partir da posição de sujeito do desejo.

Em um dos textos que dedica ao caso Dora, Lacan aponta as três inversões dialéticas realizadas na análise de Freud: Freud não indagou a Dora o que lhe fizeram, mas como ela se implicou no drama familiar que produziu sua queixa; ele interpretou que não foi o pai o objeto de seus ciúmes e seu interesse, mas, sim, a sra. K.; e não era para chegar ao sr. K. que a esposa deste interessava a Dora, mas, sim, ao mistério de sua própria feminilidade. Dora só poderia receber as "homenagens" do sr. K. como manifestação de desejo, escreve Lacan,

> se ela aceitasse a si mesma como objeto de desejo, isto é, depois que houvesse esgotado o sentido daquilo que procurava na sra. K.
>
> Assim como em toda mulher, e por razões que estão no próprio fundamento das mais elementares trocas sociais (justamente as que Dora formula nas queixas de sua revolta), o problema de sua condição está, no fundo, em se aceitar como objeto do desejo do homem, e é esse o mistério, para Dora, que motiva sua idolatria pela sra. K., do mesmo modo que, em sua longa meditação diante da Madona e em seu recurso ao adorador distante, ele a empurra para a solução que o cristianismo deu a esse impasse subjetivo, fazendo da mulher o objeto de um desejo divino ou um objeto transcendental do desejo, o que dá no mesmo.[87]

Para Lacan, na trilha aberta pela revisão que Freud faz do caso, duas décadas mais tarde (de 1900 a 1925), o fracasso da análise de Dora deu-se em razão da insistência do analista em colocar-se, na contratransferência, no lugar do sr. K., que seria o objeto "natural" do desejo da moça, acreditando que Dora poderia ser curada pelo "milagre do amor". O que Freud não entendeu, escreve Lacan, foi que o sr. K. nada mais significava para Dora depois de ter confessado que a sra. K. nada mais significava para ele... de maneira que Freud nada mais significou para Dora quando tentou ocupar o lugar do sr. K. Isso se explica não em razão da homossexualidade mal elaborada em Dora, mas porque sua questão fundamental a movia na direção de uma *outra mulher*, sua semelhante desde o real do corpo, com a qual pudesse identificar-se e, assim, lhe permitisse ao mesmo tempo

[87] Jacques Lacan, "Intervenção sobre a transferência", em *Escritos* (trad. Vera Ribeiro, Rio de Janeiro, Jorge Zahar, 1998), p. 221. Ver também, do mesmo autor, "Uma questão histérica", em *O seminário*, livro 3: *As psicoses* (1955-1956) (trad. Aluísio Menezes, 2. ed. rev., Rio de Janeiro, Jorge Zahar, 1988).

constituir-se como objeto do desejo dos homens, na feminilidade, e como sujeito, no que um sujeito pode vir a ser sendo, também, uma mulher.

A análise de Lacan tem o mérito de apontar para o ponto cego nas observações freudianas: não ocorreu a Freud que o manejo da transferência, no caso de Dora, passasse por se colocar no lugar da sra. K., não no do marido. Mas, ao afirmar que "o problema de sua condição está, no fundo, em se aceitar como objeto do desejo do homem", Lacan não se dá conta de que sua psicanálise, ainda mais estritamente do que a freudiana, remete as mulheres a uma posição insustentável: a "posição feminina" tal como a teoria lacaniana a concebe. Uma posição subjetiva que é a de objeto, equivalente à condição da passividade infantil, equivalente à do masoquismo primário e cujo gozo cobra o preço do desamparo subjetivo ante a pulsão de morte.

O impasse de Dora não é diferente do impasse de todas as mulheres. Se a pergunta apontada por Lacan, "o que é ser uma mulher?", passa pela identificação com a mãe ou uma substituta, essa mesma identificação, de origem pré-edípica, deve sofrer um corte com a entrada do pai. Édipo é um percurso que leva da mãe ao pai, tanto para a menina quanto para o menino, lembra Catherine Millot[88].

O menino faz a passagem do amor (ter o pai, na posição feminina) à identificação (ser como o pai/posição masculina/ter direito a todas as mulheres menos uma) e recalca, com isso, os traços de sua primeira identificação com a mãe, movido pela angústia de castração. Nesse mesmo ponto do percurso edípico, a menina – supondo que já tenha se decepcionado com a castração materna – também se separa da mãe por identificação com o pai, mas perde com isso o fundamento de sua condição sexual. Ela ainda deve voltar para a mãe em busca desta verdade fundamental: não adianta negar, ser uma mulher é consequência de ter um corpo como o dela. O mistério da feminilidade, que Dora tenta resolver identificando-se apaixonadamente com a sra. K., pode ser colocado assim: como alguém com um corpo marcado pela castração consegue seduzir um homem, a quem não falta nada?

No entanto, essa mulher – a mãe ou sua substituta –, com a qual a menina precisa se identificar para saber "o que é ser uma mulher", é a mesma da qual ela precisa sempre se manter separada, diferenciada, para completar sua travessia edípica e inscrever-se sob a Lei do pai. Isso torna impossível, para a menina, a manutenção de

[88] Catherine Millot, "O supereu feminino", em *Nobodaddy: a histeria no século* (trad. Leila Longo, Rio de Janeiro, Jorge Zahar, 1989), p. 33-41.

uma "identidade" feminina. Ser mulher é, ao mesmo tempo, ser como a mãe e tentar ser *uma outra*, distinta dessa que no inconsciente será sempre absoluta, dominadora, mortífera. À pergunta "o que é ser uma mulher?" a menina precisa responder ainda outra: "Que mulher sou eu?" – em um movimento de separação da mãe para o qual ela tem que contar com o falo simbólico, que espera que lhe venha do pai.

Neste ponto, é necessária uma digressão para discutir a tão propalada questão da "outra" mulher, como elemento fundamental na estrutura histérica. Em primeiro lugar, penso que as questões fundamentais nos neuróticos – a morte para o obsessivo, a "outra" para a histérica, o Outro para o paranoico, por exemplo – não são patrimônios exclusivos dessas estruturas. São as grandes questões humanas. Se elas se manifestam repetidamente nesta ou naquela estrutura neurótica, isso talvez indique apenas seu poder de condensação, seu valor significante, sobre o qual se organiza a estrutura.

No caso particular da insistência com que a histérica ao mesmo tempo busca e teme essa *outra* mulher, eu me pergunto se não é uma questão central para todas as mulheres, da qual a histérica faz seu sintoma. Ocorre que, se para o homem a identificação com o pai pode ser (mas não necessariamente é) suficiente para dar conta da questão "o que é ser um homem?", para as mulheres a mãe é insuficiente, sempre. Em primeiro lugar, porque é vital para a menina diferenciar-se da mãe para emergir como sujeito, e para isso ela recorre a identificações precoces com o pai – que dão conta da separação mãe-filha, mas não de como ela faz para tornar-se mulher. Segundo, porque a descoberta da castração materna faz com que a menina passe a vida tentando suplantá-la. A *outra* surge, então, para a menina, como surgem para o menino "todas-as-outras-menos-a-mãe": trata-se, para ele e para ela, de encontrar uma alternativa à Mulher primordial, interditada. No caso da menina, essa outra pode ser qualquer outra mulher que lhe ofereça um traço identificatório que a ajude a constituir-se como mulher, sem correr o perigo de se confundir com ela: alguém que possa fazer triangular o espelhamento mãe-filha, de modo que a menina possa fazer-se mulher sem correr o risco de confundir-se com o sexo de onde ela, literalmente, saiu.

Resta a questão do destino das identificações precoces da menina com o pai. Nem mesmo Freud esperava que uma menina, depois de ter se identificado com o pai, ao descobrir-se mulher como a mãe, abrisse mão das identificações paternas, *necessárias para mantê-la diferenciada da mãe*, e apostasse tudo na longa espera de um dia ser compensada pelo falo-filho. Em primeiro lugar, falta às meninas a "poderosa motivação" da angústia de castração para promover o recalque completo de sua suposta masculinidade. Em segundo lugar, o abandono completo das identificações com o pai, no caso de se efetuar, deixaria a menina à mercê dos superpoderes maternos e da ameaça de fusão pré-edípica com a mãe. Em terceiro, se a menina não pode (como o menino) superar seu intenso amor pelo pai pela via das identificações, fica condenada, como bem percebeu Freud, a certa infantilidade, a uma permanente demanda de falo dirigida ao pai ou a seus substitutos, com todas as consequências subjetivas enumeradas no texto sobre "A feminilidade", das quais a principal é a relação deficiente com o superego, os ideais e a sublimação.

> A persistência da demanda deixa a mulher na dependência de um Outro real, que pode ser o pai ou, mais frequentemente, um substituto do pai. [...] É por isso que a fonte de sua angústia residirá no risco de perder esse amor, perda que assumiria, para ela, a significação de uma recusa de recebimento da demanda fálica. A partir daí, o Outro ao qual se dirige a demanda encontra-se em posição de submetê-la a exigências eventualmente sem limites. Ele ocupa o lugar desse supereu que lhe falta enquanto instância intrapsíquica. A mulher teria, por assim dizer, o supereu no exterior.[89]

Por fim, a renúncia a atributos "masculinos" conquistados pela identificação paterna, em nome de uma pretensa despossessão fálica encarnada pelo ideal de feminilidade materna, condena a menina a uma inveja sem solução, inveja acompanhada sempre de uma dose de ressentimento contra os homens que teriam exigido dela o abandono de algumas fontes de prazer legitimamente suas (cujo paradigma seria o estatuto do clitóris como órgão sexual) em troca de seu desejo e de seu amor.

Seria esperar demais, como escreveu Freud em "Análise terminável e interminável" que uma mulher se contentasse com essa solução. No entanto, fica a pergunta, a mesma com que Freud inaugura seu texto sobre "A feminilidade": de que outro modo é possível que, "das predisposições bissexuais iniciais (da criança), surja uma mulher"? Dito de outra forma, como manter a diferença sexual, testemunha da castração simbólica, se de um dos dois lados da sexuação – o lado da mulher – os sujeitos insistem em identificar-se com o lado oposto? Qual é o sentido, então, da diferença entre o masculino e o feminino?

A oposição que Lacan estabelece entre masculino e feminino segue a sugestão de Freud, de que devemos manter, como critério mínimo, a diferenciação entre ativo e passivo: o psiquismo, escreve ele no livro 11 de *O seminário*, não conhece

---

[89] Ibidem, p. 35.

a oposição homem-mulher[90]. A esse critério, Lacan só propõe um desdobramento que nos permita vislumbrar, para cada posição, um modo de gozar – um gozo fálico e um gozo "outro" –, lembrando, no entanto, que essa oposição se *dá para cada sujeito,* não entre sujeitos-macho e sujeitos-fêmea. Se para as mulheres o recalque, que institui o significante fálico como ordenador do gozo e interdita o "outro" gozo, é menos severo do que para os homens (em função da diferença da relação de cada sexo com a castração), isso não significa que uma mulher fique toda do lado do outro gozo, e um homem, inteiramente do lado do gozo fálico.

"Porque fala, uma mulher entra do mesmo modo que um homem no gozo fálico", escreve Gérard Pommier. "A entrada no gozo fálico tem como condição o acesso à palavra, porque o falo é esse símbolo vazio que limita retroativamente todas as demandas da mãe." [91]

O falo é o símbolo vazio que institui o desejo e barra o gozo do Outro. Para a psicanálise, o sujeito é sujeito de um desejo, não de um gozo. Se existe alguma "verdade" do sujeito, do ponto de vista da psicanálise, ela é instituída pelo significante, não anterior a ele. Antes do significante não se pode falar em sujeito. Retomo a definição lacaniana a partir da qual vim trabalhando a ideia de sujeito: o lugar de onde o sujeito advém é o lugar de onde "isso fala, e sem dúvida o faz onde menos seria de se esperar, ali onde isso sofre"[92]. E porque sofre, a não ser pela perda de um gozo primordial que, *se corresponde ao imaginário da feminilidade em função da falta fálica no corpo da mulher, nem por isso significa que as mulheres, enquanto sujeitos, tenham sido poupadas dela*?

Pensar numa mulher como "não toda" inscrita sob a ordem fálica não é pensar em uma alteridade absoluta (como fazem as teorias sexuais infantis), mas apenas em uma possibilidade a mais, um trânsito maior entre os modos de gozar, permitido (mas nem por isso garantido) do lado das mulheres; possibilidade acessível também a alguns homens privilegiados, "perversos", místicos, poetas, homossexuais... São aqueles que, como sugere Lacan[93], conhecem algo sobre o gozo feminino. A eles eu

---

90 Jacques Lacan, "O sujeito e o outro: alienação" e "O sujeito e o outro: afânise", em *O seminário*, livro 11: *Os quatro conceitos fundamentais da psicanálise* (trad. M. D. Magno, Rio de Janeiro, Jorge Zahar, 1985), p. 193-217.

91 Gérard Pommier, "Castração feminina", em *A exceção feminina: os impasses do gozo* (trad. Dulce D. Estrada, Rio de Janeiro, Jorge Zahar, 1987), p. 21.

92 Ver Jacques Lacan, "A coisa freudiana", em *Escritos*, cit., p. 414.

93 Ver idem, "O amor e o significante" e "Deus e o gozo d'A Mulher", em *O seminário*, livro 20: *Mais, ainda...* (1972-1973) (trad. M. D. Magno, 2. ed. rev., Rio de Janeiro, Jorge Zahar, 1985), p. 53-69 e 87-104.

acrescentaria os alcoólatras e os drogadictos, que somam uma grande porcentagem dos sujeitos inscritos do lado dos homens. Ou seja, feitas as contas, não sobram muitos homens de quem se possa dizer que estejam inscritos, "todos", sob a ordem fálica. Sendo assim, como é possível sustentar, na teoria psicanalítica, que algum segredo, algum mistério sobre o gozo feminino, se manifeste somente *do lado das mulheres*?

Porque escapa à ordem fálica, o gozo feminino escapa à representação; nisso consiste seu "mistério", tanto para o sujeito que goza quanto para o que se vê excluído dele. O indizível desse "gozo outro", do qual *algumas mulheres* (não todas) podem desfrutar, não constitui um mistério sobre *o verdadeiro ser* das mulheres, mesmo porque a verdade do sujeito é dada pelo desejo, não pelo gozo.

No trecho em que se refere ao "beco sem saída subjetivo" de Dora, assim como em outras passagens em que trata da "querida mulher" e seus segredos nunca suficientemente revelados, Lacan compartilha do mesmo pressuposto imaginário de Freud, que ata a mulher ao estado de natureza determinado pela falta real inscrita em seu corpo e, a partir daí, supõe um mistério, um silêncio, um vazio. No livro 20 de *O seminário*, Lacan insiste em um ponto que, a meu ver, é uma "falsa questão", como diríamos diante do mistificador numa assembleia estudantil: por que ela, a querida mulher, nunca nos diz (aos homens, psicanalistas), do gozo que se esconde lá? Bem, do gozo feminino ninguém pode dizer, já que ele escapa ao significante.

Quanto ao desejo a partir do qual se fez sujeito, eu responderia que a mulher só não diz, desse suposto mistério: o que nenhum sujeito pode dizer a dimensão inconsciente do desejo, ou o que nenhum homem tem interesse em saber. O mistério, como Freud nos informa em "O fetichismo", está do lado em que se opera a denegação, não do lado do objeto (o sexo da mulher, o desejo feminino) revelado e recusado. O mistério se produz a partir do que um homem não quer saber – sobre o quê? Sobre a mulher? Não; sobre sua própria castração. O mistério da sexualidade feminina só se mantém em decorrência da operação de denegação efetuada pelos homens que *sabem, mas não querem saber*, quão próximos estão, subjetivamente, dessa suposta dessemelhante[94].

Encerro este capítulo com um verso da poeta Ana Cristina Cesar: "Te apresento a mulher mais discreta do mundo: essa que não tem nenhum segredo"[95].

---

94 Remeto o leitor a dois ensaios de minha autoria a esse respeito: "A mínima diferença" e "O que um homem quer saber?", em meu livro *A mínima diferença* (São Paulo, Imago, 1996).

95 Ana Cristina Cesar, "Noite carioca", em *A teus pés* (São Paulo, Brasiliense, 1982).

4.
Discutindo as conclusões

É tudo psicanálise

> O caráter feminino e o ideal de feminilidade segundo o qual ele é modelado são produtos da sociedade masculina. A imagem da natureza não deformada emerge apenas com a deformação de seu contrário. Quando pretende ser humana, a sociedade masculina cultiva de maneira soberana nas mulheres seu próprio corretivo, mostrando-se na ação de limitar como um senhor implacável. O caráter feminino é como uma cópia calcada no positivo da dominação, e é por isso tão mau quanto esta última. Aliás, tudo o que a palavra natureza designa no contexto da cegueira burguesa não passa de uma chaga da mutilação social. Se é correto o teorema psicanalítico de que as mulheres experimentam sua constituição como a consequência de uma castração, então em sua neurose elas pressentem a verdade. [...] A mentira não consiste somente no fato de que a natureza seja afirmada onde é tolerada e implantada, mas o que na civilização passa por natureza é por sua própria substância o mais afastado de toda natureza, a transformação pura e simples de si mesmo em objeto. [...] [Nas mulheres], sua pureza intacta é justamente uma obra do Eu, da censura, do intelecto, e é por isso que ela se encaixa de maneira tão pouco conflituosa no princípio de realidade da ordem racional. Sem exceção, as naturezas femininas se conformam. [...] A glorificação do caráter feminino implica a humilhação de todas aquelas que o possuem.
>
> THEODOR ADORNO, *Minima moralia*

Depois de tudo, não sei se há alguma conclusão que não esteja incluída, ou ao menos prevista, na teoria psicanalítica de que dispomos, de Freud a Lacan. Que o sujeito da psicanálise é sempre ser de linguagem, isto é, de cultura, inscrito sob as coordenadas de determinado período histórico, de determinada sociedade, de determinada disposição simbólica – há novidade nisso? Que não trabalhamos com um sujeito transcendental, mas com os sujeitos encarnados em suas circunstâncias e inseparáveis delas – no caso do sujeito da psicanálise, as circunstâncias do sujeito moderno –, isso já não está ao menos previsto em Freud e explicitado por Lacan? O que me interessou particularizar aqui foi: o que estava acontecendo com as mulheres, no momento da passagem da tradição para a modernidade, quando foi criada a psicanálise?

Nos capítulos 1 e 2, meu objetivo foi especificar o que se passava com as mulheres nas condições da vida urbana na Europa do século XIX, e como se produziu a crise entre aquelas mulheres e o discurso oitocentista da feminilidade, que teve na histeria sua expressão subjetiva. Por conta dessa crise, foi possível a um atento médico vienense escutar de suas pacientes algumas coisas que até então nunca tinham sido ditas por uma mulher – ou, se ditas, nunca tinham sido escutadas – e com isso lançar a pedra fundamental de uma nova teoria da mente em que, também pela primeira vez, o sujeito que fala não se identifica com a consciência.

A posição das mulheres na família e na cultura, estabelecida a partir de exigências da nova racionalidade burguesa, logo na segunda metade do século XIX, já entrava em conflito com a produção de um imaginário romanesco que convocava os sujeitos a se lançar em trajetórias individuais de liberdade, de aventura, de conquistas, bem de acordo com o ideário romântico criado a partir das perspectivas de deslocamento social abertas com a modernidade. A questão é que a literatura desse período convocava também as mulheres a viver de acordo com os novos ideais instaurados pelas revoluções burguesas, produzindo uma enorme insatisfação com as limitações da vida doméstica e um grande impasse no que se refere às possibilidades de inventar uma outra vida. Nesse sentido, toda mulher em transição para a modernidade teria sido bovarista, empenhada pela via imaginária em "tornar-se uma outra" e, ao mesmo tempo, capturada em uma posição na trama simbólica de completa dependência em relação ao que o homem poderia desejar dela. A demanda fálica dirigida aos homens (impossível de ser satisfeita), as formas sintomáticas de denúncia da impotência masculina em fazer dela uma mulher, as tentativas de manobrar o desejo do qual se fez objeto e o fracasso subjetivo dessa empreitada, fizeram da histérica a figura mais representativa da relação entre a mulher e a feminilidade, do fim do século XIX até pelo menos a primeira metade do XX.

Em 1989, em um seminário promovido pela Unesp de Araraquara sobre o tema "Saúde mental e sociedade", fui interpelada por Bento Prado Jr. a respeito do aforismo lacaniano de que "não existe A Mulher"[1]. Sua leitura abordava a psicanálise da perspectiva de um pensador da cultura. Ele sugeriu que, se a mulher "não existe" para o inconsciente, isso se deve ao silenciamento histórico da mulher, isto é, ao fato de pouquíssimas mulheres terem se inscrito, no campo simbólico, a não ser como mães – ou, acrescento, como histéricas, pelo menos até o começo do século XX. Ora, se pensarmos hoje, com a contribuição de Lacan, na dimensão simbólica do inconsciente, devemos reler criticamente a ideia de que a inexistência d'A Mulher (para o inconsciente) se deva à impossibilidade de simbolizar a ausência de um pênis na imagem e no real do corpo feminino. A consequência que se pode tirar da hipótese de Prado Jr. é que à medida que as mulheres falam/escrevem/representam suas experiências, o aforismo lacaniano deixa de fazer sentido.

Nem tanto. Lacan está longe de dizer, afinal, que "as mulheres" não existem. Um dos sentidos dessa formulação aparentemente paradoxal pode ser justamente evidenciar que também nossa certeza na existência d'O Homem, como categoria universal abstrata, se funda na ilusão compartilhada de que a posse do órgão sexual masculino garanta uma "identidade" entre todos os homens, sintetizada pelo significante fálico. O aforismo lacaniano aponta, assim, para a inexistência de uma *identidade feminina*, na falta de um único significante que agruparia inquestionavelmente todas as mulheres sob sua barra. O único que o inconsciente reconhece, nesse caso, é o que indica a Mãe. A Mulher não existe, mas existe a Mãe, essa figura temida e poderosa. Só que a mãe, no Inconsciente, não é exatamente uma mulher. Ela é completa, assexuada, anterior à castração que estabelece a diferença sexual.

Ao mesmo tempo, a identificação com a mãe não basta para transformar a menina em mulher, já que esta é a figura imaginária da qual cada mulher em particular precisa se diferenciar para existir enquanto sujeito barrado, enquanto *uma*, na singularidade de seu desejo. Cabe perguntar, além disso (mas não me proponho a responder aqui), se a figura imaginária d'O Homem se funda na universalidade do pênis ou se foi construída pela multiplicidade de vozes masculinas que escreveram quase toda a cultura em que vivemos – às quais, só muito recentemente, se somaram as vozes das mulheres. Que significante designa o conjunto dos homens: o pênis ou o Verbo?

---

[1] Ver Maria Ângela d'Incao (org.), *Saúde mental e sociedade* (São Paulo, Graal, 1992).

Por enquanto, quero chamar atenção para a inexistência, na cultura em que Freud viveu, de um lugar social para a fala e a produção discursiva de algumas mulheres não suficientemente identificadas com os "ideais de feminilidade" de seu tempo. Quando Freud se referiu às "baixas realizações sublimatórias" e ao "escasso interesse social" das mulheres, deixou de levar em conta o lugar ocupado pela mulher na cultura em que vivia ou estava sugerindo que esse lugar, restrito ao espaço doméstico e suas extensões, seria o "hábitat natural" das mulheres em função das limitações da "natureza feminina", não ao contrário, como proponho neste livro: um fator importante na *produção* da feminilidade para as mulheres, tal como Freud as conheceu[2].

Em Freud, tributário do Iluminismo, encontra-se frequentemente certa concepção de "natureza humana" como critério de verdade em oposição às ideias religiosas de uma verdade transcendental, de uma razão divina. O que me interessa problematizar, tanto no pensamento de Freud como em outros pensadores modernos até a primeira metade do século XX, é que para o criador da psicanálise as mulheres permaneceram atadas a esse "estado de natureza" pela força das representações das funções reprodutivas do corpo materno, enquanto para os homens a psicanálise oferece a esperança de que sejam promovidos ao estatuto de "seres de razão". Nesse aspecto, o pensamento lacaniano não avança muito, ao supor uma falha no acesso das mulheres ao simbólico.

Na teoria freudiana, o discurso sobre as características da mulher oitocentista – narcisismo, predomínio da afetividade sobre o julgamento, infantilidade, baixos interesses culturais, incapacidade de simbolizar a Lei, dependência, erotização da maternidade etc. – se fundamenta na ideia de uma natureza feminina totalmente determinada pelo corpo, ou melhor, pelos órgãos genitais da mulher, supostamente impossíveis de simbolização.

Essa leitura crítica sobre as observações de Freud só é possível se repensarmos o sujeito da psicanálise da perspectiva de Lacan, para quem não existe ser que anteceda à linguagem, à ordem social e a suas formações no tempo. Não se trata de inverter a resposta à velha questão "quem nasceu primeiro, o indivíduo ou a sociedade?", que só faria sentido se partilhássemos do pressuposto rousseauniano de um indivíduo primeiro, indivisível, anterior a toda ordem social. O sujeito de que trata a psicanálise, tenha ou não existido algum outro antes dele, é por

---

2 Sigmund Freud, "Novas conferências introdutórias à psicanálise: 33. A feminilidade", em *Obras completas*, v. 18 (trad. Paulo César de Souza, São Paulo, Companhia das Letras, 2010), p. 263-93.

definição um ser de cultura, constituído numa dimensão histórica e simbólica que o antecede *sempre*.

A importância do conceito de castração no Outro, na teoria lacaniana, é chamar atenção para o fato de que essa ordem simbólica é aberta e permeável às intervenções significantes dos sujeitos – eis o sentido de eu ter escrito, no primeiro capítulo, que o sujeito "faz um furo no muro da linguagem"[3]. Assim, o modo como os sujeitos se singularizam e se manifestam, pelo uso da língua, ao longo da vida, produz alterações no campo simbólico que serão significativas para os que virão depois deles. A criação da psicanálise e as enormes modificações que ela gerou para a cultura e a vida cotidiana no século XX atesta a favor desse argumento. Assim, embora fosse impensável para Freud que a condição das mulheres no Ocidente pudesse sofrer profundas modificações e, com isso, abalar os fundamentos da "natureza feminina", a psicanálise foi uma das maiores responsáveis por essa transformação.

As mulheres que procuravam a clínica psicanalítica no fim do século XX não eram as mesmas que procuraram Freud no fim do XIX. Isso não significa que a metapsicologia freudiana esteja ultrapassada, mas que a teoria psicanalítica deve ser plástica o suficiente para acompanhar e compreender as mudanças sofridas pelos sujeitos à medida que muda a sociedade em que vivemos. O Édipo, a sexualidade, o significado do falo e da castração, as identificações, a formação do *supereu*, o inconsciente e o recalque continuam sendo conceitos fundamentais para o pensamento clínico; mas os significantes migram (o que é sua principal característica: "O significante, como tal, não significa nada!")[4], os sujeitos se ressignificam, os desdobramentos metafóricos do falo circulam, os homens e as mulheres se deslocam dos lugares que ocupavam em certo discurso. Discurso que, por sua vez, se erige sempre sobre o pano de fundo da *falta de verdade* que está em sua origem – até mesmo o significante que ocupa o posto-chave no discurso do mestre está sujeito a cair para dar lugar a outro(s). Se a produção psicanalítica contemporânea não puder acompanhar esses deslocamentos, a psicanálise deixará de fazer sentido. A psicanálise nasceu para dar voz ao emergente, não para corroborar a tradição.

---

[3] Ver p. 20 deste livro.

[4] Jacques Lacan, "O significante, como tal, não significa nada", *O seminário*, livro 3: *As psicoses* (1955-1956) (trad. Aluísio Menezes, 2. ed. rev., Rio de Janeiro, Jorge Zahar, 1988), p. 209-22.

A sexuação e a subjetivação

> No fim, eu acho que a escolha sexual da gente representa tão pouco do que a gente é... Se meus pais pudessem olhar para o resto, minhas qualidades, meus defeitos, minhas realizações, veriam muito mais o que eu sou do que interrogando minha sexualidade.

Sabemos que a sexuação humana não é dada pelo sexo biológico, mas pelo atravessamento da cultura. Sabemos que, para a criança pequena, esse atravessamento se faz por meio das várias posições que ela ocupa no triângulo edípico e de como os três termos essenciais de nossa condição de sujeitos – o falo, o desejo e a lei – se introduzem no triângulo e deslizam entre as figuras parentais, assim como entre as inscrições imaginária e simbólica do inconsciente. Juliet Mitchell, que aborda a psicanálise de uma perspectiva feminista sem deixar de ser estritamente freudiana, lembra que no atravessamento edípico o falo

> vem para ficar como objeto necessariamente *ausente* de desejo no nível da divisão sexual. Se assim é, o complexo de Édipo não pode mais ser um mito estático que reflete a situação real do pai, da mãe e da criança; ele torna-se uma estrutura em torno da questão de onde uma pessoa pode ser colocada em relação ao desejo. Esse "onde" é determinado pelo complexo de castração.[5]

Por sobre essa determinação simbólica de uma posição em relação ao desejo, que produz justamente um sujeito "fragmentado, de identidade sexual incerta e mutável", o recalque e a ideologia (como discurso do mestre), escreve Mitchell, produzem a ilusão de uma identidade entre o sujeito e seu sexo – ilusão cuja falência é permanentemente denunciada pelas neuroses.

Como diz Lacan no livro 3 de *O seminário*:

> Se o reconhecimento da posição sexual do sujeito não está ligado ao aparelho simbólico, a análise, o freudismo, não têm mais por que existir [...]. O sujeito encontra o seu lugar num aparelho simbólico pré-formado que instaura a lei na sexualidade.

[5] Juliet Mitchell, *Psicanálise da sexualidade feminina* (trad. Luiz O. C. Lemos, Rio de Janeiro, Campus, 1988). Da mesma autora, ver também *Psychoanalysis and Feminism: Freud, Reich, Laing, and Women* (Nova York, Vintage, 1975). Aqui, a autora chama atenção para o fato de que as leituras feministas da psicanálise são geralmente antifreudianas (ver "Introdução"), razão pela qual, depois de algumas consultas (ver "Bibliografia"), me decidi por não incluir a literatura feminista nesta discussão.

E essa lei não permite mais ao sujeito realizar sua sexualidade senão no plano simbólico.[6]

Dito de outra forma, sexuar-se é inscrever-se no plano simbólico a partir da castração, que indica ao sujeito a pertinência a um, e só um, sexo. Homem ou mulher. Não há como recuperar o "todo", ser homem ou mulher ao mesmo tempo, assim como não é possível ser qualquer outra coisa, pertencer a outro sexo além desses dois. Essas categorias marcam dois lugares nos quais os sujeitos se alinham, à esquerda ou à direita, segundo a mínima diferença que marca seu corpo, dotando de sentido a diferença entre os órgãos genitais: homens = sujeitos capazes de fecundar; mulheres = sujeitos capazes de procriar.

Disso o simbólico dá conta, e de nada além disso. Todo o resto está por construir, por escrever. Essa é a relação entre estrutura (a posição do sujeito no simbólico) e narrativa (os deslocamentos possíveis efetuados pelos sujeitos entre as malhas da estrutura, a partir da simbolização da castração no Outro) que sugeri no capítulo 1. No entanto, se a castração, que institui a diferença, não for simbolizada, os sujeitos permanecem atados às evidências da presença ou da ausência do falo no real do corpo, restringindo ou mesmo impossibilitando o desenvolvimento de uma narrativa individual, a qual pressupõe, entre outras coisas, justamente uma dialética imaginária entre perdas e conquistas fálicas. Mitchell, no texto citado, aponta o que ela considera uma "injustiça" contra as meninas no pensamento freudiano. Para o menino, o complexo de castração nasce de uma significação atribuída ao pênis a partir da posição do pai; para a menina, de uma percepção que ela faz do corpo masculino. "Claramente, tal injustiça ao acesso de meninas e meninos ao significado (do falo) é insustentável", escreve Mitchell, "por que a menina deve ter uma relação privilegiada com a compreensão do corpo?"[7].

Vejamos. No caso das mulheres, a sexuação se dá pela assunção da diferença inscrita no corpo (até aí, tal como nos homens), que as coloca de um lado da barra fálica – o lado dos sujeitos sem pênis. Não há como recusar essa inscrição. Porém, para avançar desse ponto à castração simbólica, as meninas, assim como os meninos, têm que passar pelo pai. Primeiro, na percepção de sua função em relação ao desejo da mãe, o que por si só já interdita o gozo materno para a

[6] Jacques Lacan, "A questão histérica", em *O seminário*, livro 3, cit., p. 195.

[7] Juliet Mitchell, *Psicanálise da sexualidade feminina*, cit., p. 45.

criança[8]. Segundo, em consequência disso, pela constituição de um *eu* a partir de identificações com atributos paternos, fundamentais para que ela possa se separar da mãe fálica e percebê-la (portanto, perceber-se) como mulher.

Se a sexuação (ser mulher = não possuir pênis) passa por uma operação de simbolização do falo (não possuir pênis = poder se fazer desejar por um homem = ser capaz de gerar bebês), por que encontramos tão frequentemente na teoria psicanalítica a legitimação da ideia de que o único lugar "verdadeiro" para uma mulher é o da identificação com a despossessão fálica – ou, no outro extremo, com a falicíssima e assexuda Mãe das representações inconscientes? E mais: qual é o destino das identificações paternas realizadas pela menina? O recalque? A constituição de uma *sexualidade* masculina?

Uma leitura rigorosa de Freud, em que ele aponta a bissexualidade *na* feminilidade, ou de Lacan, quando descreve a mulher como "não toda" contida sob a barra do falo que estabelece a diferença, abre a possibilidade de pensarmos a feminilidade de modo bastante diferente desse discurso constituído a partir de Rousseau, o qual exige o recalque de todas as identificações paternas para constituir uma mulher que se situe inteira no lugar de "menos um" em relação ao homem.

Isso implica que se reconsidere a questão do que, para a mulher, pode ser um pai. Seria esperar demais, escreveu Freud, que a mulher num fim de análise abrisse mão de todas as suas pretensões fálicas em troca de um lugar no desejo do pai ou de seu substituto. Seria esperar muito pouco, digo eu, pensar que a função paterna, no caso da mulher, só encontre consistência imaginária na fantasia de sedução – que separa a menina da mãe, mas a mantém incestuosamente fixada ao pai – ou de uma privação, que inscreve a menina do lado das mulheres, mas não aponta nenhuma solução para a inveja a não ser a longa espera pelo prêmio de consolação na figura de um filho (do pai).

É verdade que o pai imaginário é introduzido à criança por meio do discurso da mãe, conforme os termos do desejo desta por ele. Uma vez percebido como detentor do falo – significante do objeto do desejo materno –, o pai indica, com seu olhar desejante em direção à mãe, que "ser mulher" implica saber se fazer desejada por ele. O pai é este terceiro que organiza o espelho na relação da menina

---

[8] Ana Maria Medeiros da Costa, em *Ato e interpretação* (São Paulo, Pontifícia Universidade Católica, 1997; tese de doutorado) lembra que, a partir de uma leitura lacaniana do Édipo, o incesto não é proibido para a criança: é impossível. A autora também trabalha a questão da diferença entre o sujeito na estrutura e o sujeito na ficção (narrativa).

com a mãe; espelho através do qual a menina há de selecionar para si os traços com que há de compor sua feminilidade.

Mas essa dimensão da função paterna é insuficiente para que ela inicie o processo de invenção de sua narrativa singular, constituindo, para além do que é "ser mulher", alternativas que lhe permitam escolher *que mulher* ela vai ser. A identificação com a mãe só lhe permite transitar entre duas possibilidades: a despossessão fálica, na identificação com os ideais de uma feminilidade que não é exatamente a da mãe, mas a do desejo do pai[9]; ou a falicidade, realizada na identificação com a mãe não castrada do imaginário pré-edípico. Nesse segundo caso, a mulher, mal diferenciada da representação inconsciente da Mãe, tem grandes chances de subjetivar-se como melancólica ou como psicótica. No primeiro caso, como histérica, eternamente demandante de um homem que lhe restitua o falo ao qual ela renunciou para se fazer objeto do desejo dele. Em nenhum dos dois é possível constituir o que estou chamando de uma narrativa, uma história de vida pela qual o sujeito se responsabilize a partir de sua relação com a falta, ou seja, com seu desejo.

No caso da Mãe, porque essa narrativa já está escrita desde a origem.

Além disso, como lembra Cristiana Facchinetti, a Mãe primordial e perdida, a partir da inserção do sujeito na ordem significante, guarda sempre uma relação com o irrepresentável e, portanto, com a morte. "A morte é a palavra que significa o que resta da instância materna como proibida. Na medida em que parte dela fica sem significante, esta passa a ser um equivalente da morte e só nela pode ser representada."[10]

Até esse ponto, e só até esse ponto, vai o sentido das associações inconscientes entre a mulher e a morte.

No caso da histeria, a construção de uma narrativa singular fica impossibilitada porque a mulher, ao colocar-se na dependência do desejo dos homens (por mais que ela saiba manobrá-los), instala-se em uma posição equivalente à da castração infantil, na qual quem "sabe" do desejo (e se responsabiliza por ele) é sempre um outro. Do outro, este Outro como ser de amor, depende então a condução do destino da histérica, condenada a nunca se satisfazer com os resultados.

---

[9] Ver o item "O que Freud não escutou de suas histéricas", do capítulo 3 deste livro.

[10] Cristiana Facchinetti, "O falo e a Outra: um estudo sobre a feminilidade", em Stella Jimenez e Gloria Sadala (orgs.), *A mulher: na psicanálise e na arte* (Rio de Janeiro, Contracapa/Kalimeros, 1995), p. 45.

O romance *Madame Bovary*, em que Flaubert criou a personagem feminina mais significativa da literatura moderna, ilustra o impasse da condição de uma mulher que tenta se fazer narradora de sua vida a partir da posição de objeto do desejo, de onde toda e qualquer mobilidade depende de ela manobrar convenientemente os homens, "sujeitos por definição". Já vimos, na perspectiva de Flaubert, os riscos de fracasso dessa empreitada.

Voltando ao pai, se as identificações paternas são tão importantes para que as mulheres se separem da mãe e ao mesmo tempo encontrem recursos simbólicos para superar a castração infantil (que não se confunde com a ausência de um pênis), por que a psicanálise frequentemente se esquece de que alguns atributos herdados do pai, que não vêm necessariamente acompanhados de uma sexualidade "de homem", fazem parte das possibilidades do que pode ser uma mulher? Quando Freud afirmou que é impossível "convencer" uma mulher em análise a se curar pela via da completa renúncia fálica, apostando tudo na feminilidade como via para conquista do falo-filho, ele parece ter esquecido (ou recalcado) o que ele mesmo escreveu: que uma mulher nunca está "toda" do lado feminino. Quer se confunda com a passividade, com a despossessão fálica, quer se confunda com a posição de objeto, nenhum sujeito suporta ficar, todo, na posição feminina. Quanto à feminilidade, ela não é o oposto complementar da masculinidade; a feminilidade é a masculinidade-menos-alguma-coisa (o pênis) acrescida de alguma outra coisa (a mascarada, o manejo sedutor da face sexual da castração).

A mulher freudiana, a rigor, é justamente aquela que se faz mulher *apesar* de já ter sido "um homenzinho", aquela que faz cercar de atributos fálicos a marca da falta inscrita em seu corpo, sem ter que necessariamente renunciar a seu "outro" pequeno órgão sexual, que não se equipara ao pênis, mas constitui, sim, uma sexualidade, uma falicidade, um modo de gozo. Se a teoria psicanalítica frequentemente produz um esquecimento a respeito de quem é a mulher e volta a insistir sobre os mistérios, sobre o indizível da feminilidade etc., vejo isso mais como sintoma de algo que se recalca do que de um impasse teórico. O mistério da mulher, em Freud, não reside em sua alteridade absoluta, mas na sua extrema proximidade com o homem. É porque uma mulher é para um homem seu semelhante, seu igual, seu irmão, que se constitui, em nome do "narcisismo das pequenas diferenças", em uma espécie de cegueira a seu respeito. A única diferença fundamental entre um homem e uma mulher é que ela *também* é mulher.

A manobra a mais que a menina precisa efetuar para reconhecer seu sexo como igual ao da mãe, sem se confundir com ela e sem ter que necessariamente abandonar as identificações constituídas quando ela ainda era "um homenzinho" – é bem isso o que faz dela, fundamentalmente, uma mulher. O resto – um estilo que a faça desejável a partir do manejo da castração/uma narrativa que a faça feliz a partir do manejo do falo –, o resto sempre estará por construir.

A discutir, ainda: as mulheres têm cura?

> Todas as mulheres são chatas.
> Só que algumas valem a pena.

Ainda é preciso recolocar a questão sobre existir cura para o sofrimento fundamental e repetitivo das mulheres, isto é, para a inveja do pênis. Como toda inveja, essa também passa pela constituição, no sujeito, de uma variante do que ele ambiciona no outro. "Contra angústia de castração, castração!", disse alguém. Pois contra inveja fálica, o falo. A instauração de novas faces do falo na cadeia simbólica, constituídas por identificação ao pai (e – por que não? –, depois de um século de psicanálise, aos novos atributos fálicos da *mãe e suas substitutas*), não faz da mulher um homem: em análise, qualquer sujeito descobre que um falo não é um pênis. O psicanalista que interpreta as conquistas fálicas de uma analisanda como tentativas de obter um pênis, ou pior, de privar dele o homem, está atuando sua própria angústia de castração.

Como fez Freud, aliás, em certos momentos de seu percurso criativo.

Freud ouviu a crise entre as mulheres e a feminilidade e entendeu que a cura de suas histéricas equivalia a remetê-las de volta à mesma feminilidade da qual elas já se desajustavam, em função da própria multiplicidade de discursos e possibilidades de escolha surgidas na modernidade. Assim, para a psicanálise, feminilidade acaba sendo equivalente a histeria, e há uma valorização da mulher histérica como a que sabe manejar a mascarada da feminilidade e colocar-se na posição feminina diante do homem. Equiparar as mulheres (não todas, só as "verdadeiras") às histéricas, no discurso psicanalítico, não seria ainda uma tentativa de fazer com que exista A Mulher[11]?

A psicanálise talvez tenha se tornado o último dos discursos modernos que atribui um lugar à mulher (objeto no desejo/objeto do discurso), o que pode

[11] Ver, por exemplo, Paul Laurent-Assoun, *Freud e A Mulher* (trad. Vera Ribeiro, Rio de Janeiro, Jorge Zahar, 1993).

significar que ainda se tenta criar um significante para fazer existir A Mulher. Ou então, a cada vez que o pensamento psicanalítico se esquece de que a única diferença entre um homem e uma mulher é que a mulher é *também* mulher; toda vez que tenta designar para as mulheres a posição de se fazer de objeto *a* para o desejo masculino, está tentando esquecer que "não existe relação sexual". São casos em que o pensamento psicanalítico tenta criar uma complementaridade – entre um que deseja o objeto *a* e uma que deseja fazer-se de objeto *a* –, na qual ela não pode existir, já que homens e mulheres desejam uma mesma coisa: o falo, significante do desejo inconsciente.

Se a mulher pós-freudiana é sujeito de discurso, não há necessidade de *um* significante para designar o conjunto das mulheres. O significante para O Homem não é o pênis, é o Verbo. Se as mulheres também manejam o "falo da fala", podem descolar-se da dívida infantil com um pedaço de carne a mais ou a menos no corpo. *Um* lugar para A Mulher n'O discurso, só faz sentido se o discurso do Outro for uno, único, completo e, nele, as mulheres só se encontrem enquanto objetos. Mas não é isso o que encontramos hoje em nossa clínica. Os sujeitos, no discurso, são necessariamente criadores de diversidade e de singularidade. Talvez por isso, no Ocidente, nunca tenha feito sentido indagar sobre O lugar d'O Homem: os homens sempre foram múltiplos, diversificados, agrupados em torno do único significante que produz significado – o Verbo. Que, por sinal, produz significados inumeráveis.

A tentativa das mulheres, no fim do século XIX, de produzir uma fala, tornando-se sujeitos de discurso, pode ser interpretada como um dos modos de emergência do recalcado. Isso faz sentido se pensarmos que o recalcado não é só o já vivido, o esquecido, no qual não se pode pensar: o recalcado, isto é, o que fica inconsciente, é também o que está vazio, sem palavras, sem lugar no Outro. É o que evidencia a castração no Outro. Esta não é obturável – sempre haverá vazios no simbólico. Mas são esses mesmos vazios que permitem a contínua renovação significante no campo do Outro.

A condição de universo-menos-um do campo simbólico gera para os sujeitos em análise uma possibilidade de ir além da alienação. Não me refiro aqui à alienação primordial humana, condição de todos os seres de linguagem, mas à possibilidade de "fazer um furo no muro da linguagem", inscrever no campo simbólico alguma coisa que represente o sujeito a partir de seu desejo. Essa saída para a repetição sintomática remete à esperança de que a cura analítica permita a criação de um estilo singular, por meio do qual o sujeito se represente diante do Outro: um Outro que, agora ele sabe, não detém a resposta ao *che vuoi?*.

A psicanálise não é somente a escuta do recalcado no sentido do vivido/traumático, é também a escuta do emergente, do que ainda não foi dito e carece de formulação: o que cada sujeito tem a dizer a partir de sua experiência pessoal e intransferível. A experiência de uma análise não permite apenas um encontro com a dimensão irredutível do desejo; ela permite também que, desde o lugar vazio do objeto *a*, algum ato de criação represente para o sujeito um substituto do objeto de sua permanente insatisfação. "Realizar" o desejo, como sabemos desde Freud, é dotá-lo de expressão. Foi o que as histéricas fizeram, inaugurando a psicanálise; foi o que Freud escutou, mesmo que não pudesse apreender todo o sentido – foi o que criou, ao *mesmo tempo*, o embrião de outro lugar para as mulheres e uma teoria que até hoje tenta curá-las, readaptando-as a uma feminilidade que há mais de um século não nos serve mais.

Se existe uma cura para as mulheres, isto é, para o *penisneid*, ela passa pela (re)conquista do que, sendo dos homens, não tem por que não ser das mulheres *também*. Não um pênis, mas uma ou algumas das infinitas faces do falo. Fazer-se feminina e sedutora a partir da castração é apenas uma delas, da qual as mulheres sabem e podem gozar. Mas é impossível subjetivar-se inteiramente na posição feminina, uma posição de dependência em relação ao desejo do outro muito semelhante à da castração infantil. Freud estava certo: o feminino, para os homens como para as mulheres, constitui a dimensão maldita em nossa cultura. A equiparação entre a posição masoquista e a posição feminina não significa que as mulheres devam se reconhecer, "por natureza", como masoquistas; essa equiparação não diz respeito às mulheres, mas à posição feminina. Uma posição em relação à qual o lugar de sujeito cabe sempre a um outro – o pai, a mãe fálica, o parceiro.

Colette Soler, para quem a leitura da teoria freudiana segundo a qual o desejo das mulheres é um desejo de sofrimento, tem efeitos "monstruosos", refaz o percurso de Freud em "O problema econômico do masoquismo" e "Batem numa criança" a fim de esclarecer mais uma vez que a fantasia de fazer-se maltratar para fazer-se amar pelo pai na posição da mãe é uma fantasia essencialmente *masculina*[12]. Fantasia à qual, no entanto, as mulheres se prestam em razão de sua despossessão fálica nas representações imaginárias da diferença sexual. Em primeiro lugar, pela equivalência imaginária à qual já me referi, entre a castração e a culpa nas teorias sexuais infantis. Essa equivalência estabelece que, se as meninas

[12] Colette Soler, "Existe el narcisismo femenino? Posición masoquista, posición femenina", em *La sexualidade femenina* (Buenos Aires, Escola de la Orientación Lacaniana, 1987).

perderam, ou não ganharam, um pênis, está provado que já *infringiram a lei* – a mesma lei diante da qual os meninos se detêm, motivados pela angústia de castração. Por serem culpadas, as meninas/mulheres merecem ser punidas, em razão de sua inferioridade moral. Interpretação compartilhada por meninos e meninas, a menos que seja possível simbolizar a castração.

Em segundo lugar porque, nas mulheres, a menor incidência da angústia de castração produz uma espécie de destemor diante das vicissitudes da entrega amorosa[13]. Nas mulheres, nem sempre o falo é condição essencial de uma certeza narcísica sobre o *eu*. É possível perdê-lo também, frequentemente, e gozar de outra posição – a "posição feminina" –, sem se verem com isso ameaçadas de deixar de ser o que são, como ocorre na angústia de castração entre os homens. As mulheres se encarregam, frequentemente, de levar o amor um pouquinho além dos limites estabelecidos pelo falo; elas são portadoras de certa desmedida, de um saber que informa que, diante de certos prazeres, a dor pode valer a pena – o que não equivale em absoluto a dizer que a dor seja condição do prazer, mas a sustentar seu prazer *apesar dos riscos da dor*.

A falta fálica, escreve Soler, é "precisamente a que abre para uma mulher a possibilidade de ser objeto, sem ser o objeto golpeado – ainda que às vezes ocorra que se faça golpear, queira ou não queira". Note-se que Colette Soler usa a expressão "a possibilidade de ser objeto", da qual se depreende necessariamente a outra possibilidade, de não o ser. Isso porque, para a autora, "posição feminina" não designa diretamente uma posição subjetiva, mas um lugar na parceria sexual, nos casos em que o sujeito do desejo está do lado do outro. Essa posição, como já vimos,

---

[13] Aqui cabe uma indagação: se a relação privilegiada das mulheres com a castração, em função da falta fálica na dimensão imaginária do corpo, não se sustenta para além das teorias sexuais infantis (isto é, para além da simbolização da castração), é possível se manter ainda a ideia freudiana de que a angústia de castração é menos severa nas mulheres? Creio que sim, se pensarmos a angústia, como propõe Freud na segunda parte de "Inibição, sintoma e angústia", como sinal, isto é, como advertência ante o perigo de emergência do recalcado. Nesse caso, a marca da angústia que a travessia edípica deixa em meninos e meninas não é a mesma. Embora nas meninas a angústia possa ser frequentemente avassaladora, quando remete às fantasias de morte e aniquilamento herdadas da relação primitiva com a mãe, a angústia de castração propriamente dita, que incide sobre a dimensão imaginária das representações corporais, parece ser mais branda nas mulheres, permitindo uma maior mobilidade nas experiências eróticas e amorosas. A antiga impressão de quem "já não tem nada a perder" perdura na mulher adulta, assim como permanecem vivas todas as outras dimensões imaginárias que compõem o campo das identificações e estruturam o *eu*, para mulheres e homens. Entre as quais, vale lembrar, as identificações com as faces imaginárias do falo. Remeto o leitor a meu *A mínima diferença: masculino e feminino na cultura* (Rio de Janeiro, Imago, 1996).

pode ser ocupada por mulheres ou homens. Na mascarada da feminilidade, escreve Soler, "uma mulher toma às vezes ares de masoquista, mas é para dar-se ares de mulher, sendo a mulher de um homem, à falta de poder ser A Mulher"[14].

Por fim, vale a pena problematizar um pouco a angústia de castração como necessariamente ausente no caso das mulheres. É verdade que a angústia, do lado dos homens, os leva a desejar encontrar nas mulheres um objeto "cujo valor de mais-gozar compense o menos gozar da castração", mas é verdade também que as mulheres só podem representar esse objeto mentindo, "tomando ares de masoquistas para dar-se ares de mulher"[15]. Goza-se com isso? É claro; mas nunca tanto quanto os homens desejam acreditar.

Por outro lado, a angústia de castração introduz-se também do lado das mulheres a partir do momento em que elas se apropriam de alguma dimensão simbólica do falo. "A angústia é uma das provas de existência do falo", escreve Catherine Millot, lembrando um caso relatado por Joan Riviere, em *La feminité comme mascarade*, em que uma mulher bem-sucedida profissional e economicamente não encontrava outro modo de desculpar-se diante dos homens pela ousadia fálica senão rebaixando-se como objeto erótico para eles[16]. Nesse caso, "fazer-se masoquista para fazer-se mulher" seria um truque diante da angústia de castração: simulação de completa desvalia diante daqueles que poderiam, imaginariamente, privá-la de um falo conquistado. Fazer-se de masoquista para fazer-se de mulher para um homem equivale também, em minha leitura, a evidenciar para o homem que um falo nem sempre é um pênis e que o manejo do falo na vida pode ser substituído pelo manejo erótico da castração, na parceria sexual.

Essa possibilidade de transitar de um lugar para outro, nas mulheres, não deve ser confundida com a histeria (tomar-se por homem ou manter-se demandante de um homem que lhe garanta valor fálico) nem com o masoquismo moral (tomar-se por inferior por ter perdido o falo que os homens ainda conservam). É uma possibilidade própria da feminilidade, coisa que tantas vezes Freud constatou para logo em seguida "esquecer" e declarar-se perplexo diante do "mistério" das mulheres, cuja feminilidade nunca chega a excluir a falicidade tanto quanto ele (e qualquer outro homem) pudesse desejar.

---

14 Colette Soler, "Existe el narcisismo femenino?", cit., p. 14 e 21.

15 Ibidem, p. 13.

16 Catherine Millot, "O supereu feminino", em *Nobodaddy: a histeria no século* (trad. Leila Longo, Rio de Janeiro, Jorge Zahar, 1989).

É evidente, então, que me refiro ao termo "feminilidade" por falta de outro melhor (não me atrevo, como fez Jurandir Freire Costa em relação ao termo "homossexualismo"[17], a propor outro nome para esse conceito a fim de despojá-lo da carga de significações anteriores), em dois registros diferentes: primeiro, o de um discurso produzido a partir do fim do século XVIII sobre "como devem ser as mulheres" de modo a ocupar um lugar na nova ordem social de acordo com sua "verdadeira natureza", conforme os termos da racionalidade moderna. Segundo, o registro do discurso psicanalítico que, embora deslize frequentemente para o primeiro sentido, nasceu da tentativa de enfrentar e desfazer as leituras naturalizantes sobre o que é uma mulher. De resto, nada do que escrevi sobre a feminilidade, sobre a cura das mulheres em psicanálise e as possibilidades de trânsito das mulheres entre as tramas do simbólico, está fora dos parâmetros teóricos instituídos por Freud e desenvolvidos por Lacan. É porque a sexuação humana se dá no atravessamento simbólico que podemos indagar, para cada sujeito, para além da inscrição do lado dos homens ou das mulheres, que manejos do falo e da castração ele(a) promove para se tornar este homem ou *esta* mulher.

É em sua singularidade que homens e mulheres interessam à psicanálise, e na singularidade nenhum homem e nenhuma mulher são idênticos ao sexo a que pertencem. Essa não identidade interessa à psicanálise também, mas não para que, ao final de um percurso analítico, se produza a confortável ilusão de uma identidade para o sujeito. A esperança que se deposita em uma análise é que ela torne cada analisando capaz de inventar o que fazer não só de sua sexualidade, mas de sua passagem pelo reino deste mundo que, para nós humanos, é o reino da linguagem.

Freud não poderia ter se dado conta da magnitude do movimento social que alimentava a crise vivida por suas histéricas, entre os anseios recém-mobilizados pelas condições modernas da vida na Europa e os ideais de feminilidade que ainda alimentavam o desejo masculino.

Na clínica de Freud, a fala das histéricas denunciava justamente a falta da resposta procurada por Emma Bovary, "o que é ser uma mulher?", sem que elas pudessem perceber que essa pergunta só pode ser respondida, como escreveu bem

---

[17] Ver Jurandir Freire Costa, "Introdução", em *A inocência e o vício* (Rio de Janeiro, Relume Dumará, 1992), e também "Pragmática e processo analítico: Freud, Wittgenstein, Davidson, Rorty", em *Redescrições da psicanálise: ensaios pragmáticos* (Rio de Janeiro, Relume Dumará, 1994), p. 16: "A pedra não reconhece o que é mudança porque não se altera exclusivamente em função de descrições linguísticas. O sujeito, não. O modo como é 'marcado pelo significante' repercute no desejo e torna-o sensível às mudanças da língua".

mais tarde Lacan, uma a uma. Embora a histeria seja, como toda neurose, efeito de um recalque, desconfio que a emergência da histeria como fenômeno social no século XIX tenha alguma coisa a ver com o relaxamento de algumas condições repressivas (atenção para a diferença entre recalque e repressão) que ameaçaram muitas mulheres com a possibilidade de um "retorno do recalcado". Daí a angústia, a formação de sintomas etc. Diante desse fenômeno e diante dos resultados de suas investigações, penso que Freud tentou a única saída que suas limitações, próprias de um homem de seu tempo, determinado por seu desejo, poderiam conceber: curar a histérica, reconciliando a mulher com a feminilidade.

Só que essa reconciliação é impossível, e é a histeria que nos dá notícias dessa impossibilidade. Da cegueira para esse fato decorre que ainda hoje, entre psicanalistas pós-freudianos, a feminilidade e a histeria sejam assimiladas como uma coisa só. Separar as mulheres dos "ideais de feminilidade" do século XIX que ainda alimentam a mascarada histérica; reconhecer o campo de possibilidades identificatórias que constituem a diversidade de "escolhas de destino" (não só de "escolhas de neurose") das mulheres como sujeitos, para além do par casamento/maternidade; reconhecer os recursos fálicos identificatórios das mulheres de hoje não como sintomas a ser curados (ao menos, não exclusivamente), mas como expansões dos limites do eu e modalidades de satisfação passional ao alcance de qualquer sujeito – já que o único "falo" impossível a uma mulher é aquele que, no homem, *só tem valor fálico se ela o reconhecer* –, são tarefas para a psicanálise contemporânea, se esta não quiser tornar-se obsoleta.

Já que a histérica fundou a psicanálise tentando dizer a seu médico coisas "além do seu tempo", que ela não teria outro lugar onde pudesse dizer, ou que ela mesma ainda não dispunha de palavras para expressar, outras mulheres, que os psicanalistas hoje talvez não consigam ouvir, podem demandar outras escutas que lhes possibilitem se constituir não como histéricas, mas como sujeitos em busca de um discurso próprio por meio do qual possam escrever um destino diferente do de Martha Freud. Diferente também do de Emma Bovary, que foi buscar no suicídio o único ato capaz de criar um significante que marcasse sua passagem pelo mundo.

Bibliografia

ADORNO, Theodor. *Minima moralia.* Trad. Luiz Eduardo Bicca. São Paulo, Ática, 1992.

ANDRÉ, Jacques. La sexualité féminine: retour aux sources. *Revue Psychanalyse à l'Université*, Paris, PUF, v. 16, n. 62. abr.-jun. 1991.

ANDRÉ, Serge. O *que quer uma mulher?* Trad. Dulce Duque Estrada. Rio de Janeiro, Jorge Zahar, 1987.

ARENDT, Hannah. *Entre o passado e o futuro.* Trad. Mario W. Barbosa de Almeida. São Paulo, Perspectiva, 2011.

AUERBACH, Erich. *Mimesis.* A representação da realidade na literatura ocidental. Trad. George Bernard Sperber. 5. ed. Rio de Janeiro, Perspectiva, 2010.

AULAGNIER, Piera. Observações sobre a feminilidade e suas transformações. In: CLAVREUL, Jean (org.). *O desejo e a perversão.* Trad. Marina Appenzeller. Campinas, Papirus, 1990.

BADINTER, Elisabeth. *Um amor conquistado.* O mito do amor materno. Trad. Waltensir Dutra. Rio de Janeiro, Nova Fronteira, 1985.

BALZAC, Honoré de. *A mulher de trinta anos.* Trad. Rosa Freire d'Aguiar. São Paulo, Penguin Companhia, 2015.

BAUDELAIRE, Charles. Madame Bovary por G. Flaubert. In: FLAUBERT, Gustave. *Madame Bovary.* Trad. Mario Laranjeira. São Paulo, Penguin Companhia, 2011.

BENJAMIN, Walter. *Charles Baudelaire.* Um lírico no auge do capitalismo. Trad. José Carlos Martins Barbosa e Hemerson Alves Baptista. São Paulo, Brasiliense, 1994.

BERLINCK, Manoel. Pensamento Freudiano I e II. São Paulo, Pontifícia Universidade Católica, 2º sem. 1993-1º sem. 1994. Anotações sobre curso de pós-graduação em Psicologia Clínica/Psicanálise.

_____. Função e campo da transferência em psicanálise. *Boletim de Novidades – Pulsional.* São Paulo, Escuta, n. 72, abr. 1995, p. 11-23.

BIRMAN, Joel. *Por uma estilística da existência.* São Paulo, Editora 34, 1996.

BLEICHMAR, Emilce Dio. O *feminismo espontâneo da histeria.* Trad. Francisco Vidal. Porto Alegre, Artes Médicas, 1988.

BLOOM, Harold (org.). *Modern Critical Interpretations*. Gustave Flaubert's "Madame Bovary". Nova York, Chelsea House, 1988. (Coleção Modern Critical Interpretations).

_____. O assassinato de Madame Bovary. Trad. Arthur Nestrovski. *Folha de S.Paulo*, Mais!, 9 abr. 1995.

BOURDIEU, Pierre. *As regras da arte*. Trad. Maria Lucia Machado. São Paulo, Companhia das Letras, 1996.

BRENNAN, Teresa. *Between Feminism and Psychoanalysis*. Nova York, Routledge, 1993.

BRONTË, Charlotte. *Jane Eyre*. Trad. Marcos Santarrita. Rio de Janeiro, Francisco Alves, 1983.

BROUSSE, Marie-Hélène. *O inconsciente é a política*. São Paulo, Escola Brasileira de Psicanálise, 2003; seminário.

CALLIGARIS, Contardo. *A incidência do social na clínica*. São Paulo, Livraria Pulsional, 1993; seminário.

_____. et al. *O laço conjugal*. Porto Alegre, Artes e Ofícios, 1994.

CALLIGARIS, Eliana dos Reis. *Prostituição*. O eterno feminino. São Paulo, Escuta, 2005.

CÉSAR, Ana Cristina. *A teus pés*. São Paulo, Brasiliense, 1982.

CHÂTELET, Madame du. *Discours sur le Bonheur* (c. 1747). Paris, Payot & Rivages, 1997. [Ed. bras.: *Discurso sobre a felicidade*. Trad. Marina Appenzeller. São Paulo, Martins Fontes, 2002.]

COSTA LIMA, Luiz. *Mímesis*. Desafio ao pensamento. Rio de Janeiro, Civilização Brasileira, 2000.

DEUTSCH, Hélène. *Psychologie des femmes*. Paris, PUF, 1953.

D'INCARO, Maria Ângela (org.). *Saúde mental e sociedade*. São Paulo, Graal, 1992.

DÖR, Joel. *Estruturas clínicas e psicanálise*. Campinas, Taurus, 1992.

DUBY, Georges; PERROT, Michelle. *História das mulheres no Ocidente*, v. 4: *O século XIX*. Trad. Claudia e Egito Gonçalves. Porto, Afrontamento, 1995.

DUMONT, Louis. *O individualismo*. Uma perspectiva antropológica da ideologia moderna. Trad. Álvaro Cabral, Rio de Janeiro, Rocco, 1993.

DWORKIN, Andrea. *Woman Hating*. Nova York, Penguin, 1974.

ELIAS, Norbert. O *processo civilizador*. Uma história dos costumes (1939). Trad. Ruy Jungmann. Rio de Janeiro, Jorge Zahar, 1990.

ELIOT, George. *Middlemarch*. Um estudo da vida provinciana. Trad. Leonardo Fróes. Rio de Janeiro, Record, 1998.

_____. *Selected Critical Writings*. Oxford, Oxford University Press, 1992.

FLAUBERT, Gustave. *Cartas exemplares*. Org. e trad. Duda Machado. Rio de Janeiro, Imago, 1993.

_____. *Dicionário das ideias feitas*. Trad. Cristina Murachco. São Paulo, Nova Alexandria, 2007.

_____. *Madame Bovary* (1856). Trad. Fúlvia M. L. Moretto. São Paulo, Nova Alexandria, 2007.

_____. *A educação sentimental*. Trad. Adolfo Casais Monteiro. São Paulo, Nova Alexandria, 2009.

_____. *Três contos*. Trad. Milton Hatoum e Samuel Titan Jr. São Paulo, Cosac Naify, 2011.

FOUCAULT, Michel. *História da sexualidade*, v. 1: *A vontade de saber*. Trad. M. Thereza da Costa Albuquerque e J. A. Guilhon de Albuquerque. Rio de Janeiro, Graal, 1988.

FREIRE COSTA, Jurandir. *A inocência e o vício*. Rio de Janeiro, Relume Dumará, 1992.

_____. (org.) *Redescrições da psicanálise*. Rio de Janeiro, Relume Dumará, 1994.

FREUD, Sigmund. A cabeça de Medusa (1922). In: *Obras completas*, v. 15. Trad. Paulo César de Souza. São Paulo, Companhia das Letras, 2011.

_____. A dissolução do complexo de Édipo (1924). In: *Obras completas*, v. 16. Trad. Paulo César de Souza. São Paulo, Companhia das Letras, 2011.

_____. *A interpretação dos sonhos* (1901). Trad. Walderedo I. de Oliveira. Rio de Janeiro, Imago, 2001.

_____. Algumas consequências psíquicas da diferença anatômica entre os sexos (1925). In: *Obras completas*, v. 16. Trad. Paulo César de Souza. São Paulo, Companhia das Letras, 2011.

_____. A moral sexual "cultural" e o nervosismo moderno (1908). In: *Obras completas*, v. 8. Trad. Paulo César de Souza. São Paulo, Companhia das Letras, 2015.

_____. Análise terminável e interminável (1937). In: *Edição standard brasileira das obras psicológicas completas de Sigmund Freud*, v. 23. Coord. trad. Jayme Salomão. Rio de Janeiro, Imago, 2006.

_____. A organização genital infantil (um acréscimo à teoria da sexualidade) (1923). In: *Obras completas*, v. 16. Trad. Paulo César de Souza. São Paulo, Companhia das Letras, 2011.

_____. "Batem numa criança": contribuição ao conhecimento da gênese das perversões sexuais (1919). In: *Obras completas*, v. 14. Trad. Paulo César de Souza. São Paulo, Companhia das Letras, 2010.

_____. *Correspondência de amor e outras cartas (1873-1939)*. Org. Ernst Freud. Trad. Agenor Soares dos Santos. Rio de Janeiro, Nova Fronteira, 1982.

_____. Contribuição à história do movimento psicanalítico (1914). In: *Obras completas*, v. 12. Trad. Paulo César de Souza. São Paulo, Companhia das Letras, 2010.

_____. Estudos sobre a histeria (1893-1895). In: *Edição standard brasileira das obras psicológicas completas de Sigmund Freud*, v. 2. Coord. trad. Jayme Salomão. Rio de Janeiro, Imago, 1996.

_____. Formulações sobre os dois princípios do funcionamento mental. In: *Obras completas*, v. 18. Trad. Paulo César de Souza. São Paulo, Companhia das Letras, 2010.

_____. Fragmento da análise de um caso de histeria (1905). In: *Edição standard brasileira das obras psicológicas completas de Sigmund Freud*, v. 2. Coord. trad. Jayme Salomão. Rio de Janeiro, Imago, 1996.

_____. História de uma neurose infantil ("O homem dos lobos"), (1918). In: *Obras completas*, v. 14. Trad. Paulo César de Souza. São Paulo, Companhia das Letras, 2010.

_____. Introdução ao narcisismo (1914). In: *Obras completas*, v. 12. Trad. Paulo César de Souza. São Paulo, Companhia das Letras, 2010.

_____. Novas conferências introdutórias à psicanálise: 33. A feminilidade (1933). In: *Obras completas*, v. 18. Trad. Paulo César de Souza. São Paulo, Companhia das Letras, 2010.

_____. O eu e o id (1923). In: *Obras completas*, v. 16. Trad. Paulo César de Souza. São Paulo, Companhia das Letras, 2011.

_____. O fetichismo (1927). In: *Obras completas*, v. 17. Trad. Paulo César de Souza. São Paulo, Companhia das Letras, 2014.

_____. O futuro de uma ilusão. In: *Obras completas*, v. 17. Trad. Paulo César de Souza. São Paulo, Companhia das Letras, 2014.

_____. O inconsciente (1915). In: *Obras completas*, v. 12. Trad. Paulo César de Souza. São Paulo, Companhia das Letras, 2010.

_____. O problemas econômico do masoquismo (1924). In: *Obras completas*, v. 16. Trad. Paulo César de Souza. São Paulo, Companhia das Letras, 2014.

_____. O tema da escolha do cofrezinho (1913). In: *Obras completas*, v. 10. Trad. Paulo César de Souza. São Paulo, Companhia das Letras, 2010.

_____. Sobre a psicogênese de um caso de homossexualidade feminina (1920). In: *Obras completas*, v. 15. Trad. Paulo César de Souza. São Paulo, Companhia das Letras, 2011.

_____. Sobre a sexualidade feminina (1931). In: *Obras completas*, v. 18. Trad. Paulo César de Souza. São Paulo, Companhia das Letras, 2010.

_____. *Três ensaios sobre a teoria da sexualidade* (1905). Trad. Paulo Dias Corrêa. Rio de Janeiro, Imago, 2002.

FUCS, Bety. *Freud e a judeidade*. A vocação do exílio. Rio de Janeiro, Jorge Zahar, 2000.

GAY, Peter. *A experiência burguesa: da rainha Vitória a Freud*, v. 2. *A paixão terna*. Trad. Sérgio Flaksman. São Paulo, Companhia das Letras, 1990.

_____. *A experiência burguesa: da rainha Vitória a Freud*, v. 3. *O cultivo do ódio*. Trad. Sergio G. de Paula e Viviane de L. Noronha. São Paulo, Companhia das Letras, 1995.

_____. *Freud, uma vida para o nosso tempo*. Trad. Denise Bottmann. São Paulo, Companhia das Letras, 1989.

GENETTE, Gérard. *Figures (Essais)*. Paris, Seuil, 1966. [Ed. bras.: *Figuras*. Trad. Ivone F. Mantoanelli. São Paulo, Perspectiva: 1972.]

GENETTE, Gérard; TODOROV, Tzvetan (orgs.). *Travail de Flaubert*. Paris, Seuil, 1983.

GIDDENS, Anthony. *A transformação da intimidade*. Sexualidade, amor e erotismo nas sociedades modernas. Trad. Magda Lopes. São Paulo, Editora da Unesp, 1993.

GOLDENBERG, Ricardo. *Ensaio sobre a moral de Freud*. Salvador, Ágalma, 1994.

HAMON, Marie-Christine. *Pourquoi les femmes aiment-elles les hommes?* (et non pas plutôt leur mère). Paris, Seuil, 1992.

HERTZ, Neil. *O fim da linha*. Ensaios sobre a psicanálise e o sublime. Trad. Julio Castañon Guimarães. Rio de Janeiro, Imago, 1993.

HILFERDING, Margarete. *As bases do amor materno*. Org. e trad. Helena Besserman Vianna e Tereza Pinheiro. São Paulo, Escuta, 1991.

JAMESON, Fredric. Sartre in Search of Flaubert. *New York Times Review of Books*, n. 27, dez. 1981, p. 5 e 16-18.

JIMENEZ, Stella; SADALA, Gloria (orgs.). *A mulher na psicanálise e na arte*. Rio de Janeiro, Contracapa/Kalimeros, 1995.

KARL, Fredrerick R. *George Eliot*. A voz de um século. Trad. Laís Lira. Rio de Janeiro, Record, 1998.

KEHL, Maria Rita. *A mínima diferença*. Masculino e feminino na cultura. Rio de Janeiro, Imago, 1996.

_____. A mulher e a lei. In: NOVAES, Adauto (org.). *A ética*. São Paulo, Companhia das Letras, 1991.

_____. O espaço doméstico e a sexualidade da mulher. In: D'INCARO, Maria Ângela (org.). *Saúde mental e sociedade*. São Paulo, Graal, 1992.

_____. *Sobre ética e psicanálise*. São Paulo, Companhia das Letras, 2002.

LACAN, Jacques. *Escritos*. Trad. Vera Ribeiro. Rio de Janeiro, Jorge Zahar, 1998.

_____. *Hamlet*. Campinas, Liublíu, 1988.

_____. *O seminário*: livro 3. *As psicoses* (1955-1956). Trad. Aluísio Menezes. 2. ed. rev. Rio de Janeiro, Jorge Zahar, 1988.

_____. *O seminário*: livro 4. *A relação de objeto* (1956-1957). Trad. Dulce Duque Estrada. Rio de Janeiro, Jorge Zahar, 1995.

_____. *O seminário*: livro 7. *A ética da psicanálise*. Rio de Janeiro, Jorge Zahar, 1997.

_____. *O seminário*: livro 11. *Os quatro conceitos fundamentais da psicanálise*. Trad. M. D. Magno. Rio de Janeiro, Jorge Zahar, 1985.

_____. *O seminário*: livro 20. *Mais, ainda... (1972-1973)*. Trad. M. D. Magno. 2. ed. rev. Rio de Janeiro, Jorge Zahar, 1985.

LA CAPRA, Dominick. *"Madame Bovary" on Trial*. Ithaca, Cornell University Press, 1982.

LACLOS, Choderlos de. *As relações perigosas*. Trad. Dorothée de Bruchard. São Paulo, Penguin Companhia, 2012.

LAURENT-ASSOUN, Paul. *Freud e A Mulher*. Trad. Vera Ribeiro. Rio de Janeiro, Jorge Zahar, 1993.

MAHONY, Patrick. *Freud's Dora*. A Psychoanalistic, Historic and Textual Study. New Haven, Yale University Press, 1996.

MEDEIROS DA COSTA, Ana Maria. *Ato e interpretação*. São Paulo, Pontifícia Universidade Católica, 1997; tese de doutorado.

MEZAN, Renato. *Psicanálise, judaísmo*. Ressonâncias. Rio de Janeiro, Imago, 1995.

MICHELET, Jules. *La Mujer*. Cidade do México, Fondo de Cultura Económica, 1985. [Ed. bras.: *A mulher*. Trad. Maria Ermantina G. G. Pereira. São Paulo, Martins Fontes, 1995.]

_____. *Psicanálise da sexualidade feminina*. Trad. Luiz Orlando C. Lemos. Rio de Janeiro, Campus, 1988.

_____. *Psychoanalysis and feminism*. Freud, Reich, Laing, and Women. Nova York, Vintage, 1975.

MILLOT, Catherine. *Nobodaddy*. A histeria no século. Trad. Leila Longo. Rio de Janeiro, Jorge Zahar, 1989.

MONTAIGNE, Michel de. *Ensaios*. Trad. Rosemary Costhek Abílio. São Paulo, Martins Fontes, 2001.

NESTROVSKI, Arthur. *Ironias da modernidade*. Ensaios sobre literatura e música. São Paulo, Ática, 1996.

PERROT, Michele (org.). *História da vida privada*, v. 4. *Da Revolução Francesa à Primeira Guerra*. Trad. Denise Bottmann e Bernardo Joffily. São Paulo, Companhia das Letras, 1995.

_____. Poder dos homens, potência das mulheres. *Vozes*. Rio de Janeiro, Vozes, v. 89, n. 1, 1995, p. 6.

POMMIER, Gérard. *A exceção feminina*. Os impasses do gozo. Trad. Dulce Duque Estrada. Rio de Janeiro, Jorge Zahar, 1987.

PROUST, Marcel. A propósito do estilo de Flaubert. In: *Nas trilhas da crítica*. Trad. Plínio Augusto Coelho. São Paulo, Edusp, 1994.

ROITH, Estelle. *The Riddle of Freud*. Jewish Influences on his Theory of Female Sexuality. Londres, Tavistock, 1987.

ROSE, Phyllis. *Vidas paralelas*. Cinco casamentos vitorianos. Trad. Sérgio Flaksman. Rio de Janeiro, Record, 1997.

ROUDINESCO, Elisabeth. *Jacques Lacan*. Esboço de uma vida, história de um sistema de pensamento. Trad. Paulo Neves. São Paulo, Companhia das Letras, 1994.

ROUSSEAU, Jean-Jacques. *Emílio, ou Da educação*. Trad. Sérgio Milliet. Rio de Janeiro, Bertrand Brasil, 1992.

SAND, George. *Histoire de ma vie* (Oeuvres autobiographiques) (1827-1847). Paris, Gallimard, 1970.

SARTRE, Jean-Paul. *L'Idiot de la famille*, v. 3. *1821-1857*. Paris, Gallimard, 1971. [Ed. bras.: *O idiota da família*, v. 3. Trad. Ivone C. Benedetti. São Paulo, L&PM, 2015.]

SAUSSURE, Ferdinand de. *Curso de linguística geral*. Trad. José Paulo Paes et al. 4. ed. São Paulo, Cultrix, 1972.

SENNETT, Richard. *O declínio do homem público*. Trad. Lygia Araujo Watanabe. São Paulo, Companhia das Letras, 1988.

SÉVIGNÉ, Madame de. *Correspondance* (1696). Paris, Gallimard, 1978.

SISKIN, Clifford. *The Historicity of Romantic Discourse*. Nova York, Oxford University Press, 1988.

SOLER, Colette (org.). *La sexualidade femenina*. Buenos Aires, Escola de la Orientación Lacaniana, 1987.

STENDHAL. *De l'amour* (1826). Paris, Calmann-Lévy, 1928. [Ed. bras.: *Do amor*. Trad. Roberto Leal Ferreira. São Paulo, Martins Fontes, 1993.]

TENÓRIO DA MOTTA, Leda. Flaubert. In: *Lições de literatura francesa*. Rio de Janeiro, Imago, 1997.

TOLSTÓI, Liev. *Anna Kariênina*. Trad., apres. e notas Rubens Figueiredo. 2. ed. São Paulo, Cosac Naify, 2014.

YOUNG-BRUEHL, Elisabeth. *Anna Freud, uma biografia*. Trad. Henrique de Araújo Mesquita. Rio de Janeiro, Imago, 1992.

WILLEMART, Philippe. O bovarismo e o realismo em xeque? *Revista da USP*, n. 23, set.-nov. 1994, p. 136-9.

WINNERS, Inge Crosman. *Poetics of Readings*. Approaches to the Novel. Princeton, Princeton University Press, 1988.

WOOLF, Virginia. *Um teto todo seu* (1928). Trad. Vera Ribeiro. São Paulo, Nova Fronteira, 1985.

Sobre a autora

Maria Rita Kehl é brasileira, nascida em Campinas-SP, mãe de Luan e de Ana. Foi jornalista entre 1974 e 1981 e segue publicando artigos em diversos jornais e revistas de São Paulo e do Rio de Janeiro. Editou a seção de cultura dos jornais *Movimento* e *Em Tempo*, periódicos de oposição à ditadura militar. Doutora em psicanálise pela Pontifícia Universidade Católica de São Paulo (PUC-SP), atua desde 1981 como psicanalista em clínica de adultos em São Paulo. Entre 2006 e 2011, clinicou na Escola Nacional Florestan Fernandes (ENFF), do Movimento dos Trabalhadores Rurais Sem Terra (MST), em Guararema-SP. Em 2010, ganhou o prêmio Jabuti de Livro do Ano de Não Ficção, com a obra *O tempo e o cão*. Integrou a Comissão Nacional da Verdade (2012-2014), nomeada pela presidente Dilma Rousseff para investigar as graves violações de direitos humanos praticados por agentes do Estado brasileiro contra militantes políticos no período de 1945 a 1985; sua pesquisa foi sobre crimes cometidos contra camponeses e populações indígenas. Além deste *Deslocamentos do feminino*, também é autora de:

A mínima diferença (Rio de Janeiro, Imago, 1996).
A fratria órfã: conversas sobre a juventude (São Paulo, Olho d'Água, 2008).
Videologias (São Paulo, Boitempo, 2004 – em coautoria com Eugênio Bucci).
Ressentimento (São Paulo, Casa do Psicólogo, 2004).
Sobre ética e psicanálise (São Paulo, Companhia das Letras, 2002).
O tempo e o cão: a atualidade das depressões (São Paulo, Boitempo, 2009).
18 crônicas e mais algumas (São Paulo, Boitempo, 2011).
Bovarismo brasileiro: ensaios (São Paulo, Boitempo, 2018).
Ressentimento (2. ed., São Paulo, Boitempo, 2020)
Tempo esquisito (São Paulo, Boitempo, 2023)

Ilustração de John Archibald Austen para a capa da
edição de 1931 da editora nova-iorquina The Rarity Press.

Publicado em 2016, ano em que se comemoraram os 160 anos da publicação original, em capítulos, de *Madame Bovary* na *Revue de Paris*, este livro foi composto em Adobe Garamond Pro, corpo 11/14,4, e reimpresso em papel Pólen Natural 80 g/m^2, pela gráfica Rettec para a Boitempo, em julho de 2024, com tiragem de 1.500 exemplares.